Benedikt Grimmler

ENDLICH! – Die spektakulärsten Erbfälle

ENDLICH!

Die spektakulärsten Erbfälle

Benedikt Grimmler

Inhalt

Vorwort: Erbe gesucht

»**Er-be**[1] (m.; -n, -n-) *jmd., der berechtigt ist, jmdn. zu beerben*; der einzige, gesetzliche ‿ ; Müller(s) ‿ (n) (als Firmenbezeichnung); jmdn. als, zum ‿ n einsetzen; die lachenden ‿ n (um.; scherzh.). **Erbe**[2] (n.; -s, unz.; geh.) 1 *Erbschaft*; ein ‿ antreten, ausschlagen; das väterliche ‿ 2 *die Gesamtheit dessen, was auf die Gegenwart überkommen ist*; das klassische, kulturelle ‿ « – So nüchtern definiert das Wörterbuch *Wahrig* ein Wort, das wie die Überschrift doppeldeutig ist, manchmal wird ein Erbe gesucht, manchmal versucht auch einer, ein Erbe zu finden, überhaupt ist es zumeist noch viel, viel komplizierter, als der kurze Lexikoneintrag verrät. Dabei beinhaltet er einige unscheinbare Stolpersteine, die aus dem rein formalen Vorgang oft einen unangenehmen Familienstreit werden lassen. Schließlich heißt es dort »jemand, der berechtigt ist, zu erben« – was aber, wenn nicht? Und offenkundig gibt es Personen, die ein ihnen angetragenes Erbe »ausschlagen« oder zu »lachenden Erben« werden.

Es steckt wohl doch einiges mehr dahinter als nur ein juristischer Akt der Güterübertragung von einem Verstorbenen auf die Lebenden. Kein Wunder, denn Erben ist ein in sich ambivalenter Akt: Einerseits ist mit dem Erben etwas Trauriges verbunden, es geht oftmals mit dem Verlust einer geliebten Person einher; andererseits erhält man durch das Erben eine Art Geschenk (trotz Erbschaftsteuer), das kann materieller Natur sein oder auch in Form einer Nachfolge. Hinzu kommt noch eine Art ideelle Bindung, die in der Wendung ›letzter Wille‹ deutlich wird, Ausdruck des Respekts, den man vor diesen besonders verpflichtenden Worten des Toten hat. Und doch ist es ein gar nicht seltenes Phänomen, dass sich die in Trauer vereinte Familie bei der Beerdigung einfindet, um sich wenige Zeit später in Streit und Misstrauen vor Gericht wieder zu entzweien. Fast jedem ist solch ein Fall aus persönlicher Erfahrung bekannt, das Erben wird oft zur buchstäblichen Zerreißprobe, beschäftigt Tausende von Richtern und Anwälten auf der ganzen Welt, Streitigkeiten nach der Testamentseröffnung sind so häufig, dass sie kaum noch Beachtung finden, weil sich niemand – außer den Betroffenen und den Klatschmäulern in der Nachbarschaft – für die Grabenkämpfe zweier Familien interessiert.

Es sei denn, es handelt sich um Familien von Rang und Namen, wobei sich der Rang meist mit Geld messen lässt, seitdem die Herrscherhäuser kaum noch Einfluss besitzen. Queen Elizabeth mag allerlei Sorgen haben, aber Angst davor, dass Prinz Charles vor Ungeduld ihre Amtszeit etwas verkürzt, plagt sie offenbar nicht. Nicht alle ihre Vorgänger konnten sich so sicher sein, im Gegenteil. Thronerbe zu sein, musste verlocken, gleichzeitig war es gefährlich, wurde man dadurch schließlich selbst Kandidat, um aus dem Weg der Nachfolge geräumt zu werden, siehe Kaspar Hauser. Problematisch wurde es, wenn urplötzlich gar kein Thronfolger mehr vorhanden war wie beim jung verstorbenen Alexander dem Großen, wenn der eigene Sohn keine Lust hatte aufs Regieren wie Commodus oder gar unfähig war wie – angeblich – der österreichische Kaiser Ferdinand. Und mancher, der dies nie hätte tun sollen, setzte sich als Erbe die Krone aufs Haupt, etwa der Ostgote Theodahad. Reiche gibt es nicht mehr zu vererben, dafür gibt es aber die Reichen, welche die alten Dynastien abgelöst haben. Hier mag das Erwartungsgefühl der Hinterbliebenen unbekannte Ausmaße annehmen, wenn der nächste Verwandte Fugger, Rockefeller, Sachs, Agnelli oder Bettencourt heißt und man ein bisschen mehr erwarten darf als Omas Sparbuch. Hinter der goldglänzenden Fassade geht es oft nicht besser zu als bei Familie Maier und Schmidt – mit interessanten Ausnahmen.

So mancher Unternehmer, der nicht nur sein Vermögen in Geldform, sondern seinen ›guten Namen‹ und das Geschäft vererben will, kennt das Problem, dass seine Kinder für das Erbe wenig Enthusiasmus aufbringen oder er sie schlicht für ungeeignet hält: Die Manns beispielsweise hatten ganz anderes im Sinn als Lübecker Handelskontore; die Wiener Wittgensteins zeigten wenig Interesse am Stahlimperium ihres Vaters; Walther Rathenau dagegen war erpicht auf den Posten seines Vaters, aber der nicht auf dessen Nachfolge. Solche Brüche in der Familienhistorie ermöglichten oftmals erst eine Boheme-Existenz, die einen finanziell gesicherten Unterbau erfordert. Diesem Lebensstil verdanken wir großartige Werke wie die von Thomas und Heinrich Mann oder die Schriften Ludwig Wittgensteins; wie bedrohlich es für einen Künstler wird, wenn der ererbte Geldsegen ausbleibt, zeigt der Fall Heine. Zeitgenössische Kollegen dagegen verdienen ab und zu so gut, dass sie selbst ein erkleckliches Vermögen hinterlassen, um das es sich dann zu streiten lohnt, vor allem wenn das freie Künstlerleben für allerlei verworrene Familienverhältnisse sorgt, man befrage hierzu die echten und falschen Witwen und Waisen aus den Häusern Pavarotti, Fassbinder oder Larsson. Und dann gibt es noch eine Gruppe von Erben, denen man wünscht, dass sie besser nicht geerbt hätten. Die Nachfahren des Kolumbus haben es geschafft, den Entdecker noch unbeliebter zu machen, als er ohnehin schon war; Nietzsches Schwester erreichte das Gegenteil, durch Verdrehungen und Fälschungen machte sie das Werk ihres Bruders sehr beliebt, jedoch vor allem bei den Nazis. Apropos Nazis – deren Oberhaupt hatte schließlich auch etwas zu vererben; fragt sich nur, an wen? Und würde jemand dieses Erbe wirklich haben wollen?

Es ist also gar nicht so leicht, etwas zu vererben, sei es nun ein Vermögen, einen Thron mitsamt dazugehörigem Reich, sei es ein Konzern oder die Rechte an Kunstwerken. Nicht weniger schwierig scheint es zuweilen, an das (erhoffte) Erbe heranzukommen, so dass dem ein oder anderen das berühmte ›Endlich!‹ mal leise, mal laut über die Lippen kommen mag. Denn wie sagte schon der Dichter Publilius Syrus im ersten Jahrhundert vor Christus: »Das Weinen des Erben ist unter der Maske ein Lachen.«

Der Thron ist leer, die Kasse voll

oder

Der König ist tot, es lebe der König!

Es kann nur einen geben

Alexander der Große

»Der Mazedonier Alexander, Sohn des Philippus, zog damals vom Land der Kittäer aus. Er besiegte Darius, den König der Perser und Meder, und wurde als erster König von Griechenland sein Nachfolger. Er führte viele Kriege, eroberte zahlreiche Festungen und ließ die Könige der Erde erschlagen; er kam bis an das Ende der Welt, plünderte viele Völker aus, und die ganze Welt lag ihm wehrlos zu Füßen. Da wurde sein Herz stolz und überheblich. Er stellte ein sehr großes Heer auf, herrschte über Länder, Völker und Fürsten und machte sie sich tributpflichtig. Doch dann sank er aufs Krankenlager und fühlte seinen Tod nahen. Er rief seine höchsten Offiziere zusammen, die mit ihm aufgewachsen waren, und verteilte sein Reich unter sie, solange er noch lebte. Zwölf Jahre hatte Alexander regiert, bevor er starb. Seine Offiziere übernahmen die Regierung, jeder in seinem Bereich. Nach seinem Tod setzten sich alle die Königskrone auf; ebenso hielten es ihre Nachkommen lange Zeit hindurch. Sie brachten großes Unglück über die Erde.«

Wem der Tonfall dieser sehr gerafften Zusammenfassung zu biblisch ist, der hat recht: Es handelt sich um den Beginn des ersten Buches der Makkabäer (Makk 1, 1–9), das zumindest für Katholiken offizieller Bestandteil des Alten Testaments ist. Der erfolgreich geführte jüdische Makkabäeraufstand, der 175 v. Chr. begann, war eine der zahlreichen Zerfallserscheinungen aus dem Erbe Alexanders des Großen (reg. 336–323 v. Chr.), ein Prozess, der sich über Jahrhunderte hinzog. Da das kleine Volk der Juden dank kluger Guerillataktik gegen einen der Nachfolger Alexanders kämpfte, kam dieser selbst – wie zu lesen – in ihrer Sicht dementsprechend schlecht weg: Ein unter sagenhafter Selbstüberschätzung leidender Plünderer und Völkerknecht, der die Welt dann auch mit unfähigen Abkömmlingen strafte. Sein früher und wenig glanzvoller Tod impliziert für den geneigten Bibelleser naturgemäß eine Strafe Gottes für soviel Hybris.

Seit der Antike schwankt das Bild Alexanders zwischen vorbehaltloser Bewunderung und Abscheu vor dem gnadenlos eroberungslüsternen Machtmenschen, daran hat sich bis in unsere Tage wenig geändert. Ein Faszinosum bleibt der Makedonenkönig, der in den genannten zwölf Regierungsjahren zwar nicht die ganze Erde, aber doch einen beträchtlichen Teil der damals bekannten und sogar noch nicht bekannten Welt unterworfen hat. Auch wenn die Juden dies als Herausforderung Gottes ansahen, fühlte sich Alexander selbst dagegen eher von den Göttern berufen, genau dies zu tun. Viel mehr noch: Ebenfalls bis heute

Alexander blieb der ewig erfolgreiche Jüngling, denn er starb bereits im Alter von 32 Jahren, ohne einen Nachfolger ernannt zu haben.

ist es strittig, ob Alexander irgendwann begann, sich dank seiner Erfolge selbst für einen Gott (oder doch zumindest Halbgott) zu halten, oder ob dies ein cleverer Propagandatrick war. Unzweifelhaft genoss er in Teilen seines Reiches diesen Status, doch gerade seine eigenen Makedonen und die Griechen im Heer waren da etwas skeptischer als die Völker des Nahen Ostens. Das Verhalten des Feldherrn selbst, dem schließlich alles zu gelingen schien, weist immerhin darauf hin, dass er zunehmend hochtrabendere Pläne anvisierte und seiner Verehrung sicher keinen Riegel vorschob.

Jakob Wassermann hat in seinem kurzen Roman über *Alexander in Babylon* (1905), einem eindrucksvollen Panorama dekadenten Verfalls, die Reaktion seiner Hauptfigur auf die Prophezeiung seines Todes folgendermaßen charakterisiert: »Sterben müssen? Fremd und fern war ihm der Begriff des Todes. Schien ihm doch die Welt nur um seinetwillen auferbaut und dazustehen, um seinetwillen wimmelte die Menschheit. Schien es doch, als ob ungezählte Tausende nur deswegen den Tod empfangen hatten, damit er stärker und voller leben könne; was sie verloren, nahm er in Besitz.« Wiederum ein – noch dazu fiktionales – Porträt des Herrschers als eine Art Parasit, der sich von den unterworfenen Völkern, aber auch der Kraft seiner eigenen Leute nährt und sich deshalb für unsterblich zu halten beginnt. Ein relativ einseitiges Porträt sicherlich, doch es fällt anhand mancher Episode des Alexanderzuges nicht schwer, sich diese Worte ins Gedächtnis zu rufen.

Die Geschichte Alexanders des Großen ist hundertfach erzählt. Bereits unter seinen Zeitgenossen und Kriegsgefährten setzt die Produktion von Schriften ein und auch für die Historiker war der junge Makedone naturgemäß ein äußerst spannendes Objekt. Für die Frage nach seinem Erbe soll hier nur auf einige wenige Punkte in seinem Leben eingegangen werden. Erstmal musste Alexander selbst erben, nämlich den Thron seines Vaters Philipp II., König von Makedonien (reg. 359–336 v. Chr.). Makedonien war so etwas wie der ungehobelte Bruder vom Lande unter den hochzivilisierten griechischen Stadtstaaten; er gehörte nicht wirklich zu diesem feinen exklusiven Kreis, war aber gefürchtet, da zur Gewalt neigend. Philipp kämpfte buchstäblich gegen dieses Image an, teils indem er sich an der griechischen Kultur orientierte, teils indem er die Nachbarn ganz traditionell mit Krieg überzog. Zumindest letzteres mit Erfolg. Im übrigen blieben die Griechen stets sehr skeptisch gegenüber den Makedonen, gegenüber Vater und Sohn, aber auch gegenüber den späteren Herrschern in deren Nachfolge. Genau genommen haben viele der Stadtstaaten nie dem Alexanderreich angehört, wenn sie auch de facto natürlich völlig von ihm abhängig waren. In jedem Fall stand schon zu Philipps Zeiten fest, wer in Griechenland das Sagen hatte: die Makedonen, dank ihrer überragenden Militärmacht.

Doch dann fiel Philipp 336 v. Chr. einem Attentat zum Opfer. Da das Verhältnis von Vater und Sohn nicht frei von Spannungen war und man vor allem Olympias, die Mutter Alexanders, im Verdacht hatte, mögliche Bedrohungen der Erbfolge ihres Sohnes konsequent zu beseitigen, fiel der Verdacht auch auf Alexander (nunmehr König Alexander III.), ein Verdacht, der sich weder bestätigen noch widerlegen ließ. Zu schnell hatten einige Höflinge Philipps – zufälligerweise überwiegend Freunde Alexanders – alle Verdächtigen und zusätzlich gleich ein paar weitere mögliche Thronkandidaten auf die makedonisch elegante Art beseitigt. Nun begann der Aufstieg Alexanders zum »Weltenherrscher«.

Alexander der Große

Auf dem Weg zum Ruhm

Bekanntlich stand am Anfang seines Aufstiegs der Feldzug gegen die Perser. Dieser war keineswegs eine Initiative Alexanders, sondern von Philipp längst in die Wege geleitet. Er sollte die Vorherrschaft der Makedonen über die Griechen festigen, denn er bot Philipp einerseits die Möglichkeit zum Krieg und andererseits die Gelegenheit, zum Beschützer und Helden der Griechen zu werden. Da spielte es keine große Rolle, dass die Propaganda vom Rachefeldzug gegen den persischen Erzfeind so gut wie jeglicher Plausibilität entbehrte. Sicher, die Perser hatten Griechenland früher mehrfach angegriffen und konnten nur unter schweren Verwüstungen des eigenen Gebiets wieder vertrieben werden; auch lebten in Kleinasien (der heutigen Westtürkei) viele griechische Bürger unter persischer Herrschaft, aber sie lebten dort ganz friedlich; und die Perserfeldzüge waren Jahrzehnte her, längst hatten die einstigen Gegner keine Versuche mehr unternommen, über den Bosporus zu kommen. Der Krieg gegen die Perser war also reichlich künstlich vom Zaun gebrochen, kam aber dem Erben Alexander bestens zupass. Außer den genanten Motiven seines Vaters bot sich ihm zudem noch die Möglichkeit, sich in den Augen seiner eigenen misstrauischen Makedonen zu bewähren. Und als bestes Zeugnis galt ihm nun mal militärischer Erfolg – davon hatte Alexander bald mehr als genug. Den erklärten Erzfeind Darius III. (reg. 336–330 v. Chr.) schlug er mit Bravour in drei Schlachten (am Granikus, bei Issos und bei Arbela-Gaugamela), in denen die Makedonen oft numerisch unterlegen, aber ansonsten ihren Gegnern einfach über waren, nicht zuletzt ein Verdienst ihres geschickten Königs.

Alexander hatte den Perserfeldzug von seinem Vater geerbt, doch geriet er mit jedem Sieg gewissermaßen unter weiteren Rechtfertigungsdruck. Der Rachefeldzug hatte erfolgreich stattgefunden, man hatte die Perser in Kleinasien und die »unterjochten griechischen Brüder« also befreit – soweit so gut. Da Darius entkommen war, konnte man die Fortsetzung des Krieges damit rechtfertigen, dass man die Perser endgültig unschädlich machen musste (weshalb Alexander stets Darius' weitreichende Friedensangebote ablehnte). Nach dem Sieg bei Gaugamela war auch dies geschehen, denn der verfolgte Darius wurde von eigenen Kameraden um den Höfling Bessus umgebracht; und als man auch diesen geschlagen und beseitigt hatte, war vom Perserreich nichts mehr übrig. Alexander war nun der neue König von Persien. Allerspätestens jetzt hätte der Feldzug beendet werden müssen – bekanntlich wurde er es nicht. Alexander hatte neue, große Ziele.

Die teils sehr aufwendige Eroberung der westlichen Mittelmeerküste (berühmt wurde die Belagerung der Meerfestung Tyros) und die eher problemlose, aber natürlich trotzdem zeitraubende Unterwerfung Ägyptens ließen sich noch halbwegs als taktische Maßnahmen und als Sicherung des Hinterlandes vor dem Zug ins Landesinnere (beides geschah vor der Schlacht bei Gaugamela) deklarieren, aber schon in Ägypten zeigte eine Episode, dass Alexanders Entscheidungen zunehmend von seltsamen Gedankengängen bestimmt waren. Nach der Gründung der Stadt Alexandria (eine von vielen, aber sicher die berühmteste) befahl er einen Marsch zur Oase Siwa in der libyschen Wüste. Militärisch war dies sinnlos, wenn nicht gar kontraproduktiv, da der Marsch beschwerlich und nicht gefahrlos war. Doch der König wollte unbedingt das dortige Heiligtum des Ammon besuchen, den die Griechen als Zeus-Pendant verehrten und der vor allem eine bedeutende Orakelstätte war. Es soll dort gewesen sein, dass die Priester Alexander zweierlei Dinge offenbarten. Erstens werde er die Welt erobern, zweitens sei er ein Sohn des Zeus. Über Inhalt und Echtheit dieser Prophezeiungen wurde schon in der Antike heftig gestritten. Quintus Curtius Rufus, ein eher kritischer Biograf Alexanders aus dem 1. Jahrhundert n. Chr., nannte den obersten Priester des Tempels »mehr als jeder andere geneigt, ihm [Alexander] zu schmeicheln«, mit anderen Worten, ihm das zu erzählen, was er hören wollte. Andere Überlieferungen berichten allerdings, der Wortlaut des Orakelspruchs sei nie öffentlich geworden. Die Episode wirft ein Licht auf mehrere Aspekte, die auch für die Nachfolger relevant werden mussten: Ob Alexander bereits zu diesem Zeitpunkt das Ziel verfolgte, ein Weltreich zu erschaffen, ob er sich tatsächlich für einen Gott oder einen Halbgott mit Mission hielt und ob er deshalb, auch in Kombination dieser beiden Punkte, zunehmend irrational agierte – all dies ist noch immer Gegenstand gelehrter Kontroversen.

Alexander der Große

Dass Alexander irgendwann dazu überging, das Motiv des Rachefeldzugs gegen die Perser mit dem der Eroberung eines immer größeren Reichs zu vertauschen, steht außer Frage. Erfolg folgte auf Erfolg, manche Stämme kapitulierten gleich vorsorglich, andere leisteten – oft in bislang unbezwungenen Bergfestungen – zähen Widerstand. Der Makedone rang alles nieder, beseelt von seiner Vision, an das Ostmeer vorzustoßen. Auch hier gab es ein Konkurrenzprojekt aus dem Bereich der Mythologie, das es zu übertreffen galt, denn schon der Gott Dionysos sollte vor Urzeiten einen Indienfeldzug unternommen haben – Alexander übertraf auch ihn, denn sein Weg führte ihn weiter. Doch dann war Schluss. Kein Feind bot ihm Paroli, sondern seine eigene Truppe. Man stand bereits tief im Innern Indiens am Fluss Hydaspes, als es den Makedonen reichte: Sie hatten nach bald zehn Jahren Dauerkrieg keinen Drang ans Ostmeer. Da die Offiziere sich dem Protest anschlossen, musste Alexander zähneknirschend nachgeben. Man zog den Indus hinunter zum Indischen Ozean und von dort aus plante Alexander das wohl desaströseste Unternehmen seiner ganzen Kampagne. Während ein Teil der Soldaten mit der Flotte des Nearchos die Küste entlangfuhr, befal der König dem stattlichen Rest (vermutlich an die 60 000 Mann, da zum Heer immer auch ein großer Tross gehörte) einen langen Marsch durch die Gedrosische Wüste, eine extrem menschenfeindliche Gegend. Taktisch machte das alles andere als Sinn – der Zweck war wohl wieder einmal ein komplett irrationaler. Arrian, ebenfalls ein römischer Biograf, glaubte, dass Alexanders Motiv darin lag, die beiden Wüstenmärsche seiner legendären Vorgänger Semiramis und Kyrus zu übertreffen, denn anstatt in deren jeweiligem katastrophalen Ausgang (beide kehrten nur mit wenigen Überlebenden zurück) eine Warnung zu sehen, sah er dies als Herausforderung. Darunter zu leiden hatte vor allem die Truppe: Dreiviertel der Teilnehmer starben. Alexander hatte die beiden großen Vorbilder übertrumpft und für dieses Prestige Zehntausende geopfert.

Zurück in Babylon widmete sich der Perserkönig mit Weltreich der inneren Ordnung und einer Versöhnungspolitik zwischen Eroberern und Eroberten, um das staatliche Gefüge zu stabilisieren – ein

Über Jahrhunderte faszinierte der großmütige Eroberer die Diadochen – ein zu großes Vorbild für seine Nachfolger.

Unternehmen, das weit schwieriger war als das ständige Kriegführen. Gerade die alten Haudegen aus Makedonien, aber auch die Griechen in der Truppe – denen man ja noch vor nicht allzu langer Zeit Rache an den bösen Persern gepredigt hatte – zeigten wenig Begeisterung für die zunehmende Orientalisierung im Heer und am Hof. Zwar gelang es Alexander, aufkeimende Kritik jeweils auf die makedonische Art zu beseitigen (sprich: Hinrichtungen), doch schien es, als sollte er der Unzufriedenheit vor allem seiner eigenen Landsleute immer mehr überdrüssig werden. Er begann, sie langsam aber sicher gegen weitaus willfährigere Perser, die den so erfolgreichen Halbgott und Dariusbezwinger vorbehaltloser verehrten, auszusortieren. Der Konflikt schwelte und das beste Mittel, solche Debatten zu beenden, wäre womöglich das gewesen, was Alexander ohnehin am besten konnte: ein neuer Eroberungsfeldzug, diesmal Richtung Arabien und nördliche Afrikaküste. Dazu kam es nicht mehr.

Das Erbe eines »Gottes« auf tönernen Füßen

Am 10. Juni des Jahres 323 v. Chr. starb Alexander im Alter von 32 Jahren, recht banal an einem Fieber, vermutlich Malaria. Was nun? Wer sollte einem Alexander nachfolgen? Einem Quasi-Gott, der ein Weltreich besaß? Denn einen natürlichen Nachfolger gab es nicht. Alexander hatte zwar gleichzeitig mehrere Frauen, aber nur Roxane, Königstochter eines eroberten Volkes, hatte für Nachwuchs gesorgt – leider war dieser noch nicht geboren, sodass man also nicht einmal sicher sein konnte, ob es sich um einen Sohn handelte. Alexander, der ja nicht plötzlich gestorben, sondern einem mehrtägigen Fieber zum Opfer gefallen war, hatte sich, wenn überhaupt, nur kryptisch geäußert: Der Beste möge ihm nachfolgen. Für den mochten sich natürlich einige selbst halten, wobei der heißeste Anwärter Perdikkas war ein General und alter Vertrauter des Königs, der ihm auch den Siegelring zur Verwahrung übergeben hatte. Eine direkte Einsetzung war das nicht – und die Konkurrenz war zahlreich. Erfolgreiche Generäle, hohe Hofbeamte und altgediente Freunde standen bereit, darunter diejenigen, die fortan das Geschehen bestimmen sollten: Antipater, Antigonos, Seleukos, Ptolemäus, Lysimachos, Eumenes, Krateros, Leonnatos – alles wohlverdiente Militärs oder Gouverneure des gewaltigen Reiches.

Damit begann das Zeitalter der Diadochen (was nichts anderes als ›Nachfolger‹ bedeutet), das sich über sehr lange Zeit hinzog und auch, beginnend mit Alexander, als Hellenismus bezeichnet wird. Die starken Männer, die das Erbe Alexanders zwar vorerst nicht direkt antreten konnten, einigten sich auf eine brüchige Konstruktion, die wohl den Keim des Scheiterns (gewollt?) schon in sich barg. Quintus Curtius Rufus formulierte, was vermutlich sowieso keinem verborgen geblieben war: Das Reich Alexanders des Großen war zu groß und zu abhängig von seiner Person, »um von der Schulter eines einzigen getragen zu werden«. Trotzdem hielt man die Fiktion eines Gesamtreichs aufrecht: Perdikkas diente als eine Art Amtsverweser unter Arrhidaios, dem Halbbruder Alexanders, der als debil galt und sich nun Philipp III. nennen durfte; dazu sollte später noch Roxanes Kind kommen (es wurde ein Sohn, Alexander IV.). Ländereien und Oberbefehle wurden an die anderen Anwärter verteilt. All das klingt nicht sehr überzeugend und tragfähig – und war es auch nicht.

Wer sich jemals ernsthaft über mangelnde intellektuelle Herausforderung und gähnende Langeweile beschweren möchte, dem sei empfohlen, sich mit dem nun folgenden zu beschäftigen, den sogenannten Diadochenkämpfen. Damit könnte man mehrere Bände füllen oder es einfach nur kurz zusammenfassen: Die nächsten 20 Jahre folgt ein Krieg dem anderen (man vereinfacht zu vier größeren Auseinandersetzungen) mit ständig wechselnden Koalitionen und Ausgängen. Hierfür gibt es zwei herausragende Motive. Erstens war keiner der Diadochen offiziell legitimiert, keiner von ihnen war von Alexander als direkter Erbe eingesetzt und keiner von ihnen war mit ihm verwandt, um solche Ansprüche zu erheben; ihr Ansehen als Führerpersönlichkeit beruhte also lediglich auf Erfolg – und das war strikt gleichzusetzen mit militärischem Erfolg. Zweitens galt es, keinen der Konkurrenten groß werden zu lassen; man proklamierte zwar nach wie vor die Idee eines einzigen Reiches, aber dies hieß nicht, dass man sich einem gleichrangigen Kollegen unterordnen wollte. Wann immer einer von ihnen zu mächtig zu werden drohte, verbündeten sich die restlichen Diadochen gegen ihn.

So ging dies bis 301 v. Chr., als sich nach der Schlacht von Ipsos die Verhältnisse erst einmal regulierten (aber keineswegs beruhigten). Von den ursprünglich vorhandenen stärkeren Kandidaten waren einige ausgeschaltet, etwa der Siegelbewahrer Perdikkas. Die Übriggebliebenen arrangierten sich halbwegs, teilweise ging man von einer ständigen Kriegs- zu einer komplexen Heiratspolitik über, wobei das eine das andere natürlich trotzdem keineswegs ausschloss. Der Regulierungsprozess zog sich noch lange hin (und hörte genau genommen nie wirklich auf), doch um 275 v. Chr., inzwischen mehr als 50 Jahre nach Alexanders Tod, hatten sich Verhältnisse ergeben, die von längerer Dauer waren und grob skizziert so aussahen: Die Familie des Ptolemäus hatte sich Ägypten gesichert, wozu auch das Vorfeld der libanesischen Küste gehörte (Ptolemäerreich). Seleukos und seine Nachfolger regierten über den asiatischen Teil, auch Kleinasien (Seleukidenreich). Und auf dem makedonischen Thron saßen nun die Nachfahren des Antigonos (Antigonidenreich). An die Stelle von Völkerstaaten waren Familienreiche getreten – wie bereits die Namen zeigen. Die ehemaligen Gefolgsleute Alexanders hatten irgendwann die Propaganda vom Gesamtreich über Bord geworfen und sich selbst zu Königen ernannt – Alexanders direkte Verwandtschaft, also seinen Halbbruder Arrhidaios und den kleinen Alexander IV., hatte man längst stillschweigend beseitigt.

Die Diadochen und ihre Nachfolger brachten viele Kriege, kulturelle Blüten, große, völlig vergessene und bösartige Gestalten, wirre Verhältnisse und ständig die gleichen Namen hervor. Sie waren die Erben Alexanders des Großen – und dies war ihr größtes Problem. Sie selber waren allenfalls Alexander-Epigonen, mal bessere, mal schlechtere. Sie hatten seinen Drang zu Eroberungen in sich, der gleichzeitig auch ihre Herrscherlegitimation war, aber sie eroberten keine neuen Gebiete, sondern nur die jeweils anderen Teile des Nachbarn aus dem ehemaligen Alexanderreich. Auch das war eine Form von Gleichgewicht, aber, wie man sich denken kann, kein dauerhaft stabiles. Schon die geschilderte Dreiteilung des Alexanderreichs ist eine starke Vereinfachung, denn neben den drei stattlichen Großreichen gab es bereits an den Randgebieten kleinere selbständige Königtümer und vor allem im Osten begannen die indischen Gebiete sich loszulösen.

Rom als Universalerbe

Allerdings gab es doch einen Universalerben für Alexanders Nachlass, einen eher unvermuteten und anfangs sogar unwilligen. Schon unter den Historikern und Schriftstellern der Römerzeit (von denen viele Griechen waren) gab es eine intellektuelle Spielerei, die man heute kontrafaktische Geschichtsschreibung nennt, also ein »Was wäre gewesen, wenn...?« Die Römer spekulierten unter anderem, ob es ihnen möglich gewesen wäre, Alexander zu schlagen. Arrian, auch er ein Grieche der Römerzeit, berichtet, gerüchteweise habe einst Alexander einer angereisten Delegation aus Rom die Ehre erwiesen. Er bezeichnet dies aber als extrem unglaubwürdig – und seine Gründe sind plausibel: Rom, zu diesem Zeitpunkt eine Republik mit überschaubarem Herrschaftsbereich in Italien, verachtete jegliches Königtum (man erinnere sich an die Skrupel, die Cäsar gut 300 Jahre später hatte, auch nur annähernd mit der Königswürde in Verbindung gebracht zu werden) und dieser Autokrat tummelte sich noch dazu ziemlich weit weg irgendwo im Osten. Zwei gute Gründe, ihn völlig zu ignorieren.

Tatsächlich traten die Römer erst 100 Jahre nach Alexanders Tod langsam auf den Plan. Es gab Reibereien auf dem Balkan, der inzwischen so etwas wie das östliche Hinterland der Römer war, für das sie sich aber nicht sonderlich interessierten; er bildete lediglich eine große Pufferzone zu den Diadochenreichen. Philipp (mal wieder – er war Nummer V.) von Makedonien aber dachte, er könne dort einiges bei den mit Rom befreundeten Gebieten abknapsen, da die Römer gerade anderweitig schwer zu tun hatten: Hannibal war in ihre Heimat eingefallen und es sah nicht gut für sie aus. Auf längere Sicht versetzte er damit dem ersten Diadochenreich den Todesstoß – seinem eigenen. Er unterschätzte nicht nur die Zähigkeit der Römer, die ihn trotz allem im Zaum halten konnten und seine Verbündeten, die Karthager, irgendwann komplett besiegten, sondern auch ihr langes Gedächtnis. Und dank seiner eigenen schief gelaufenen Balkanpolitik waren sie nun auch noch direkte Nachbarn. In mehreren makedonischen Kriegen der folgenden Jahrzehnte zerpflückten die Römer das einstige Heimatreich Alexanders des Großen (daran zeigte sich, dass sie an dessen Zerstörung anfangs kein Interesse hatten, sie wollten nur Ruhe und Kontrolle an ihrer Grenze). Aber es lag, wie wir wissen, nie in der Natur der Makedonen, brav daheim auf ihrem Thron zu sitzen. Und so wurde der aufmüpfig gewordene Perseus von Makedonien 168 v. Chr. vernichtend geschlagen, abgesetzt und sein Reich aufgeteilt. Das erste Diadochenreich, Makedonien, war von der Landkarte verschwunden, 20 Jahre später wurde es sogar zur römischen Provinz. Ohne Rom ging ohnehin nichts mehr. In Ägypten machte sich der Seleukide Antiochos (mal wieder – er war der IV.) nach einem überragenden Feldzug durch ganz Asien auf, Alexandria zu nehmen und den Kollegen Ptolemäus (in diesem Fall die Nummer VI.) zu stürzen. Das gefiel Rom nicht, man schickte einen Gesandten und Antiochos, der »neue« Alexander kuschte.

Deutlicher konnte gar nicht mehr gemacht werden, wer nun das Sagen hatte. Rom, das noch immer wenig Interesse am Osten zeigte, war der große Schiedsrichter. Doch die ständigen und ihnen oft unverständlichen Reibereien gingen den kühl berechnenden Römern immer mehr auf die Nerven. Die griechischen Städte, denen Rom erstaunliche Freiheiten gewährte, nachdem es sie vorher aus der makedonischen Klammer gelöst hatte, trugen ihre traditionellen Konflikte nun wieder fröhlich untereinander aus. Rom musste mehrfach intervenieren, zog sich aber auch mehrfach wieder zurück. Dann war auch hier endgültig Schluss: In teils brutal geführten Strafaktionen kassierte Rom nach und nach die griechischen Stadtstaaten ein. Das asiatische Seleukidenreich wurde zu dieser Zeit vom Osten her durch die Parther aufgerollt, die Überreste im Westen – Syrien, Palästina, Mesopotamien – bekamen die Römer. Das Reich der Ptolemäer, am Ende auch nur noch aus Ägypten bestehend, war zwar das langlebigste aller Diadochenreiche, aber ebenfalls nur noch eine Marionette der Römer. Man kennt die letzte Herrscherin ganz gut, eine gewisse Kleopatra (genauer: Kleopatra VII.), die hatte zwar bekanntlich noch so ihre eigenen, gar nicht ungeschickten Pläne, ihr Charme scheiterte aber nach zwei erfolgreichen Versuchen am neuen römischen Machthaber Octavian. 30 vor Christus wurde Ägypten römische Provinz. Es gab keine Diadochenreiche mehr.

Vielleicht hat nie eine einzelne Person in der Geschichte so viel zu vererben gehabt wie Alexander; selbst wenn man Erbe nur als finanzielles Vermögen verstehen würde, war allein dieses durch die eingesammelten Reichtümer enorm. Doch vor allen Dingen hatte der König der Makedonen ein Reich weiterzugeben, dass seinesgleichen suchte. Zwar werden die Römer dessen Größe (und Dauer) übertreffen, doch nicht in zwölf Jahren und nicht durch eine Person. All diese Voraussetzungen machten es schwer, an einen Nachfolger zu glauben, der diese Aufgabe hätte erfüllen können. Noch dazu war Alexanders Erbe auch ideologischer Natur, sodass die Diadochen ständig genötigt (aber auch gewillt) waren, sich mit ihm zu vergleichen und zu messen, selbst Generationen nach seinem Tod. Auch dies sorgte mehr für Bürde als Würde. Man hätte es wohl wissen können: Es war einfach unmöglich, einen »Gott« zu beerben.

Beruf: Kaisersohn

Commodus

Von allen römischen Kaisern hat Commodus, der von 180 bis 192 nach Christus regierte, postum womöglich die imposanteste Hollywoodkarriere gemacht. Da man ihm ein stark ausgeprägtes Vergnügen an Selbstdarstellung nachsagte, hätte ihm dies wahrscheinlich in weiten Teilen sogar gefallen, allerdings nicht unbedingt, wie sein Charakter dargestellt wird: eher schlecht. Nun ist es nicht verwunderlich oder entspricht zumindest der menschlichen Natur, dass der Bösewicht interessanter ist als der gute, milde und erfolgreich herrschende Kaiser, weshalb es beispielsweise Vespasian oder gar Trajan noch nicht zu Blockbuster-Ehren geschafft haben. Dabei galt Letzterer bei Zeitgenossen, Nachfolgern und bis ins Mittelalter hinein als der vorbildliche Herrscher schlechthin.

Was den Bekanntheitsgrad auf der Leinwand angeht, dürfte zwar Nero, verkörpert durch Peter Ustinov in *Quo Vadis?* (1951; Regie: Mervyn LeRoy), ihm den Rang ablaufen, aber als durchtriebener und intriganter Widerling hat es Commodus immerhin schon in zwei bombastisch ausgestatteten Großfilmen zu zweifelhaftem Leinwandruhm gebracht. Diese in den USA nicht zu Unrecht als Monumentalfilme bezeichneten Historienschinken (deren europäische Pendants ebenso völlig zu Recht mehr oder weniger liebevoll als Sandalenfilme betitelt werden), sind heute Klassiker des Genres. *Der Untergang des Römischen Reiches* (1964, Regie: Anthony Mann) hat zwar einen arg hochtrabenden Titel, konnte aber mit einer ganzen Riege an internationalen Stars von Alec Guinness über Sophia Loren bis Christopher Plummer als Commodus aufwarten. *Gladiator* (2000, Regie: Ridley Scott) machte Russell Crowe zum Star und reanimierte das tot geglaubte Sandalengenre – und den Widerling Commodus, fulminant gespielt von Joaquin Phoenix. Über historische Korrektheit dieser zur Unterhaltung gedachten Erzeugnisse darf man getrost den Purpurmantel des Schweigens ausbreiten.

Warum also gerade Commodus? Die römische Kaiserzeit stellt eine ganze Reihe an wunderlichen Gestalten auf dem Thron zur Verfügung, von denen allerlei Bizarres berichtet wurde, denn die römische Geschichtsschreibung wurde überwiegend von senatorischen Autoren betrieben, die den Groll über ihre zunehmende Machtlosigkeit gerne im Nachhinein und unter dem Schutz der Literatur auslebten. Und damit waren sie sehr erfolgreich: Viele populäre Geschichten über diese und jene Wahnsinnstat haben sich tief im Bewusstsein verankert und so manchen Kaiser, der versuchte, die Rechte des Senats zu

Commodus posierte gerne als Halbgott Herkules, die leidigen Staatsgeschäfte interessierten ihn weniger.

beschneiden, als größenwahnsinnigen Verrückten abgestempelt. Erst in neuester Zeit wird so das Bild des Caligula oder Domitian neu interpretiert – für Commodus hat sich bisher niemand diese Mühe gemacht, vielleicht gibt es aber auch nichts zu revidieren.

Caligula und Domitian sind jedoch gute Beispiele für das Phänomen Commodus. Wie dieser stammten auch sie aus einer Familiendynastie. Die Familie war bei den Römern für das Ansehen des Einzelnen von enormer Bedeutung. Dies erkennt man schon an der Namensbildung. Bekanntlich hatte der römische Eigenname drei Teile: Vorname, Familienname und Cognomen, also ein Beiname, der eine Art Spitzname war; zum Beispiel Gaius Julius Cäsar oder Marcus Junius Brutus. Der Cognomen war auch mehr als nötig, um ein brauchbares Unterscheidungsmerkmal durch den Namen zu bieten, denn den Familiennamen trugen natürlich mehrere und Vornamen gab es im alten Rom nicht einmal ein Dutzend. Kinderreiche Familien zählten irgendwann nur noch durch, da hieß der Nachwuchs dann eben Primus, Quintus, Septimus etc. Allein dies zeigt schon, dass dem Familiennamen wesentlich größere Bedeutung zugemessen wurde, und erklärt, warum uns von so manchem Römer kein Vorname überliefert ist; und es führte unter anderem dazu, dass aus so einigen Familiennamen heute ein mehr oder weniger gängiger Vorname entstand, etwa Julius oder Claudia. Generell ist festzuhalten, dass die Ahnenreihe sowohl in der Römischen Republik als auch in der Kaiserzeit eine große Rolle spielte, nicht zuletzt auch für den politischen Aufstieg.

Das erste Kaiserhaus war dementsprechend aus einer Familie hervorgegangen. Begonnen hatte die Dynastie allerdings mit einer Adoption – und dies ist wichtig für unseren »Sohn« Commodus. Zwar waren Julius Cäsar und Octavian, der spätere Augustus (reg. 30 v. Chr. – 14 n. Chr.), bereits entfernt verwandt, doch für seine Nachfolge adoptierte ihn der Diktator offiziell und garantierte ihm damit die direkte Erbschaft, politisch und familiär. Auf der Liste der »Thronerben« hatte man den eher unbekannten Jüngling nach der Ermordung nicht, weder Cäsars Anhänger, noch dessen Gegner aus dem Senat. Aber unterschätzt zu werden ist ja nicht unbedingt ein Nachteil, und so steht der nunmehrige Augustus für den Beginn der fast 500-jährigen römischen Kaiserzeit. Im Laufe seiner Regentschaft organisierte der neue Herrscher die dynastische Erbfolge, was gar nicht so leicht war, da er zahlreiche junge Kandidaten überlebte. So blieb am Ende der nicht unbedingt heiß geliebte Tiberius (reg. 14–37 n. Chr.) übrig – und auch hier wurde der ohnehin schon Verwandte noch einmal als Sohn für alle erkennbar adoptiert. Man erkennt das Prinzip, das allerdings nicht unbedingt beibehalten wurde, sei es, weil der Kaiser unverhofft verstarb (oder »verstorben wurde«), oder weil er tatsächlich Kinder hatte.

Kurzum: Der Kaiserthron blieb erstmal in der Familie der Julier. Und die konnte auch solche Ausfälle, als die etwa der erwähnte Caligula (reg. 37–41 n. Chr.) erscheint, verkraften. Mit Nero (reg. 54–68 n. Chr.) ging dies nicht mehr, denn erstens hatte man nach und nach alle anderen Familienmitglieder mit Ambitionen beseitigt und zweitens hatten die Römer nun endgültig genug von dieser ganz speziellen Familie; sie war buchstäblich am Ende. Aber es war kein gutes Ende, denn nun brach, für den Senat vollkommen unverhergesehen, ein Bürgerkrieg aus und die Kaiser wechselten sozusagen mit den Jahreszeiten. Übrig blieb schließlich Vespasian (reg. 69–79 n. Chr.), der wiederum eine neue Dynastie begründete, die Flavier. Dem nicht mehr ganz jungen Vespasian folgte sein Sohn Titus (reg. 79–81 n. Chr.) und nach dessen frühem Tod sein Bruder Domitian. Und der war, überspitzt formuliert, verantwortlich dafür, dass fast 100 Jahre später Commodus den Thron besteigen konnte.

Abschaffung des römischen »Thronerbes«

Domitian (reg. 81–96 n. Chr.), unter anderem auf seine Beliebtheit bei den Truppen zählend, ging nämlich daran, weitere Rechte und Privilegien des Senats infrage zu stellen. Dies musste früher oder später zu starker Opposition führen, deren Methoden nicht glimpflich waren. Letztlich fiel Domitian einer Palastverschwörung zum Opfer, wodurch auch die Dynastie der Flavier am Ende war. Endlich war der Senat wieder am Zug. Man hatte genug von Sippschaften, bei denen – der offiziösen Geschichtsscheibung zufolge – jeder Dritte dem Wahnsinn verfiel. Außerdem hatte das Beispiel Neros gezeigt, dass schnelles Handeln erforderlich war, um einen drohenden Bürgerkrieg zu verhindern. Folglich galt es, einen akzeptablen Kandidaten zu finden: erstens senatsgenehm, zweitens möglichst kinderlos und drittens ohne große Ambitionen. Und man fand ihn auch: Zur allgemeinen Überraschung wurde der 66-jährige Senator Nerva zum Kaiser erhoben – er erfüllte die genannten Kriterien bestens und vor allem konnte man sich halbwegs sicher sein, dass er schon deshalb keine hochfliegenden Pläne mehr hatte, weil die ihm verbleibende Zeit altersbedingt überschaubar war. Nerva erfüllte die Erwartungen, denn er sorgte für Stabilität statt Bürgerkrieg (die Armee war keineswegs erfreut über den Tod des von ihr geschätzten Domitian) und starb nach nur zwei Regierungsjahren im Jahre 98 n. Chr.

Ob es der Person Nervas gerecht wird, der nicht viel Zeit hatte, sich als einer der Großen in die Riege der Kaiser einzufügen, sei dahingestellt, aber schon bald blieb als sein einziges Verdienst lediglich die Wahl seines Nachfolgers Trajan (reg. 98–117 n. Chr.) im Gedächtnis. Neu war die Idee hinter dieser Kaisererhebung. Als direkte Umkehrung des Grundsatzes »Seine Familie kann man sich nicht aussuchen« waren die stets sehr pragmatischen Römer darauf verfallen, eben gerade dies zu tun: sich die Familie, in diesem Fall den Sohn, auszusuchen. Nach dem Motto »Der Beste möge den Thron bekommen« kam es zu einer Art Personal-Darwinismus oder neudeutsch: einem Cäsaren-Casting. Vorbilder für dieses Vorgehen waren natürlich mit der Adoption des Octavian durch Cäsar und mit anderen Beispielen bereits gegeben, aber nun hatten auch Nicht-Verwandte zunächst theoretisch die Möglichkeit, die höchste Position im Staat zu erreichen. Auch der Senat, der die Idee möglicherweise sogar an Nerva herangetragen hatte, war zufrieden, schließlich eröffnete dies gerade den angesehenen Senatoren die Aussicht auf den Thron (vorher wäre dies nur durch Einheirat oder Usurpation möglich gewesen). Eine reichlich blauäugige Sicht der Dinge, denn der Herrscher hatte mittels dieses Verfahrens noch mehr Macht in der Hand: Er allein konnte sich einen genehmen Nachfolger heraussuchen – der egoistische Ehrgeiz der einzelnen Senatsmitglieder scheint wohl die Sicht auf diesen cleveren Schachzug verstellt zu haben. Wie auch immer, Trajan wurde allen Ansprüchen mehr als gerecht, war milde im Inneren und glänzte mit Siegen und Eroberungen nach außen. Unter ihm erreichte das Römische Reich seine größte Ausdehnung. Kein Wunder, dass er zum optimus princeps – zum Besten der Herrscher – gekürt und nach seinem Tod 117 sofort vergöttlicht wurde (nicht nur metaphorisch).

Große Fußstapfen also für den unmittelbaren, aber auch die noch kommenden Nachfolger. Mit Trajan begann die Riege der sogenannten Adoptivkaiser, und das neu installierte Verfahren gab denn auch derjenigen Epoche den Namen, die als eine der Glanzzeiten Roms gilt. Zu Recht, im Großen und Ganzen, denn fast 100 Jahre herrschte innere Ruhe und auch an den Grenzen war es verhältnismäßig still. Die Bezeichnung Adoptivkaiser suggeriert trotzdem mehr, als wohl eigentlich vorhanden war, denn die Idee war kein institutionalisiertes Prinzip, sondern hing von den vorhandenen Gegebenheiten ab, auch dies eben römischer Pragmatismus. Trajan, Hadrian (reg. 117–138) und Antoninus Pius (reg. 138–161) hatten einfach keine natürlichen männlichen Nachfahren (zumindest keine, die bei ihrem eigenen Tod noch lebten), und so griff man auf das eingeübte und bewährte Verfahren zurück. Wie noch zu zeigen sein wird, war es für den Senat und das Volk Roms keineswegs irritierend, als Marc Aurel später seinen eigenen leiblichen Sohn auf die Übernahme der Herrschaft vorbereitete, die dieser dann auch übernahm: Es war ein gewisser Commodus.

Marc Aurel (reg. 161–180), der gemeinsam mit seinem Adoptivbruder Lucius Verus die Macht antrat – man teilte sich die Aufgaben, Marc Aurel war für den Westen, Lucius Verus für den Osten des Reiches zuständig – verkörperte noch einmal das Idealbild eines guten Herrschers. Gewissermaßen vereinte er die militärischen Fähigkeiten des Trajan, die (griechische) Bildung des Hadrian und die Effizienz seines Adoptivvaters Antoninus Pius. Unglückseligerweise war die Zeit der äußeren Ruhe jedoch vorbei; während sich an der germanischen Nordgrenze die Markomannen und Quaden regten, hatten sich auch die Parther wieder von den vernichtenden Niederlagen unter Trajan erholt. Somit waren beide Kaiser gut damit beschäftigt, Schlachten an den Rändern des Reiches zu schlagen, eine Aufgabe, für die Marc Aurel eigentlich die Voraussetzungen fehlten: Der Philosoph auf dem Kaiserthron, wie er später genannt wurde, hatte nicht unbedingt militärische Interessen. Umso erstaunlicher, dass er auch auf diesem Gebiet großes Geschick zeigte.

Doch nicht nur die Grenzen waren gefährdet, sondern auch das Fortbestehen der klugen Adoptivkaiserschaft. Lucius Verus, dessen Anteil an der Herrschaft ohnehin oft vergessen wird, ging keineswegs als einer der Guten in die Geschichte ein. Die nüchternen Römer waren und blieben stets skeptisch, wenn einer ihrer Großen allzu laut Sympathien für den Osten ihres Reiches zeigte, denn diese Gebiete, die sie doch schon seit Jahrhunderten unterworfen hatten, waren ihnen dennoch reichlich fremd geblieben. Kaiser, die sich zuviel im Osten herumtrieben, wurden schnell suspekt. Deshalb lässt sich heute nur schwer sagen, was an den zahlreichen Geschichten über die zunehmende Liebe zu Ausschweifungen und Orgien des Lucius Verus nicht bloßes Gerücht ist. Wie auch immer, sein Partherkrieg (161–166) verlief dank der römischen Feldherrn gut und der Erzfeind wurde einmal mehr in seine Schranken gewiesen. Wirklich auskosten konnten die Römer ihren Triumph nicht, denn es trat ein neuer Feind auf die Bühne, der militärisch nicht zu besiegen war: Die Truppen des Ostens brachten bei ihrer Rückkehr die Pest mit, die sich schnell im Reich verbreitete. Auch Lucius Verus starb bald nach dem Ostfeldzug, jedoch nicht an der Pest, sondern vermutlich an einem Schlaganfall. Nun war Marc Aurel Alleinherrscher, was vor allem erst einmal bedeutete, dass er den Krieg gegen die Markomannen selbst zu führen hatte.

In diesen Krieg nahm er auch seine Familie mit, eine ungewöhnliche, aber von den Truppen mit Bewunderung goutierte Maßnahme. Kaiserin Faustina wurde geradezu als Glücksbringer des Heeres angesehen, das sich durch ihre Präsenz geehrt fühlte. Während sie sich also bei den Legionären großer Beliebtheit erfreute, kann man dies für die Nachwelt nicht behaupten. Dort erscheint sie als bösartig durchtriebene Kaiserin und Mutter im Gefolge einer Messalina oder Agrippina. Es ist zu vermuten, dass ein Großteil dieses negativen Bildes erst in der Rückschau entstanden ist, denn Faustina war schließlich die Mutter eines schlechten Kaisers, des Commodus (geboren 161). Und da er einen so hervorragenden Vater hatte, mussten die schlechten Gene wohl von der Mutter stammen. So wurde aus Faustina, der mater castrorum (Mutter des Lagers), die Mutter eines Scheusals. Kaum war der erste Markomannenkrieg erfolgreich beendet, gab es im Osten einen römischen Usurpator: Avidius Cassius, einer der Feldherrn, die unter Lucius Verus erfolgreich gekämpft hatten, zettelte nach einer Falschmeldung vom Tod Marc Aurels eine Rebellion an. Ein von den Geschichtsschreibern später aufgenommenes Gerücht behauptete, Faustina hätte den Statthalter hierzu mit dem Versprechen, ihn zu heiraten, angestiftet – und mit der Absicht, Commodus den Thron zu sichern. Tatsächlich war Marc Aurel zu dieser Zeit lebensbedrohlich erkrankt und Faustina musste befürchten, dass ihr noch zu junger Sohn plötzlich nichts mehr mit der Erbfolge zu tun haben werde, wenn man einen erfahrenen Kaiser bevorzugen würde. Doch Marc Aurel erholte sich und der Aufstand im Osten brach schnell zusammen. Ob Faustina tatsächlich darin verwickelt war, bleibt offen. Auf verschlungenem Weg hatte das Vorhaben aber seinen vermeintlichen Zweck doch erreicht: Die Bedrohung durch einen Usurpator hatte dem Kaiser gezeigt, wie wichtig es war, die Nachfolge eindeutig zu regeln. Obwohl noch sehr jung, beschleunigte sich die Karriere des Commodus; bereits 177 setzte ihn sein Vater als Mitregent ein – das hätte die Mutter sicher noch gerne miterlebt, aber sie war bereits im Vorjahr verstorben.

Commodus war nun mit 16 Jahren unstrittig Erbe des Thrones und des Reiches. Daran störte sich, wie gesagt, niemand, was natürlich insbesondere an der Persönlichkeit des Vaters lag. Man wusste den Kaisersohn sozusagen in den besten Händen und Marc Aurel nahm sich der Aufgabe auch an, seinen Sohn zu erziehen – die besten Voraussetzungen dazu hatte er aber nicht, denn im Norden war der Frieden bereits wieder dahin und ein neuer Feldzug musste unternommen werden. Vater und Sohn zogen gemeinsam in den Krieg. Der verlief erfolgreich, doch das Unheil, das Lucius Verus aus dem Osten mitgebracht hatte, fällte nun nach vielen Jahren auch seinen einstigen Kaiserkollegen: Marc Aurel starb – gängiger Überlieferung nach in Wien – im Jahr 180 an der Pest. Auch hier musste das natürlich im Nachhinein geschürte Gerücht auftauchen, Commodus habe beim Tod seines Vaters nachgeholfen. Auch die Verfilmungen greifen dies naturgemäß auf – wirklich plausibel ist es nicht, da Commodus, wie man ihm von nun an stets vorwerfen wird, wenig Neigung zum anstrengenden Regieren hatte.

Doch das war nun seine Bestimmung – und dies noch inmitten eines Krieges. Das beim frühen, plötzlichen oder durch Krankheit verursachten Tod eines Kaisers verlässlich auftauchende Motiv der Vergiftung durch den Nachfolger, für das naturgemäß gerade Commodus ein gutes Verleumdungsopfer abgab, greift auch aus diesem Grund zu kurz. Vieles in seinem späteren Handeln spricht dafür, dass er gerne das geblieben wäre, was er schon war: Sohn eines Kaisers. Als Mitregent seines Vaters genoss er ohnehin schon alle möglichen Privilegien, da Marc Aurel sehr beliebt war, fiel dessen Glanz auf ihn ab, und die private Familienschatulle war zudem bereits gut gefüllt – alles schöne Vorteile, ohne letzten Endes tatsächlich schwerwiegende Verantwortung tragen zu müssen. Doch nach seinem Amtsantritt mussten nun die ererbten Privilegien gewissermaßen durch Arbeit bestätigt werden. Darauf schien Commodus nicht gerade versessen; er hatte also keinen guten Grund, seinen Vater zu beseitigen, schon gar nicht, da er nun eine militärische Aufgabe weiterführen musste und noch ausgesprochen jung war.

Diese Jugendlichkeit im Verbund mit dem Ansehen seines Vaters schützte ihn wohl auch noch längere Zeit vor allzu herber Kritik. Der Vorwurf, er habe den Krieg gegen die Markomannen aus Unlust vorzeitig abgebrochen, kam erst viel später auf; möglicherweise war er nicht einmal berechtigt, denn die geschlagenen Germanen mussten einen harten Friedensvertrag hinnehmen. Commodus zog als Triumphator in Rom ein. Als sich dann doch wieder (andere) Germanenstämme an der Nordgrenze kriegslüstern zeigten, bequemte sich der Kaiser allerdings tatsächlich nicht mehr selbst an den Schauplatz und schickte einen Feldherrn los, um das Ganze allein zu bereinigen (mit Erfolg). Es ist also denkbar, dass dieses Verhalten dann rückinterpretiert wurde, und man deshalb orakelte, Commodus sei auch vorher schon überstürzt heimgekehrt.

Denn über Mangel an übler Nachrede musste sich der junge Kaiser bald keine Sorgen mehr machen. Darin kristallisierten sich zwei teils zusammenarbeitende Gruppen heraus: der Senat, beziehungsweise bestimmte Senatoren, und die liebe Familie. Welche genaueren Anlässe für die Verstimmungen sorgten, ist nicht ganz klar, doch kam es schon 182 zu einer Verschwörung von Senatoren, deren Fäden im Hintergrund aber Lucilla, die Schwester des Kaisers, zog. Nicht sehr gut zog, denn der Anschlag ging fehl und die Beteiligten mitsamt ihrer Rädelsführerin wurden hingerichtet. Spätestens von da an war das Vertrauen des Kaisers zum Senat (und zur Familie) vollends zerstört. Weitere Verschwörer gaben sich in illustrer Reihenfolge die Klinke in die Hand. Wenig verwunderlich, dass sich das gegenseitige Misstrauen sowie die Verachtung des Kaisers und des Senats (erst recht durch die eigenen Misserfolge) immer mehr hochschaukelten. Commodus berief kaum noch Senatoren in höhere Positionen, was diese wiederum erst recht verärgerte.

Dabei hätte Commodus kompetente Persönlichkeiten dringend nötig gehabt, zeigte sich doch immer mehr, dass er für das anstrengende Regieren einfach keinen Nerv hatte. Folglich delegierte er alle möglichen Aufgaben an teils fragwürdige Gestalten; erwähnt sei nur

Unrühmliches Ende eines Herrschers: Commodus wird von einem Sklaven erwürgt.

der kurzzeitige Prätorianerpräfekt (also der sehr mächtige Befehlshaber der Leibwache) Marcus Aurelius Cleander (kein Verwandter, sondern ein Ex-Sklave des Marc Aurel), der sich unverhohlen bereicherte, bis Commodus ihn umbringen ließ, nachdem das Volk zu sehr murrte. Das Volk war unzufrieden und die Oberschicht entsetzt über ihren Kaiser – der zeigte nämlich allzu pöbelhaftes Verhalten. Dass er gerne Spiele und Wagenrennen ansah, geschenkt – das taten viele Römer. Dass er sein Leben fast ausschließlich nur noch diesen Vergnügungen widmete, war schlimm genug, aber vielleicht noch durch fähige Regierungsbeamte in den hohen Positionen zu kompensieren gewesen, vor allem da es an den Grenzen friedlich blieb (was Commodus übrigens auf sein Geschick zurückführte). Doch dass er selbst als Gladiator auftrat, einem verachteten Beruf (trotz der Starqualitäten, die mancher Gladiator erreichte), und sich zunehmend nicht nur mit dem Gott Herkules verglich, sondern komplett mit diesem identifizierte, diese Exzentritäten konnte kein verantwortungsvoller Römer bei seinem Herrscher zulassen. Letzten Endes führte also doch noch eine der zahlreichen Verschwörungen zum Erfolg und am letzten Tag des Jahres 192 wurde Commodus erwürgt. Was folgte, war ein Bürgerkrieg, Commodus' nachträgliche, aber nur zwischenzeitliche Verurteilung als Staatsfeind, der laut Gesetz der Vergessenheit anheimzufallen hatte (beides wurde später durch einen Nachfolger aufgehoben), und eine Leere in der Staatskasse. Auch insofern hatte Commodus das erreicht, was man von einem schlechten Erben im engeren Sinne erwartet: Er hatte das vorhandene Vermögen verprasst.

Es fiele also leicht, Marc Aurel bei allen von ihm vollbrachten Großtaten vorzuwerfen, dass er gerade mit der Durchbrechung des Adoptivsystems einen tragischen Fehler gemacht hat. Dagegen spricht allerdings der erwähnte und allgemein akzeptiert, letztendlich eher informelle Charakter dieses Verfahrens, denn es galt nicht als Königsweg, sondern als Notbehelf, und da dieser Kaiser einen Sohn hatte, war es für alle Beteiligten selbstverständlich, dass er ihm auf den Thron folgen würde. Es gab danach keine Adoptivkaiser mehr, trotz der Erfahrung mit Commodus. Rein theoretisch sprach nichts dagegen, dass ein Monarchensohn selbst der bestgeeignete Kandidat für das Thronerbe war (schließlich gibt es auch in Familiendynastien immer wieder große Herrscherpersönlichkeiten). Spekulativ bleibt auch, ob Marc Aurel die Nichteignung seines Sohnes für die enorme Aufgabe hätte erkennen können oder müssen; eventuell starb er hierfür einfach zu früh. Selbst mancher Zeitgenosse milderte das harsche Urteil über den in Verruf geratenen Commodus damit ab, dass er dem Jüngling einfach Überforderung attestierte. Dies wird kaum von der Hand zu weisen sein. Sicher kommt es vor, dass auch ein mit dem goldenen Löffel im Mund erzogener Spross durch die Herausforderungen wächst, aber bei Commodus war dies nicht der Fall. Gleichzeitig verhinderte sein offenkundig nicht allzu kleines Ego – er war überhaupt der erste Kaiser, der schon im Kaiserpalast geboren worden war –, Teile seiner Macht an fähige Personen im Umkreis des Hofes abzugeben. Commodus als Erbe eines Weltreiches war also eine spektakuläre Fehlbesetzung – von einem *Untergang des Römischen Reiches* zu reden, ist trotzdem eine kuriose Übertreibung. Anders als das Reich Alexanders des Großen fiel das Römische Reich noch lange nicht wegen politischer Erbstreitigkeiten oder einem unfähigen Nachfolger auseinander. Es existierte noch gut 300 Jahre, eine Dauer, von der zahlreiche nachfolgende Reiche nur träumen konnten.

Wie man seinen eigenen Nachfolger vergeblich ausbootet

Theodahad

Es ist nicht gerade das, was man Jahrhunderte später über sich in den Geschichtsbüchern lesen möchte, etwa das in der Geschichte der Goten *(1979) von Herwig Wolfram Festgehaltene: »Nimmt man zum Beispiel Theodahad; ein unsympathischer ›ramasseur des propriétés‹, verschlagen und eidbrüchig, ein Schandfleck für die amalische Familie, ein neiding, Goten und Römern in gleicher Weise verhaßt. Er ermordete seine Kusine, die ihn vorher zum König gemacht hatte. Er würde alles um den Preis eines gut dotierten Lebens in Byzanz verkaufen.« Nun wissen wir schon aus den Berichten über Commodus, dass die älteren Geschichtsschreiber in Urteilen nicht besonders um Neutralität bemüht sind und es zu den Aufgaben ihrer modernen Kollegen gehört, solche gelenkten Sichtweisen zu revidieren. Um so mehr erstaunt Wolframs Fazit, nachdem er die zahlreichen Vorwürfe gegenüber dem gotischen Kurzzeitkönig Theodahad aufgelistet hat: »Das Bild ist sicher richtig gezeichnet; Theodahads Sündenregister könnte noch verlängert werden.« Vielleicht ist es nicht gänzlich angemessen, überhaupt von einem Bild zu sprechen, das der Nachwelt überliefert wurde, denn letzten Endes wurde der Gote gründlich vergessen, wozu er mit seinem Verhalten kräftig beigetragen haben dürfte. Und wie es von seinem »großen« Vorgänger Theoderich wohl auch gewünscht war, wenn auch auf andere Weise.*

Das geringe Ansehen Theodahads (reg. 534–536), soweit nicht von ihm selbst verursacht, geht trotzdem nicht (nur) auf die Historiker zurück, sondern vor allem auf einen der populärsten Romane des 19. Jahrhunderts, der bis in unsere Tage gern neu aufgelegt wird – oft unter der Etikettierung Jugendroman: Felix Dahns Historienschinken *Ein Kampf um Rom* (1876). Dieser Klassiker des deutschen Professorenromans hat zur Imagepflege des Gotenkönigs sicher nicht hilfreich beigetragen:

»Die Goten freilich schienen sich nicht ohne weiteres den Tausch gefallen lassen zu wollen. Fürst Theodahad war ein Mann – das empfahl ihn gegenüber Amalaswintha – und ein Amaler: Das wog schwer zu seinen Gunsten gegenüber jedem anderen Bewerber. Aber im Übrigen war er im Volke der Goten keineswegs hoch angesehen. Verweichlicht an Leib und Seele hatte er keine Eigenschaften, welche die Germanen von ihren Königen forderten. Nur eine Leidenschaft erfüllte seine Seele: Habsucht.« Amalaswintha war die Tochter Theoderichs des Großen (reg. 474–526) und die oben genannte ermordete Kusine. Die Amaler waren das gotische Geschlecht, dem ein legitimer Herrscher anzugehören hatte – dazu gleich mehr. Doch Dahn fällt ein noch schwerwiegenderes Urteil über Theodahad – zumindest in den Vorstellungen seiner Zeitgenossen (vielleicht auch der Goten): »Dabei war seine Seele abhängig von der bösartigen, aber kräftigen Natur seines Weibes.« Also nicht nur ungermanisch-ungotisch, dieser neue König, sondern ein Pantoffelheld. Die tatsächliche Überlieferung gibt dies nicht unbedingt her, doch in Dahns Roman ist dieses private Motiv ziemlich bestimmend. Die aufwendige Verfilmung unter der Regie von Robert Siodmak aus den 1960er-Jahren hat diese Sicht der Dinge noch einmal tradiert.

Ob er nun auch noch unter der Fuchtel seiner intriganten Ehegattin stand, sei dahingestellt, das Konto an Untaten Theodahads ist auch ohne weiblichen Einfluss gut gefüllt. Und im Gegensatz zu Commodus, der unzweifelhaft für alle Beteiligten auf die Thronübernahme vorbereitet wurde, hatte der amtierende Herrscher Theoderich diese Defizite seines – eigentlichen – Nachfolgers rechtzeitig erkannt. Es stand viel auf dem Spiel: Das gesamte Reich der Ostgoten in Italien, zu dieser Zeit neben dem Aufkommen der Franken in Gallien das mächtigste Germanenreich, auf das die byzantinischen Kaiser in Konstantinopel längst ein begehrliches Auge geworfen hatten.

Der Erblasser Theoderich

Theoderich, der in schönem Kontrast zu Theodahad den späteren Beinamen der Große erhielt, war, so muss man im Nachhinein sagen, zugleich Begründer und Vernichter des von ihm geschaffenen Gebildes, dessen Untergang er zumindest schon mit einleitete. Seine Herrschaft hatte mit einer Strafexpedition im Auftrage Konstantinopels – wo Theoderich aufgewachsen und erzogen worden war – gegen Odoaker begonnen, den Mann, der 476 den letzten weströmischen Kaiser abgesetzt hatte. Der war ohnehin nur noch eine hohle Figur gewesen, selbst sein Titel war zum Spott verkümmert (Romulus Augustulus, also das Kaiserlein), und was im Nachhinein wie eine Zeitenwende erscheint, war für die Zeitgenossen nur ein Machtwechsel. Einen Kaiser gab es schließlich weiterhin, nur saß der in Ostrom und Odoaker stand in seinen Diensten wie viele andere germanische Fürsten zuvor. Ganz geheuer war Konstantinopel sein italienischer Statthalter dann auf die Dauer doch nicht und so schickte man unter einem Vorwand eben Theoderich gegen ihn – was den praktischen Vorteil hatte, die Ostgoten ebenfalls gleich mit wegzukomplimentieren. 488 marschierten diese los, doch die Kämpfe gegen Odoaker waren trotz zahlreicher Siege eher zäh. Schlussendlich konnte Theoderich diesen nur durch das Vorgaukeln eines Friedensvertrages mit dem Angebot einer Doppelherrschaft bezwingen. Zehn Tage nach Vertragsabschluss war Odoaker tot. Theoderich höchstpersönlich – so die Überlieferung – hatte ihn bei einem Gastmahl erstochen.

Damit war Theoderich Alleinherrscher über Italien, doch sein ostgotisches Reich umfasste bei Weitem nicht nur die Halbinsel, sondern auch Sizilien, das er den Vandalen abnahm; im Norden reichte es über die Alpen bis zur Donau, im Westen bis zur Rhone und im Osten bis zur Drina – der Grenze zu Ostrom. War es bislang die Politik germanischer Herrscher gewesen, je nach Bedürfnissen ihre Gebiete zu erweitern oder zu verlassen – (natürlich auf Kosten anderer), ging Theoderich dazu über, für innen- und außenpolitische Stabilität zu sorgen. Ostrom ließ sich lange Zeit, ihn zu legitimieren, gab aber schließlich nach. Auch die tolerante Verfahrensweise mit den ansässigen (West-)Römern und der katholischen Kirche – Theoderich und seine Ostgoten waren häretische Arianer – trug zur Konsolidierung des neuen Gebildes bei.

Schwieriger war es da schon, sich mit den germanischen Nachbarn zu arrangieren: Die Vandalen waren nicht nur Nachbarn in Afrika, sondern auch auf Sardinien und Korsika; dazu kamen die Westgoten in Südfrankreich, die Burgunder im Norden, etwas weiter entfernt die sehr unruhigen und aufstrebenden Franken und die Thüringer. Da sich Theoderich der traditionellen halbnomadischen Expansionspolitik verweigerte, ging er zu einem neuen System über: Verheiraten. Quasi jeder der genannten Stämme bekam ein – meist weibliches – Mitglied der amalischen Großfamilie ab, ob Vandalen, Westgoten, Thüringer oder Burgunder. Theoderich selbst ging mit gutem Beispiel voran und ehelichte mit Audofleda die Schwester des stärksten Konkurrenten, Chlodwig, König der Franken. Doch diese friedliche Idee einer Art großen familiären Bündnissystems unter den germanischen Völkern war ein eklatanter Misserfolg. Selten nur fühlte sich eines der neuen Familienmitglieder in der Not verpflichtet, den kürzlich buchstäblich erworbenen Verwandten beizustehen. Eher schon verwickelte man sich umgekehrt in die Auseinandersetzungen der anderen Stämme, zeigte hier jedoch selbst oft wenig Neigung, helfend einzugreifen. Einzig vorzeigbarer Ertrag war die Übernahme des westgotischen Reiches in Südfrankreich durch Theoderich in Personalunion – eine Tatsache, die für die spätere Erbfolge nicht unwichtig war. Zugleich hatte sie aber auch den zweifelhaften Nebeneffekt, nun direkt den Franken gegenüberzustehen, die längst ein Auge auf die Mittelmeerküste geworfen hatten (und die traditionelle Expansionspolitik gegenüber Theoderichs neumodischer Heiraterei vorzogen). Doch mit dem Tod Chlodwigs ließen die Konflikte nach. Die auf Ausgleich bedachte Vermählungsstrategie brachte somit zwar nicht die gewünschte Stabilität, aber doch immerhin relative Ruhe für die Ostgoten.

So ganz konnte der König mit Sitz in Ravenna allerdings auch nicht von den typischen germanischen Eroberungsgelüsten lassen. Obwohl auf inneren Frieden mit den Römern seines Reiches bedacht, suchte er sich als Gegner kurioserweise den mächtigsten Staat überhaupt aus, Konstantinopel, von dem er schließlich bei aller Selbstständigkeit mindestens indirekt weiterhin abhing. Trotzdem marschierte er gen Osten und in Pannonien ein, einer oströmischen Provinz. Das musste für Ärger sorgen – und die Oströmer vergaßen dies nicht, auch wenn sie zu diesem Zeitpunkt anderweitig beschäftigt waren. Vorerst suchten sie Bündnisse mit den Franken und Burgundern – woran man schon erkennt, wie verlässlich Theoderichs angeheiratete Familien waren.

Doch auch mit den Weströmern, die Theoderich bei seinem Rombesuch im Jahr 500 noch überschwenglich gehuldigt hatten, gab es zunehmend Probleme – Probleme, die der Gotenherrscher selbst heraufbeschwor und die mit der Erbfolge zu tun hatten. Theoderich selbst hatte nur direkte weibliche Nachfahren – doch gab es noch einige andere männliche Kandidaten mit amalischem Blut, dem schon erwähnten wichtigsten Faktor für einen legitimen ostgotischen Herrscher. Der nächste männliche Verwandte war sein Neffe Theodahad. Doch den zog Theoderich nicht im Geringsten in Betracht. Er hatte ihn vorher schon statt mit einem Staatsposten mit schönen Landgütern in Tuscien abgespeist, wo dieser sich hauptsächlich mit Nachbarschaftsstreitereien beschäftigte. Zum Glück machte man unter den Westgoten einen geeigneten Kandidaten mit amalischen Wurzeln aus: Eutharich, den Theoderich in gewohnter Manier sogleich mit seiner Tochter Amalaswintha verheiratete. Der Kaiser in Ostrom erkannte diese Nachfolgeregelung offiziell an, alles schien bestens. Doch dummerweise starb Eutharich frühzeitig und damit war nun die ganze schöne Idee dahin.

Die Römer machten sich also ihre Gedanken über das Königshaus, von dem sie beherrscht wurden und dessen alterndes Oberhaupt deutliche Verschleißerscheinungen zeigte. Gemeinsam mit dem Hof in Konstantinopel wurde über mögliche Erbkonstellationen diskutiert. Für den misstrauisch gewordenen Theoderich war dies ein Anzeichen für Hochverrat unter den Senatoren. Dabei hatte man dort keineswegs irgendwelche konkreten Pläne, sondern machte sich vermutlich nur Sorgen um die (eigene) Zukunft – berechtigte Sorgen, wie sich bald zeigen sollte. Gleichwohl kam es nun in Ravenna zu den berühmten Prozessen gegen hochgestellte Senatsmitglieder, unter ihnen der Philosoph und hohe Staatsbeamte Boethius und schließlich auch der Vorsitzende der ehrwürdigen Versammlung Symmachus – beide wurden hingerichtet. Und um es sich mit den Römern endgültig zu verscherzen legte sich

Theoderich in seinen alten Tagen schließlich auch noch mit der neben dem Senat wichtigsten Institution an, der Kirche. Während seiner gesamten Herrschaft hatte er es vermieden, sich als Arianer in deren Angelegenheiten einzumischen und pflegte ein überwiegend freundschaftliches Verhältnis zu den Päpsten. Als man in Ostrom allerdings dazu überging, die arianischen Christen aktiv zu bekämpfen, schickte Theoderich Papst Johannes I. zusammen mit einer Gesandtschaft nach Konstantinopel, um Protest einzulegen. Er schickte folglich den katholischen Papst zum katholischen Kaiser – der nutzte dies und bereitete Johannes einen großartigen Empfang, den dieser sichtlich genoss. Trotzdem vergaß er seinen Auftrag nicht und erreichte sogar recht gute Verhandlungsergebnisse. Nicht gut genug für Theoderich, dem das öffentlich bekundete Einverständnis zwischen Kaiser und Papst überhaupt nicht gefiel. Und so wanderte Johannes bei seiner Rückkehr nach Italien in den Kerker. Da er sich nicht übermäßiger Gesundheit erfreute, starb er dort kurze Zeit später. Für Katholiken und auch viele Römer ein absoluter Skandal.

Wie man sieht, hatte es Theoderich geschafft, seine an und für sich über Jahrzehnte feste Regierung binnen weniger Jahre am Ende selbst zu destabilisieren: Innerhalb seines Reiches hatte er nun zwei mächtige Gegner, die Römer und die Katholiken (was sich naturgemäß größtenteils überschnitt), und außerhalb Ostrom, das sowohl die Behandlung der römischen Brüder als auch die damalige Grenzverletzung nicht gerade versöhnlich stimmte. Den von ihm nach allgemeiner zeitgenössischer Ansicht ermordeten Papst sollte er nicht lange überleben, denn im Sommer 526 starb Theoderich, vermutlich im Alter von etwa 73 Jahren. In den Augen von Römern und Katholiken eine gerechte Strafe, wie sich sobald in bösartigen Legenden zeigen sollte, in denen Theoderich zum Beispiel von den getöteten Senatoren und dem Papst in den Vulkan Stromboli gestoßen wird. In den Überlieferungen der Germanen bleibt er eine ambivalente Gestalt, nicht zuletzt in der Figur des Dietrich von Bern (Bern ist die germanisierte Version von Verona) im Nibelungenlied zu erkennen, deren historisches Vorbild Theoderich ist.

Gotischer Erbfolgestreit

Auch wenn Theoderich selbst sein Reich zuletzt in mehrere Krisen geführt hatte, so war es trotzdem noch immer ein bedeutendes Herrschaftsgebiet. Doch wer sollte es nun erben, da Eutharich längst tot war? Der naheliegendste Kandidat wäre Theodahad gewesen. Doch einmal mehr wurde er schlicht übergangen, denn eine automatisierte Familienerbfolge gab es nicht – das entsprach ganz den Wünschen Theoderichs, der ihn offenkundig für unfähig gehalten hatte, die Nachfolge anzutreten. Aus der Ehe Amalaswinthas mit Eutharich war ein Sohn hervorgegangen, Athalarich, der aber beim Tod seines Großvaters gerade einmal zehn Jahre alt war. Obwohl dies deutliche Probleme hervorrief, wurde er trotzdem zum König bestimmt. Vertreten wurde er als Regent vorläufig von seiner Mutter, einer durchaus tatkräftigen und vor allem sehr gebildeten Person, jedoch mit einem bedeutenden Mangel: eine Frau zu sein. Aus Sicht vieler Goten – gotischer Männer – sollte ihr das stets zu schaffen machen. Und beide – Amalaswintha als Frau, Athalarich als Kind – waren nicht in der Lage, die neben dem amalischen Blut wichtigste Voraussetzung für einen gotischen König zu erfüllen: die Führung des Heeres.

Während Athalarich stets blass blieb und auch später bei erreichter Volljährigkeit keinerlei Bedeutung erlangte, betrieb Amalaswintha eine nachvollziehbare und durchdachte Politik – soweit die Umstände dies zuließen. Vorrangig bemühte sie sich um ein entspanntes Verhältnis zu Konstantinopel, einerseits aus einer gewissen persönlichen Bewunderung für die Oströmer, anderseits aus kluger Einsicht, denn unzweifelhaft war und blieb Konstantinopel der Machtfaktor schlechthin. Noch dazu hatte sich die Personalunion mit den Westgoten durch den Tod Theoderichs aufgelöst und die Franken im Norden waren einmal mehr unruhig. Für ihre Gegner war es nicht schwer, mit dem Argument, Amalaswintha sei eine Römerfreundin, gegen die Regentin zu intrigieren, zumal ein Teil der ohnehin gern uneinigen gotischen Oberschicht ein latentes Unbehagen gegenüber der Herrschaft einer Frau fühlte.

Und wer hätte das besser zu nutzen verstanden als Theodahad, der Neffe des Theoderich, für den neben seiner engen Verwandtschaft zwei weitere gute Argumente sprachen: Er war ein waschechter Amaler und er war ein Mann. Viel mehr hatte er allerdings nicht zu bieten – aber so manchem genügte das. Und Theodahad musste diese Chance nutzen – welche Demütigung, nicht nur schon vom Onkel von jedem Staatsamt ferngehalten worden zu sein, nein, erst hatte man einen westgotischen Amaler urplötzlich aus dem Hut gezaubert und dann, als dieser rechtzeitig verstarb, die Regentschaft einer Frau und eines Kindes seiner eigenen vorgezogen. Also fädelte er mit geneigten gotischen Kreisen eine Palastintrige ein, indem er darauf hinwies, Athalarich sei ein ungotischer, römisch verzogener Weichling – und diese Verschwörung lief gut an: Amalaswintha erkannte die Bedrohung und bat in Konstantinopel beim neuen Kaiser Justinian um Asyl. Dieser schickte ihr Schiffe als Fluchtmöglichkeit mitsamt Einladung in die Hauptstadt und Amalaswintha ließ ihre Besitztümer abtransportieren. Doch dann – es ist nicht ganz klar, woher der plötzliche Sinneswandel kam – entschied sie sich anders und drehte den Spieß um: Sie schickte die führenden Köpfe der Konspiration an die Front, wo die fränkische Verwandtschaft mal wieder Expansionspolitik betrieb. Die gotischen Adeligen, Militärs mit Renommee, konnten sich diesem Auftrag schlecht verweigern und kamen bei dem Feldzug nach Norden mit etwas Nachhilfe ums Leben. Theodahads Putsch und damit der nächste Versuch, den Thron zu besteigen, war kläglich gescheitert. Das Schiff mit Amalaswinthas Goldschatz gelangte nach Ravenna zurück und Theodahad verzog sich wieder Richtung Toskana auf seine Landgüter.

Dann starb 534 auch der junge Athalarich. Theodahad dürfte zu diesem Zeitpunkt nicht mehr ernsthaft daran gedacht haben, jetzt doch noch Erbe des Königsthrons zu werden, doch Amalaswintha, die offenbar das frühzeitige Ableben ihres Sohnes geahnt hatte, trat mit der erstaunlichen Bitte an ihn heran, als ihr Mitregent zu fungieren. Warum sie dieses überraschende Angebot an ihren unverhohlenen Gegner machte, darüber kann nur spekuliert werden, am plausibelsten ist, dass sie so den Makel der Frauenherrschaft beseitigen wollte. Letztlich sollte Theodahad einfach nur als männliche Repräsentationsfigur dienen, vertraglich abgesichert verblieb die eigentliche Macht bei Amalaswintha.

Kein guter Plan, denn selbst eine mediokre Figur wie Theodahad nutzte diese Situation, um binnen kurzem seine Konkurrentin, die ihn unverhofft wieder ins Spiel gebracht hatte, endlich loszuwerden. Er verbannte sie noch 534 kurz nach Machtantritt auf eine Insel im Lago die Bolsena und mit seiner freundlichen Billigung wurde sie dort Ende April 535 vermutlich von ehemaligen Mitverschwörern, die den Tod ihrer Führer nicht verziehen hatten, umgebracht.

Nun war Theodahad endlich König der Ostgoten geworden. Und damit hatte er deren Schicksal besiegelt. Dem neuen Kaiser Justinian hatte er mit der Beseitigung Amalaswinthas den lange herbeigesehnten Anlass (oder Vorwand) für dessen Restitutionspolitik, das heißt die Wiederherstellung des römischen Gesamtreiches, geliefert. Die stets wankelmütigen Ostgoten waren mit der Beseitigung der Königin plötzlich auch nicht mehr so glücklich und die italienischen Römer schon gar nicht. All das hatte sich Theodahad ganz anders vorgestellt. Im Osten marschierten Truppen, ohne ernsten Widerstand zu erfahren, nach Dalmatien ein und im Süden fuhr eine Flotte unter dem Feldherrn Belisar Richtung Nordafrika. Die umfasste zwar eine Elitetruppe, war aber zahlenmäßig nicht sonderlich groß – offiziell besuchte man nur das soeben eroberte Vandalenreich, inoffiziell sollte vorsichtig in Sizilien die dortige Stimmung eruiert werden. Binnen Kurzem war die Insel dank der Mithilfe der einheimischen Römer unter byzantinischer Kontrolle. Ende des Jahres 535 hatte Theodahad also zwei Provinzen verloren, saß auf einem wackligen Thron und musste mit einer ostgotischen und erst recht einer römischen Opposition rechnen.

Was tun? Theodahad erinnerte sich der Diplomatie. Er unterbreitete Justinian ein Angebot mit weitreichenden Konzessionen. Sizilien, das sowieso schon verloren war, sollte bei Ostrom bleiben und der Kaiser offizieller Oberherr der Goten werden, die einen jährlichen Tribut an Geld und Kriegern liefern würden. Konstantinopel reagierte zurückhaltend. Theodahad wurde noch nervöser und besserte nach. Er werde den Thron und mit ihm das gesamte Ostgotenreich abgeben, wenn er dafür einen Senatorenposten am Bosporus mit jährlicher Rente erhalte. Konstantinopel hielt ihn hin, denn man saß schließlich am längeren Hebel.

Oder doch nicht? Zu Beginn des Jahres 536 schien sich die Lage schlagartig zu ändern: Ein Aufstand in Afrika zwang Belisar, den Kriegsschauplatz zu verlassen und in Dalmatien kam es daraufhin zu einem überraschenden Erfolg des Gotenheeres. Aufgabe des Thrones? Unterwerfung unter den Kaiser? Pension am Bosporus? Davon wollte Theodahad plötzlich nichts mehr wissen. Im Gegenteil: Er ließ nun Münzen mit seinem Konterfei prägen, auf denen er sich Imperator nannte, und die oströmischen Diplomaten am Hof in Ravenna wanderten in den Kerker.

Doch das Glück des frischgebackenen Imperators – ein so urrömischer Titel, das selbst Theoderich nicht gewagt hatte, ihn zu beanspruchen – währte nur kurz. Justinian hatte endgültig genug. Innerhalb kürzester Zeit war Dalmatien wieder unter oströmischer Kontrolle und Belisar aus Afrika zurück. Theodahad schickte diesem sofort seinen Schwiegersohn mit einer Armee Richtung Süden entgegen – doch dieser kapitulierte kampflos. Warum er dies tat, ist bis heute ungeklärt, aber so stand der justinianische Feldherr in Windeseile vor Neapel. Dort wehrte man sich endlich, doch man konnte dem Druck nicht sehr lange standhalten. Erst jetzt bequemte sich Theodahad, selbst in das Kriegsgeschehen einzugreifen – allerdings zu spät. Die gotischen Adeligen kündigten ihrem König die Gefolgschaft, setzten ihn kurzerhand ab und erwählten den erfahrenen Militärführer Vitigis aus ihrer Mitte zum Nachfolger. Theodahad floh, wurde jedoch Ende 536 aufgegriffen und erschlagen.

Damit endete die amalische Linie mit dem letzten männlichen Nachfahren des Theoderich. Theodahad hatte dessen Erbe, das er nie hatte antreten sollen, binnen kürzester Zeit verspielt. Mit der Beseitigung Amalaswinthas hatte er den willkommenen Grund für Konstantinopel geliefert, das ostgotische Reich auszuradieren. Dass dies gelingen würde, daran konnte aufgrund der Ressourcen der Byzantiner, der konsequenten und ausdauernden Machtpolitik des Kaisers Justinian sowie der Fähigkeiten seiner beiden Feldherrn Belisar und Narses kein Zweifel bestehen. Zwar zog sich der oströmisch-ostgotische Krieg noch länger hin – bedingt teils durch einzelne kräftige Führungsfiguren der Ostgoten, teils durch oströmische Fehler –, aber am Ende stand doch der völlige Untergang des germanischen Volkes. Hierfür stehen die Namen zweier berühmter Schlachten: 552 schlug Narses den König Totila bei den Busta Gallorum – den Gräbern der Gallier – und noch im gleichen Jahr dessen Nachfolger Teja am Mons Lactarius – dem Milchberg. Fortan gab es keinen ostgotischen König mehr, bis auf wenige kurzlebige Aufstände war Italien wieder (ost)römisch.

Möglicherweise hatte Theoderich der Große mit seinem undiplomatischen Verhalten innerhalb seiner letzten Regierungsjahre dieses Unglück bereits selbst mit heraufbeschworen. Amalaswintha bewies aber, dass sich der Bruch mit Ostrom zumindest für einige Zeit hätte kitten lassen. Mag man dem alternden Herrscher diese Fehler nun vorwerfen oder nicht, in einem hatte er prophetischen Weitblick bewiesen: Theodahad vollkommen vom Machtgeschehen und der Erbfolge fernzuhalten. Wie die Geschichte prompt bestätigte, bedeutete die Missachtung dieses Grundsatzes den größtmöglichen Schaden. Theoderich der Große konnte dessen Befolgung nur so lange durchsetzen, wie er selbst Sorge dafür trug. Wie schon bei Alexander dem Großen hing das Reich zu sehr von seiner eigenen Persönlichkeit ab, um ihn auf lange Sicht überdauern zu können.

Arm an Geist, aber reich an Geld?

Kaiser Ferdinand I. von Österreich

Nur wenige verschiedene Buchstaben, aber ansonsten ganze Welten liegen zwischen den Beinamen der beiden österreichischen Kaiser Franz I. (1768–1835) und seinem Sohn Ferdinand I. von Österreich (1793–1875). Franz ging als »der Gute«, Ferdinand als »der Gütige« in die Geschichtsbücher ein und dort stehen sie nicht nur als Dekoration in der langen Ahnenreihe der Habsburger, sondern beide haben ihren Platz in der Historie redlich verdient, wenn auch weniger aufgrund ihrer eigenen Tatkraft, sondern vielmehr als Getriebene der Zeitumstände – während Franz erst die Krone des Heiligen Römischen Reichs Deutscher Nation niederlegte (noch als deutscher Kaiser Franz II.), musste er sein neu gegründetes österreichisches Kaisertum gegen Napoleon und die französischen Revolutionswirren verteidigen. Ferdinand hatte es dann 1848 mit einer weiteren Revolution zu tun, welche die Monarchie im Innern bedrohte.

Dass beide Kaiser mit so freundlichen Attributen bedacht wurden, lässt vermuten, dass sie diese Krisen mit Anstand und zur Freude ihres Volkes bewältigt haben. Gerade Franz hat seinen mächtigen Gegner und Schwiegersohn Napoleon lange überlebt, denn er starb 1835 als der ehemalige Kaiser der Franzosen und Beherrscher des Kontinents bereits seit neun Jahren tot war. In Österreich war wieder Ruhe eingekehrt, sehr, sehr viel Ruhe. Der gute Franz hatte ein System der Bespitzelung etabliert, dass jegliche revolutionäre Regung frühzeitig aufdecken und unterdrücken sollte, denn im Rest Europas gärte es immer mal wieder (etwa 1830 in Frankreich, als die wieder eingesetzten Bourbonen endgültig gestürzt wurden). Verantwortlich gemacht für die reaktionäre Politik wurde der Staatskanzler Fürst von Metternich, der einst den Wiener Kongress so souverän geleitet hatte. Verkehrt ist das nicht, denn Metternich wollte das maßgeblich von ihm geschaffene System um jeden Preis erhalten – doch Franz war der Monarch, der dieses restriktive Vorgehen nicht nur billigte, sondern förderte und sogar persönlich unterstützte. Das Lesen von Berichten der Geheimbehörden und der Zensur gehörte zu seinen liebsten Privatvergnügen.

Während er also nach außen hin die Fassade »des Guten« durch eine gewisse Inszenierung kaiserlicher Spießigkeit aufrechterhielt, hielt er im Innern seine Untertanen ordentlich unter der Knute. Diese machten ihn dafür jedoch überwiegend nicht verantwortlich, denn viele

Zu gutmütig oder komplett ungeeignet für den Thron? Kaiser Ferdinand I. von Österreich.

waren wohl trotz allem einfach dankbar für die allgemeine Ruhe und Ordnung nach all den Jahren des Krieges und der Besatzung und bereit, hierfür einiges in Kauf zu nehmen. Wenn man aber in Anlehnung an den bekannten Buchtitel *War Karl der Kahle wirklich kahl?* fragt *War Franz der Gute wirklich gut?* (gut im Sinne von »ein guter Kaiser«) käme man bestenfalls zu keinem sehr eindeutigen Ergebnis, schlimmstenfalls zu einem klaren Nein. Fragt man aber *War Ferdinand der Gütige wirklich gütig?* fällt die Antwort eindeutig aus: ja. Selbst von seinen Kritikern hat nie jemand das Gegenteil behauptet.

Diese Frage stellt sich naturgemäß erst im Nachhinein. Vorher – vor seiner Thronbesteigung – war das Problem ein ganz anderes und weitaus gravierender, die Antwort aber nicht weniger eindeutig. Kann Ferdinand überhaupt Nachfolger seines Vaters und damit Kaiser werden? Allgemeiner Tenor: nein, natürlich nicht. Oder: um Gottes Willen – nein! Denn Ferdinand brachte für diese Aufgabe wenige Voraussetzungen mit. 1793 geboren und Franz' ältester Sohn (aus seiner zweiten Ehe) machten sich bei ihm schnell Symptome von Epilepsie und geistiger Zurückgebliebenheit bemerkbar. Als Erklärung hierfür wird die sonst so erfolgreiche Heiratspolitik der Habsburger herangezogen, denn die Einheiratung in sämtliche europäischen Königs- und Kaiserhäuser führte irgendwann dazu, dass man ständig auf Cousins und Cousinen traf und die Gene sich nicht mehr so recht vermischten – Erbkrankheiten traten auf (ein Phänomen, das auch andere Dynastien nur zu gut kannten). Auch Franz' zweiter Sohn, Erzherzog Franz Karl, zeigte solche Anzeichen, wenn auch nicht in gleichem Ausmaß wie Ferdinand. Man sollte allerdings viele der Berichte über Ferdinands Unfähigkeit mit Vorsicht betrachten. Trotzdem rechnete wohl niemand damit, dass er jemals den Thron besteigen würde, auch wenn es nicht wirklich gute Alternativen gab. Zum Glück aber zeigte sich Franz als recht robust, sodass sich die Nachfolgefrage erst einmal nicht dringend stellte.

Dies konnte natürlich nicht immer so bleiben. Ab den 1820er-Jahren musste ernsthaft über eine Entscheidung nachgedacht werden. Inzwischen war mit der Erzherzogin Sophie, einer Wittelsbacherin, ein weiterer bedeutender Faktor im Mächtespiel dazugekommen: Sie hatte Franz Karl, Ferdinands Bruder, geheiratet. Eher nicht aus Liebe, das war bei dynastischen Ehen ja ohnehin weder oft der Fall noch ausschlaggebend; aber da Ferdinand offenkundig nicht regierungsfähig war, bestand eine realistische Chance, dass ihr nunmehriger Gatte zum Kaiser ernannt werden würde. Recht ernüchtert dürfte sie festgestellt haben, dass dessen Ambitionen ebenso gering waren wie die Aussichten, dass sich ihr ehrgeiziger Wunsch erfüllte. Kurzfristig hatte sie sich verrechnet, doch mittelfristig hatte sie längst einen Plan B in der Tasche: Warum nicht die unfähigen Söhne überspringen und gleich einem Enkel das Kaisertum anvertrauen. 1830 wurde ein solcher geboren: Franz Joseph. Es galt also nur abzuwarten.

Metternichs Erbfolgeplan und seine Folgen

Diese Strategie erhielt jedoch einen gehörigen Dämpfer von völlig unvermuteter Seite. Staatskanzler Metternich trat plötzlich mit dem Vorschlag an Kaiser Franz heran, seinen Sohn Ferdinand zu verheiraten – bisher hatten alle am Hof eine solche Idee als geradezu grotesk empfunden. Gleichwohl setzte sich Metternich wie gewöhnlich bei Franz durch: Es wurde eine Braut gefunden, die unscheinbare Prinzessin Maria Anna aus dem Hause Sardinien-Piemont (auch das natürlich Verwandtschaft), die mit ihren 27 Jahren außerdem schon mehr als überfällig war, was das Heiraten anging. Selten passte der Begriff der arrangierten Hochzeit besser. Von Beginn an lag eine gewisse Häme über der seltsamen Ehe zwischen der vermutlich ahnungslosen Braut und dem nun einmal nicht sehr ansehnlichen Kaisersohn. »Dass Gott erbarm!«, soll Franz beim Anblick des Brautpaares ausgerufen haben. Doch auch hier mutet es seltsam an, wie herablassend bis bösartig über diese Ehe gesprochen wurde – und wie gut sie über all die Jahre hielt. Mag der ursprüngliche Plan tatsächlich gewesen sein, aus rein taktischen Gründen die Heiratsfähigkeit des Kronprinzen zu beweisen und ihm dadurch praktischerweise eine Art Pflegerin zu beschaffen, dann war das Ergebnis immerhin dahingehend überraschend, dass Maria Anna und Ferdinand sich offenbar gut verstanden und gegenseitig schätzten – nicht die einzige Ungereimtheit in der oft diffamierenden Geschichtsschreibung über Ferdinand.

Die Heirat war nur der eine Bestandteil von Metternichs Plan; im September 1830 wurde Ferdinand in Pressburg zum König von Ungarn gekrönt. Nun war für jeden – und insbesondere Erzherzogin Sophie – klar, wer Kaiser Franz auf den Thron folgen würde: Ferdinand. Dem Staatskanzler konnte nichts Besseres passieren (er sollte sich täuschen), denn somit würden liberalere Persönlichkeiten aus dem Hause Habsburg, die es durchaus gab, nicht an die Macht gelangen und der Kaiser selbst wäre völlig unfähig, in die Regierungsgeschäfte einzugreifen. Außerdem war dies das legale Vorgehen und damit unkritisierbar, denn man hielt sich streng an das Gesetz der Primogenitur, also an das Erbrecht des jeweils ältesten Sohnes auf den Thron. Das war hieb- und stichfest. Die Erzherzogin war vorerst mattgesetzt, mit den Liberalen würde sie sich aus Überzeugung sicher nicht verbünden und ein Säugling gab keinen guten Thronanwärter ab.

So lief alles nach Plan – nach Metternichs Plan. 1835 zeichnete sich der Tod des alten Kaisers ab und mit dem Vermächtnis an seinen Sohn stellte er dem mächtigen Staatskanzler einen Blankoscheck aus: Der neue Monarch solle nichts ohne dessen Rat und gegen dessen Willen unternehmen und ihm sein vollstes Vertrauen schenken. Und vor allem und überhaupt solle er, Ferdinand, einfach alles beim Alten lassen, dann könne nichts schiefgehen. Gute zehn Jahre lang schien dies auch zu stimmen – es regierte eine sogenannte Geheime Staatskonferenz, welche sich aus dem Triumvirat Metternich, Graf Kolowrat (der nicht minder konservative Finanz- und Innenminister) und dem Erzherzog Ludwig zusammensetzte. Dieses habsburgische Familienmitglied hatte allerdings nur eine ebenso schmückende Funktion wie der Kaiser selbst, der dem Ganzen natürlich nominell vorstand. 1846 gab es erste Unruhen in der Monarchie, jedoch nur in den entfernten Randgebieten, sodass diese schnell durch das Militär im Keim erstickt waren. Als Vorzeichen der Dinge, die nur zu bald noch kommen würden, schien man sie nicht ernst zu nehmen.

Ferdinand als Revolutionskaiser

Bevor man die Rolle, die Ferdinand in der 1848er-Revolution einnehmen sollte, genauer unter die berühmte Lupe nimmt, ist es interessant, sich dem Bild zu widmen, dass noch immer von ihm vermittelt wird. 13 Jahre lang wurde das Kaiserreich Österreich – der größte Staat auf dem Kontinent (sieht man vom europäischen Teil Russlands ab) – offenkundig von einer Art Monarchenfreak regiert, der für die kleinsten Verrichtungen (Verrichtungen aller Art!) ständig Hilfe und Unterstützung brauchte. Christian Dickinger zitiert in seinem Buch *Habsburgs schwarze Schafe* Beschreibungen wie »geistig beschränkte[r] Epileptiker, kaum imstande, sich normal zu bewegen und zu sprechen«, und der Mediziner Hans Bankl stellt noch in unseren Tagen die Ferndiagnose »sein Mund stand offen, die geistige Beweglichkeit war eingeschränkt. Zu kurze Arme und Beine vermitteln den Eindruck eines großen Kindes«. Allerhand Anekdoten kursieren über diese stumpfsinnige Witzfigur, sodass man den Eindruck hat, dass ein halb oder ganz debiler Grüßonkel durch die Wiener Straßen gelotst wurde oder durch die Parkanlagen der Schlösser tapste.

Nun, Ferdinand war definitiv erkennbar beeinträchtigt durch seine Krankheit und die wiederkehrenden epileptischen Anfälle nahmen ihn stark mit; vermutlich war er auch nicht sonderlich schnell, weder geistig noch körperlich. Dies hieß aber nicht, dass diese geschundene Fassade in ihrem Inneren keinen durchaus wachsamen Geist beherbergen konnte. Und dann war da ja noch der eingangs erwähnte Beiname. Tatsächlich galten Freundlichkeit und Güte als Ferdinands markante Eigenschaften (auch diese schrieb man übrigens seiner Krankheit zu – wie man es gerade brauchte) – und diese machten ihn beim Volk äußerst beliebt. Zweifelsohne brachte Ferdinand nicht die Charakteristika mit, um als Oberhaupt eines Vielvölker-Millionenreiches zu fungieren, schon gar nicht zu einer Zeit, in der eine Staatskrise enormen Ausmaßes im Schwange war; trotzdem lässt sich zeigen, dass viele der traditionellen Diffamierungen des Kaisers als eines unfähigen, geistesschwachen Trottels politischen Interessen entsprangen.

Für die Konstruktion des Metternichschen Staates sind die aufflackernden Unruhen, die aus den Nachbarländern nur allzu schnell Anfang 1848 nach Österreich übergreifen, eine ernsthafte Bedrohung – ernsthafter als bei den Nachbarn. Dort fordert man liberale Reformen und nationale Einheit. Ersteres will Metternich nicht, letzteres kann und darf er nicht gewähren, denn die Donaumonarchie würde sofort aufhören zu existieren. Doch die Italiener, Tschechen und insbesondere die Ungarn forderten eine Änderung ihrer Stellung innerhalb des von den Deutschen dominierten Habsburgerreichs – die Radikaleren unter ihnen sogar die Abspaltung. Auf die zahlreichen Bewegungen, Richtungen und beteiligten Volksgruppen der Revolution, die ihren ersten Höhepunkt im März erreichte, soll und kann hier nicht eingegangen werden. In teils bitteren, blutigen und keineswegs souveränen Militärschlägen werden die Aufstände der Italiener durch Feldmarschall Radetzky, der Böhmen durch Windisch-Grätz und der besonders hartnäckigen Ungarn durch den kroatischen Armeeführer Jelačić niedergeworfen. Die Einheit des Staates wird gewahrt, die nationalen Bestrebungen werden unterdrückt – ein Zustand, der wacklig bleibt, aber noch einige Jahrzehnte beziehungsweise einen Kaiser lang hält.

Wie aber reagiert der amtierende Kaiser in Wien? Dort waren es naturgemäß nicht nationale Forderungen, die vorherrschten, sondern der Wunsch nach Partizipation und liberalen Gesetzen. Das waren eher intellektuelle Themen, dementsprechend wurde die Revolte hier überwiegend vom Bürgertum und der Studentenschaft getragen. Nach Verhärtung der Gegensätze wurde allerdings die Basis breiter und Arbeiter sowie Angehörige anderer benachteiligter Schichten griffen zunehmend mit ins Geschehen ein. Ihr Ärger richtete sich jedoch nicht gegen den Kaiser, ganz im Gegenteil; wurden angeblich sogar Plakate gemalt, auf denen stand: »Wiener! Befreit Euren guten Kaiser Ferdinand aus den Händen seiner Feinde!« (zitiert bei Dorothy Gies McGuinan). Als gemeinsamer Hauptfeind galt allen Fürst Metternich, die Symbolfigur des reaktionären Staatswesens. Der aber wusste, dass er unverzichtbar war für den vermeintlich unfähigen Kaiser. »Ganz Wien war an diesem Montag auf den Beinen, auch und gerade die bessere Gesellschaft« (so der Historiker Frank Lorenz Müller), um ein frei gewähltes Parlament zu fordern. Der Demonstrationszug artete bald in offene Kämpfe aus, auf der Seite der Bürger gesellten sich die Arbeiter dazu, auf der Seite der Staatsmacht die Armee. Es wird zahlreiche Tote geben an diesem 13. März. In der Hofburg spielt sich dagegen eine völlig unerwartete Szene ab: Metternich fordert von Ferdinand härtere Maßnahmen und droht mit seinem Rücktritt. Der Kaiser nimmt diesen prompt an. Mit allem mag der gewiefte Politiker gerechnet haben, mit Widerstand bei dem Mann, den er offensichtlich für seine eigene Kreation hielt, nicht. Fluchtartig setzt er sich nach England ab, sein kluger Schachzug, der mit der ungarischen Krönung Ferdinands von 1830 so gut begonnen hatte, hatte sich abrupt gegen ihn gewendet.

Ferdinand, den die reaktionäre Hofgesellschaft noch immer wie eine Art Strohpuppe zu benutzen versuchte, wurde auf deren Geheiß in die tobende Menge geschickt, vielleicht um ihn zu überzeugen, was ihm blühen würde, sollte er sich weiterhin starrsinnig und den Forderungen des Volkes gegenüber aufgeschlossen zeigen, denn nicht nur Metternich, auch den anderen Traditionalisten zeigte er die kalte Schulter: »Bin I jetzt der Kaiser oder net?« (zitiert nach Christian Dickinger) – er ist der Kaiser. Und er ist der beliebte Kaiser. Die Menge reißt ihn nicht in Stücke, sie jubelt ihm zu. Schließlich war er es, der sie nach Jahrzehnten von Metternich befreite. Und er geht noch weiter: Er hebt die Zensur auf und verspricht eine Verfassung, eine Verfassung auf liberaler Grundlage und mit zahlreichen Zugeständnissen. Dieses innige Bündnis von Volk und Kaiser hielt allerdings nicht lange an, denn am

Hof war man natürlich keineswegs bereit, so einfach nachzugeben und Ferdinands leichtfertige Versprechungen in die Tat umzusetzen. Auch unter den Aufrührern setzten bald wieder der Frust und die Lust nach mehr ein. Im Mai verschärfte sich die Lage erneut und der Hof floh zum ersten Mal aus Wien Richtung Tirol – offiziell, um dort unbehelligt und in Ruhe eine Verfassung auszuarbeiten, inoffiziell munkelte man, um den allzu nachgiebigen Kaiser erst einmal wegzuschaffen. In Wien radikalisierte sich die Lage noch mehr, sodass genau das Gegenteil erforderlich wurde: Zur Beruhigung der Lage kehrte der Herrscher im August zurück.

Doch dies misslang. Aufgereizt durch die Lage in Ungarn, das quasi kurz vor der Unabhängigkeit stand, fassten auch die Radikalen in Wien noch einmal Mut. Sie besiegelten damit jedoch nur ihr eigenes Ende – und auch das ihres gutmütigen Kaisers. Die Familie floh ein weiteres Mal, diesmal ins tschechische Olmütz. Währenddessen räumten Jelačić in Ungarn und Windisch-Grätz in Wien in der ihnen gemäßen Art auf, die »Kämpfe wurden blutig und mit großer Härte geführt« (Frank Lorenz Müller), die Toten gingen in die Tausende. Die 1848er-Revolution war beendet

Ein Kaiser im Ruhestand

Während Metternichs Intrige zum eigenen Machterhalt ihm 18 weitere Jahre Herrschaft verschafft hatte, war nun die Verliererin von 1830 am Zug: Erzherzogin Sophie. Denn ihr geliebter Sohn Franz Joseph, in eben diesem verflixten Jahr geboren, war endlich 18 Jahre alt geworden. Zeit zur Ablösung. Dem stand nur noch eine Person im Weg – ihr eigener Gatte, Erzherzog Franz Karl, der eigentlich der nächste in der Rangfolge war. Doch der war der »Überzeugungskraft« seiner Frau nicht gewachsen und erklärte überraschenderweise seinen Verzicht auf die Herrschaft. Unter dem Aspekt des Thronerbes ist diese Regelung zwar außergewöhnlich – ein Kaiser wird zur Abdankung veranlasst (drücken wir es mal so milde aus), der nächste in der Reihe verzichtet von vorneherein –, aber alles andere als spektakulär, sondern geradezu schiedlich-friedlich. Der aufgeregte Noch-Kaiser übergibt dem nicht minder nervösen Jetzt-Kaiser in Olmütz das Amt mit den legendären Worten: »Sei nur brav, es ist gerne geschehen.« Auch hier wurde Ferdinand seinem Beinamen also mehr als gerecht. Ab dem 2. Dezember 1848 hieß der neue Kaiser nun für gut 68 Jahre Franz Joseph I.

Die Wege des alten und des neuen Kaisers trennten sich schnell: Franz Joseph kehrte nach Wien zurück, Ferdinand aber zog um nach Prag. Er war nun zwar nicht mehr Kaiser von Österreich, aber noch immer König von Böhmen. Was nach seiner Abdankung passierte, ist in vielerlei Hinsicht erstaunlich. Es rechtfertigt nicht nur sein Auftauchen in der Reihe der spektakulären Erbfälle, sondern wirft ein weiteres Mal ein seltsames Licht auf die Legende vom schwachsinnigen Kaiser. In Bezug auf die Wiener Hofpolitik hielt sich Ferdinand komplett bedeckt – die Gefahr eines Prager Schattenkaisers, für Franz Joseph eine reelle Bedrohung aufgrund der Beliebtheit seines Vorgängers, bestand zu keiner Zeit. Ferdinand widmete sich der Bewirtschaftung seiner reichlichen Güter und dürfte sich auch sonst befreit gefühlt haben vom lästigen Regierungsgeschäft. Auch zur pompösen Hochzeit seines Neffen mit der bayerischen Herzogin Elisabeth reiste er nicht nach Wien. Er tat dies allerdings nicht aus verletztem Stolz, sondern aus der ihm eigenen Gutmütigkeit, denn entgegen dem sich später immer mehr verklärenden Bild war Franz Joseph zu dieser Zeit keinesfalls unumstritten, der alte Kaiser dagegen noch immer hoch angesehen. Franz Joseph und seine junge Braut kamen kurz nach ihrer Hochzeit dann zu einem Höflichkeitsbesuch nach Prag – so richtig viel zu sagen hatte man sich nicht. Als politischer Faktor – oder politisches Faktotum – tritt Ferdinand in den Geschichtsbüchern dann nur noch in einziges Mal hervor, und zwar mit einer nicht wirklich verbürgten, aber doch sehr charakteristischen Anekdote. Nach der für Österreich folgenreichen Niederlage gegen die Preußen 1866 in der Schlacht bei Königgrätz soll er gesagt haben: »Das hätt' ich auch noch z'ammbracht.«

Tatsächlich aber hat er noch viel mehr »z'ammbracht« in seinem Prager Refugium. Während der Kaiser in Wien dank mangelnder Reformwilligkeit die Wirtschaft ausbremste und durch Niederlagen in Serie den Staatshaushalt ruinierte, ging es dem König von Böhmen prächtig. Franz Joseph, dessen Apanage sich natürlich ebenfalls über Staatsgelder finanzierte, musste seine Frau (er selber war ohnehin eher anspruchslos) des Öfteren zum Sparen anhalten oder ihr das ein oder andere Projekt ausreden. Ferdinand wurde gleichzeitig zu einem der reichsten Männer der Monarchie und hatte seine Finanzen und Güter bestens im Griff. Und er wurde alt. Der Mann, der zum Regieren als zu debil galt, dessen Eheschließung als eine Art Gruselshow beschrieben wurde und von dem man den Anschein erweckt hatte, er würde sich als Krüppel mit Wasserkopf kaum selbstständig auf den Beinen halten können, verwaltete und vermehrte ein riesiges Vermögen, führte eine glückliche Ehe und wurde 82 Jahre alt. Natürlich war er gesundheitlich stark eingeschränkt und als Herrscher sicher stark überfordert, aber das negative Image war wohl in vielen Punkten ein Werk der Leute, die nach ihm die Macht am Hof übernahmen – vor allem musste ihnen daran gelegen sein, die Zugeständnisse des Kaisers während der Revolution als unbedachte Äußerungen eines Unzurechnungsfähigen hinzustellen. Es mutet allein schon seltsam an, lesen zu müssen, dass er kaum ein Wort habe sprechen können, er aber andererseits mehrere Sprachen beherrschte.

Wie auch immer, seinen Neffen hat er bis auf das Alter (Franz Joseph wurde 86) übertroffen, denn dessen Ehe mit Sisi gestaltete sich ebenso wenig harmonisch wie sein Finanzgebaren glücklich. Zumindest in dieser Hinsicht half ihm der gütige Ferdinand ein letztes Mal aus der Bredouille. Brigitte Hamann berichtet in ihrer *Elisabeth*-Biografie, was Franz Joseph entfuhr, als sein Onkel 1875 in Prag – endlich? – verstorben war: »Auf einmal bin ich ein reicher Mann!« Das war fast untertrieben. Mit einem Schlag war das österreichische Kaiserpaar das reichste in Europa, Geldsorgen konnte man fortan für immer Adieu sagen. In Tschechien aber war die Trauer groß, »Unser König ist tot, wir sind Waisen, denn unser Vater ging zu seinen Vätern«; dort blieb Ferdinand (nach böhmischer Zählung der V.) als der in Erinnerung, als den ihn die Namenslisten weiterhin führen: der Gütige. Franz Joseph und Sisi mögen dieses Wort im Nachhinein möglicherweise auf eine ganz eigene Art interpretiert haben.

Ein falscher Erbe?

Kaspar Hauser

Ansbach war eine Provinzstadt, aber einst Regierungssitz einer nicht ganz kleinen Markgrafschaft. Es war wohl die Anwesenheit eines Hofes beziehungsweise später einer gebildeten höheren Schicht von Amtsträgern, die dazu führte, dass gerade Ansbach eine Anzahl bekannterer Dichter und Denker hervorbrachte, von Johann Peter Uz über August von Platen bis Ludwig Feuerbach. Und so verwundert auch nicht, dass mit Jakob Wassermann, einem gebürtigen Fürther, ein weiterer Schriftsteller aus der Gegend das wahrscheinlich schönste Buch schrieb über eine Person, die Ansbach auf etwas unrühmliche Art in die Annalen der Geschichte eingehen ließ: Kaspar Hauser. Hauser, der am Pfingstmontag, dem 26. Mai 1828 in Nürnberg auftauchte, wird so rätselhaft wieder verschwinden, wie er plötzlich in Erscheinung getreten war. Das »Kind Europas«, war damals eine Sensation und ist es bis auf den heutigen Tag geblieben, Auslöser zahlreicher Fantasien, Theorien und Spekulationen, die Bände und Regalmeter füllen, ohne der Lösung des Rätsels um seine Herkunft auch nur näher gekommen zu sein, einer Lösung, die manchmal schon zum Greifen nah schien. Aber nur wenige interessierten sich tatsächlich für den Menschen Kaspar Hauser, was sich schon in seiner kurzen Lebensgeschichte zeigt, und ihn noch einmal zum Opfer seiner unbekannten Herkunft machte.

All das ist in vielen Bänden nachzulesen, und die groben Fakten sind ohnehin landläufig bekannt. Zunächst lebte Hauser auf der Nürnberger Kaiserburg im Gefängnisturm Luginsland, allerdings zusammen mit den Wärtersleuten und ihren Kindern – eine der seltenen Zeiten, während der er tatsächlich in einer Familie lebte. Dieser Aufenthalt war eine Mischung aus privilegierter Haft und Zookäfig, in dem er ständigen Besuchen der neugierigen Stadtbewohner ausgesetzt war. Bald kam Hauser, auch aus erzieherischen Gründen, in die Obhut des noch jungen, aber aufgrund seiner angeschlagenen Gesundheit vom Schuldienst befreiten Gymnasialprofessors Daumer. Dieser war ein ambitionierter und »fortschrittlicher« Gelehrter, unter dem Hauser schnelle Fortschritte machte, aber auch zahlreiche Experimente über sich ergehen lassen musste. Der Professor versprach sich von so manchem Versuch Aufschlüsse über Hausers Vergangenheit, denn man wollte noch immer dessen Herkunft erhellen. Hauser war auch ein gelehriger, aber nicht immer ein williger Schüler; das Verhältnis war nicht einfach, doch insgesamt war Daumer ein gutmütiger und geduldiger Aufseher, der noch im hohen Alter, lange nach Kaspars Tod, seinem früheren Schützling gewogen war.

Am 17. Oktober 1829 fanden die Frauen des Hauses, einer Blutspur folgend, Hauser verängstigt und mit einer Kopfwunde im Keller sitzend, der größtenteils wegen einer Überschwemmung unter Wasser stand. Mühsam nur konnte das Geschehen rekonstruiert werden. Gegen Mittag, Hauser war gerade auf dem Abort, war ein Mann unbemerkt in das Haus eingedrungen und hatte auf den Wehrlosen mit einem Beil eingeschlagen; Hauser sei anschließend panisch in der Wohnung herumgerannt, wo er niemand antraf (statt einer Zimmertür hatte er in seiner Verwirrung eine Schranktür geöffnet), weshalb er sich im Keller versteckt habe – so berichtete er selbst. Die Polizei – vor lauter Schreck hatte man sie ohnehin viel zu spät verständigt –

Zeigt das berühmteste Bild Kaspar Hausers in Wahrheit einen badischen Erbprinzen?

konnte nicht viel mehr aus ihm herausbringen; ein Mann in dunkler Kleidung, das Gesicht verschleiert, der ihm die mysteriösen Worte zuflüsterte: »Du musst noch sterben, ehe Du aus der Stadt Nürnberg kommst.« Die Tatwaffe: ein Beil oder Hackmesser. Und bei diesem Erkenntnisstand ist es letztlich geblieben. Hausers Verletzung war nicht gravierend und er erholte sich, wenn auch wegen seiner allgemeinen Hypersensibilität nur langsam; folgenreicher waren für ihn persönlich sicher der Schock des Attentatsversuchs und die baldigen stillen und lauten Vorwürfe einer Inszenierung, um sich wegen des nachlassenden Interesses wieder in Erinnerung zu bringen. Auch wenn es für Letzteres keinerlei beweiskräftige Anzeichen gab – beides dürfte das Vertrauen des Opfers Hauser in seine Mitmenschen ein weiteres Mal stark erschüttert haben.

Von den einen wahrgenommen als kurioses und vorzeigbares Ausstellungsstück, von den anderen als perfider und betrügerischer Wichtigtuer, wundert es kaum, dass Hauser eine schwierig zu handhabende Persönlichkeit wurde, missgünstig charakterisiert als verhätschelter Aufschneider und Lügner. Dieser Vorwurf ist nicht zu verwechseln mit dem des Betrugs, der ohnehin meist von Menschen vorgebracht wurde, die persönlich nie mit Hauser in Kontakt gekommen waren – und manches ist, objektiv gesehen, nicht falsch. Lügen und Ausflüchte waren Hausers Mittel, sich vor allzu vielen Zudringlichkeiten zu wehren, denn trotz großer Fortschritte verharrte er noch immer auf einem kindlichen Entwicklungsniveau, welches in Kontrast stand zu seinem Äußeren eines inzwischen knapp 20-Jährigen. Die Betreuungsverhältnisse für ihn wechselten stetig. Nach einer Zeit beim Nürnberger Patrizier Tucher, einer der wenigen, dem ein aufrichtiges Interesse an seinem Schicksal bescheinigt werden kann, wurde Hauser zum Spielball des schillernden englischen Lords Stanhope, einer eher undurchschaubaren Figur, der nun die Vormundschaft übernahm. Hauser kam nach Ansbach und wurde bei einem dort ansässigen Lehrerehepaar untergebracht. Wollte man eine Karikatur des bösartigen kleingeistigen Spießers der Biedermeierzeit erschaffen, Lehrer Meyer hätte die ideale Vorlage abgegeben. Er fand nichts dabei, in Hausers Briefen und seinem Tagebuch zu spionieren, natürlich nur zum Wohle des Schützlings; er brüstete sich sogar unverhohlen mit diesem Vorgehen. Wenig verwunderlich, dass er das Findelkind, das er wiederum wegen seines ungezwungenen Umgangs mit der höheren Ansbacher Gesellschaft beneidete, ordentlich triezte.

Von Meyer war also buchstäblich wenig Hilfe zu erwarten, dies zeigte sich auch während der Geschehnisse am 14. Dezember 1833. Kaspar Hauser war mittags zu Besuch beim Pfarrer, um diesem bei Weihnachtsvorbereitungen zu helfen. Gegen halb drei trennte man sich und Hauser ging in Richtung Hofgarten, wo er eine am Tag zuvor verschobene Verabredung nachholen wollte. Etwa um vier Uhr war er wieder am Hause der Meyers, klingelte trotz eigenem Schlüssel, war in einem aufgebrachten Zustand und hatte eine Stichwunde in der Brust. Er habe sich im Hofgarten mit einem Mann getroffen, der ihm einen Beutel gegeben und auf ihn eingestochen habe – er müsse zurück, um den Beutel zu holen. Meyer geht nur widerwillig zum Hofgarten mit; statt ärztliche Hilfe zu holen, treibt er Hauser noch dazu an, auf dem Weg nicht schlappzumachen, um kein unnötiges Aufsehen zu erregen, denn er hält das Ganze ohnehin für eine typische Hausersche Pose.

Meyer scheute sich nicht, später sogar mit erzieherischem Stolz der Nachwelt zu überliefern, wie er Kaspar Hausers Verhalten einschätzte als dieser schon sterbend und vor sich hin fiebernd im Bett lag: »Darum nahm ich keinen Anstand, ihn jetzt im ernsten Tone zu fragen, was er eigentlich vorhabe, ob er sogleich in sein Bette, wohin er gehöre, zurückkehren wolle – und ihm nachdrücklich zu raten, daß er keine weiteren Umstände machen möge, daß ihm eigentlich eine Tracht Schläge gehörten. Ich wollte mir über diese Strenge später Vorwürfe machen.« Später – nachdem der Simulant und Querulant Hauser kurz darauf verstarb – sah er trotzdem keinen Grund, sich Selbstvorwürfe zu machen, denn »wenn ich in Erwägung zog, daß er dieselbe [die Strenge] nicht fühlte, wenn er den Schritt tatsächlich im Delirium tat, und daß er sie vollkommen verdiente, wenn er ein solches nur affektierte, so konnte ich dabei so ziemlich beruhigt bleiben« (zitiert nach Ulrike Leonhardt) – der typische deutsche Spießer, was Gemüt und beispielhafte Selbstrechtfertigung anging – und späteres Nachtreten.

Doch die gestammelten Erklärungen Hausers erweisen sich alle als zutreffend, nicht nur wurde der Beutel gefunden, auch der fremde Mann war von anderen Besuchern des Hofgartens gesehen worden. Gefasst wurde er trotzdem nie, denn auch diesmal lief die Polizeiarbeit nur schleppend an. Der Zettel, der sich in dem kleinen Beutel befand, enthielt eine absurde Botschaft – in Spiegelschrift: »Hauser wird es Euch ganz genau erzählen können, wie ich aussehe und woher ich komme. Ich komme von – der bayerischen Grenze – am Flusse – Ich will Euch sogar noch meinen Namen sagen M.L.Ö.« Doch Hauser konnte nicht mehr viel erzählen, er lag im Sterben, die Polizeikommission führte mit Unterbrechungen ein Fragenprotokoll am Bett durch, doch die Auskünfte waren zwar in Teilen recht präzise, doch insgesamt eher dürftig.

Am 17. Dezember 1833 starb Kaspar Hauser. Sein Gedenkstein, nahe beim Dichter Uz im Ansbacher Hofgarten, trägt die schöne lateinische Inschrift: »*Hic occultus occulto occisus est* – Hier wurde ein Unbekannter von einem Unbekannten getötet«. Das ist konzise ausgedrückt. Naturgemäß kam auch in Bezug auf seinen Tod wieder der Verdacht einer Inszenierung auf. Doch bereits die Obduktion befand: »Die Möglichkeit des Selbstmords kann nicht in Abrede gestellt werden; ein hoher Grad von Wahrscheinlichkeit spricht aber dafür, daß die Wunde durch fremde, geübte Hand zugefügt worden ist.«

Der Kriminalfall Kaspar Hauser

Wem diese fremde Hand gehörte und wer sie womöglich im Hintergrund führte, wird kaum noch zu klären sein, einer der seltenen Fälle, in denen ein Attentäter komplett unerkannt bleiben wird – oder zwei. »Der gegen Kaspar Hauser zu Nürnberg verübte Mordversuch zeigt in Verbindung mit dem früheren Schicksale dieses Unglücklichen deutlich das beharrliche Bestreben, denselben, nachdem die Verheimlichung seines Daseins misslungen ist, aus der Welt zu schaffen, und es sind daher ähnliche Versuche nur mit allzu vieler Wahrscheinlichkeit zu fürchten«, mutmaßte nach dem ersten Attentat kein geringerer als der bayerische König Ludwig I., der deshalb ständigen Polizeischutz für den jungen Mann anordnete und doch den von ihm richtig vorausgesehenen zweiten Mordanschlag nicht verhindern konnte. Zur Ergreifung setzte er später eine enorm hohe Belohnung aus. Nur abholen konnte diese nie jemand. Bei all den Rätseln, die Kaspar Hauser umgeben, ist eines vielleicht mit am auffälligsten: Die polizeilichen Ermittlungen, obwohl von oberster Stelle unterstützt, verliefen erschreckend ergebnislos. Letzten Endes handelte es sich sogar um drei Kriminalfälle: erstens die Gefangenschaft Hausers, zweitens der Mordversuch, drittens der gelungene Mord. Zwar müssen, rein theoretisch, diese nicht zusammenhängen, es spricht aber natürlich vieles dafür – was die Chancen der Ermittler eigentlich hätte erhöhen müssen. Tat es aber nicht: Keine der drei Untersuchungen führte zu einem nur halbwegs befriedigenden Ergebnis, trotz zahlreichen Engagements verschiedener Stellen und der mehrfach ausgesetzten und wie erwähnt durchaus stattlichen Belohnungen. Diese dürftige Bilanz konnte nicht nur mit Schlampereien erklärt werden.

Folglich bildeten sich zwei Großgruppen unter den Hauser-Forschern heraus, ließ dieser undurchdringliche Nebel über der Frühgeschichte des Knaben und der mysteriösen Anschläge genau genommen ja nur zwei Schlüsse zu: Entweder es wurde nichts gefunden, weil nichts zu finden war, sprich, Hauser war ein Betrüger; dann waren auch die Mordtaten nur inszeniert oder Selbstmordversuche. Oder es bestand großes Interesse unbekannter Hintermänner daran, das Geschehen zu vertuschen – Hintermänner, die mächtig genug sein mussten, diese Vertuschungen auch durchsetzen zu können.

Für den unvoreingenommenen Beobachter klingt Letzteres eher abstrus und nach Verschwörungstheorie. Noch dazu kam der Verdacht vom Betrüger Hauser schon zu dessen Lebzeiten auf. Auch wenn der ein oder andere Nürnberger Bürger skeptisch gewesen sein mag, war es ein Preuße aus Berlin, der lautstark und mit großer Wirkung die These vom Schauspieler Hauser öffentlichkeitswirksam den Lesern unterbreitete. Der Polizeirat Johann Friedrich Karl Merker veröffentlichte seine Schrift *Caspar Hauser, nicht unwahrscheinlich ein Betrüger* schon 1830, man beachte die vorsichtige Formulierung mit doppelter Verneinung. Merker, obwohl anerkannter Kriminalist, hatte gleichwohl recht wenig zu bieten, was auch daran lag, dass er das Objekt seiner vermeintlichen

Enthüllungen nie gesehen hatte. Seine Entlarvungen wurden vielfach zurückgewiesen und nach einiger Zeit vergessen, trotzdem lieferten sie gewissermaßen den Grundstein zum Gebäude der Hauser-Skeptiker. War schon die Vermutung, Hauser spiele den unbedarften Kerkerinsassen nur aus Geltungsbedürfnis schwer belegbar, wurden die späteren bösartigen Verdächtigungen, er habe sich die jeweiligen Wunden selbst zugefügt und beim zweiten Mal eben dummerweise übertrieben, immer gewagter. Wie schon im Obduktionsbericht zitiert, sprach hierfür so gut wie nichts. Doch die Betrugsvorwürfe leben fort bis in unsere Tage. Auch aufgrund zweier Zeitgenossen, die heftig Öl ins Feuer gossen, und ganz anders als der Berliner Polizeirat sehr eng mit Hauser bekannt waren: Lehrer Meyer und Lord Stanhope. Dass sich ersterer nach Hausers Tod weiterhin allgemein über dessen Lügenhaftigkeit und eitles Wesen ausließ, mag einen schon gar nicht mehr verwundern, doch dass der englische Lord, Hausers Vormund, der ihm einst schmachtende Briefe schrieb und ihm ein gemeinsames Leben auf seinem englischen Schloss versprach, sich später öffentlich abfällig über den ihm einst Anvertrauten äußerte, war für Außenstehende nicht zu erwarten. Die Rolle des englischen Adeligen in der gesamten Hauser-Geschichte ist undurchschaubar; sie reicht vom Desinteresse während Stanhopes Aufenthalt in Nürnberg zur Zeit des ersten Anschlags, als er sich nicht im Geringsten für den berühmten Findling interessierte (der zu dieser Zeit schließlich so etwas wie die Nürnberger Sensation schlechthin war), über die tränenselige Beteuerung der ewigen Freundschaft mit Übernahme der Vormundschaft bis hin zur zunehmenden Abkühlung des Verhältnisses, gipfelnd in der Verunglimpfung Hausers nach dessen Tod.

Der badische Thronerbe?

Es erscheint also nur zu logisch, wenn Stanhope eine wichtige Rolle bei der Vertuschung und Verschwörung zuungunsten Hausers zugetraut wird. Tatsächlich verhielt er sich in mancherlei Hinsicht verdächtig, aber im Großen und Ganzen ist nicht wirklich plausibel, worin sein Beitrag bestanden haben soll – außer einer möglichen Ablenkung.

Die berühmt gewordene Theorie vom verhinderten Thronerben Kaspar Hauser fußt auf zwei großen Linien, von denen die erste bereits zu Lebzeiten aufkam und einen integren Fürsprecher hatte. Anselm von Feuerbach, der höchste Jurist Mittelfrankens, kannte Hauser seit frühesten Nürnberger Tagen und war ihm in Ansbach ein gewogener Freund – er verschaffte ihm auch eine Arbeitsstelle am dortigen Gericht. Sein kurzes Büchlein *Kaspar Hauser – Verbrechen am Seelenleben des Menschen* von 1832 ist noch heute eine der besten Quellen über den Findling; es ist ein liebevoller, aber doch nüchterner Bericht, der gegen die Betrugsgerüchte gerichtet, aber auch als Anreiz zu weiteren Nachforschungen gedacht gewesen ist. Feuerbach hatte sich längst seine eigenen Gedanken über die Herkunft Hausers gemacht, doch da er hierfür nur Indizien aufweisen konnte, eine Veröffentlichung wohlweislich unterlassen – seine Erkenntnisse waren schließlich Zündstoff. Trotzdem sind sie überliefert, da er sie privat an seine Königin Caroline von Baden nach München übersandte, ebenfalls im Jahr 1832. Sein *Mémoire – Wer mochte wohl Kaspar Hauser sein?* ist der Ausgangspunkt für die Befürworter der Ansicht, Kaspar sei ein badischer Erbprinz gewesen. Feuerbach selbst konnte seine These nicht mehr wirksam weiterverfolgen, er starb überraschend noch im gleichen Jahr – natürlich gab auch dies Anlass zu Spekulationen, von Gift war die Rede. Sein *Mémoire* wurde erst 20 Jahre später veröffentlicht, von seinem Sohn Ludwig, dem Philosophen. Es wurde verboten.

Damit stand also Theorie Eins im Raum: Kaspar Hauser war ein badischer Thronerbe, dem die Nachfolge verwehrt worden war. Der historische Hintergrund ist komplex, ein kurzer genealogischer Überblick muss genügen. 1806 wird Baden von Napoleons Gnaden Großherzogtum, besiegelt nicht nur durch enorme Gebietsgewinne, sondern auch durch eine Ehe der geliebten Adoptivtochter des französischen Kaisers, Stéphanie Beauharnais, mit Karl, dem Sohn des amtierenden Großherzogs Karl Friedrich. Der war bereits seit gefühlten Ewigkeiten Herrscher in Karlsruhe und zweimal verheiratet; die erste Ehe war standesgemäß, aus ihr hatte er drei Kinder: Karl, der Kronprinz, Friedrich und Ludwig. 1787 heiratete Karl Friedrich ein weiteres Mal, diesmal nicht standesgemäß, die Gräfin Hochberg; sie gebar ihm weitere vier Kinder, diese waren jedoch aufgrund der morganatischen Ehe nur Randfiguren in der Thronfolge. Das war ohnehin irrelevant, da es bereits drei Söhne des Großherzogs gab sowie jenen mit der Französin verheirateten Enkel. Sorgen um den Fortbestand der Zähringer musste sich zu diesem Zeitpunkt niemand machen – außer der Gräfin Hochberg, deren Kinder nie eine Chance haben würden, den badischen Thron zu besteigen.

1801 starb Kronprinz Karl bei einem Schlittenunfall. Die Regentschaft nach dem Tod Karl Friedrichs 1811 übernahm ein Onkel, ab 1818 Karl, der Enkel – die beiden anderen Söhne des alten Großherzogs waren kinderlos beziehungsweise unverheiratet. Die Ehe, die anfangs nicht gerade den Ruf liebestollen Glücks genoss, führte ab 1811 nun doch zu einer rasch aufeinander folgenden Kinderschar. Kurioserweise aber starb der erste Erbprinz, dessen Gesundheit man in ständigen Deklarationen vor lauter Freude fast täglich verkündet hatte, nach nicht einmal drei Wochen so überraschend wie namenlos, denn bei der kurzfristig anberaumten Nottaufe hatte man seltsamerweise die Namensgebung vergessen. Auch der zweite Thronfolger, Alexander, starb nach einem Jahr (1817). Übrig blieben nur die nicht erbberechtigten Töchter. 1818 erwischte es auch ihren Vater, 32 Jahre alt, 1830 Ludwig, seinen Onkel, den Unverheirateten, immerhin mit knapp 70 Jahren. Und siehe da, es war kein Zähringer mehr übrig: Der neue badische Herrscher war Leopold, Sohn der Gräfin Hochberg.

Das Sterben unter den männlichen Zähringern war vielen suspekt, besonders natürlich jenes der beiden Erbprinzen – gerade angesichts der lang anhaltenden Gesundheit ihrer Schwestern – und auch der frühe Tod des jungen Großherzogs. Gift war wieder einmal die naheliegende Erklärung, zumindest im Hinblick auf Alexander und seinen Vater. Was den ersten, namenlosen Kronprinzen angeht, setzt hier die Kaspar-Hauser-Geschichte an. In Kürze geht sie so: Auf Veranlassung der Gräfin Hochberg wurde er ausgetauscht, das Wechselbalg war entweder ohnehin todkrank oder wurde getötet. Der Prinz wurde erst von den Eltern des Tauschkindes versorgt, später nach Schloss Beuggen am

Hochrhein gebracht und dann in das berühmte Verlies, aus dem er dann 16 Jahre später nach Nürnberg kam. Sinn und Zweck des Ganzen ist klar – und war, wenn man so will, buchstäblich von Erfolg gekrönt. Verwickelt in diese Verschwörung waren neben der Gräfin auch der Markgraf Ludwig, ein am Karlsruher Hof wenig geschätzter Lebemann, der aber nur zu gerne selbst den Thron bestiegen hätte, was ihm dann auch gelang. Wegen seiner Verwicklung in die Entführung (und die Ermordungen?) konnte er später gezwungen werden, nicht zu heiraten, weshalb die Zähringer ausstarben. Das Unterpfand für diese Erpressung: Kaspar Hauser. Dies erklärt zugleich den offensichtlichen Schwachpunkt der Theorie, denn warum sollte man bei all der Giftmörderei nicht auch den Säugling – wie später Alexander – beseitigt haben? Klingt alles recht weit hergeholt, doch was wohl am meisten für diese Geschichte spricht, ist das Ergebnis: Das ursprünglich extrem unwahrscheinliche Erlangen der Großherzogswürde durch die Hochbergkinder. Tatsächlich ist die Theorie nicht ganz so leicht zu verwerfen wie es scheint. Historiker konnten viele sehr abstruse Ungereimtheiten ausfindig machen, die sie tatsächlich untermauern. Eine hieb- und stichfeste Beweiskette gab und gibt es jedoch bis heute nicht.

Ähnlich verhält es sich mit der Frage nach dem Versteck, womit wiederum die zweite Theorie zusammenhängt. Seit 1925 spricht vieles für Schloss Pilsach bei Neumarkt in der Oberpfalz, nachdem dort ein geheimer Gefängnisraum entdeckt worden war. Und nicht nur das: Auch eines der berühmten Holzpferde, von denen Hauser berichtet hatte, wurde gefunden. Die Lage des unscheinbaren Herrschaftssitzes ist ein gewichtiges Argument, denn er war nahe genug an Nürnberg, um es nach langem Fußmarsch erreichen zu können, aber beheimatet in einer abgelegenen Gegend. Die Menschen dort reden Oberpfälzer Dialekt; auch Hausers erste kümmerliche Sprachbrocken waren bayerischer, nicht fränkischer Herkunft. Problem des Ganzen war, dass diese Erkenntnisse nicht gut mit der Badentheorie zusammengingen. Dass man den Jungen irgendwann außer Landes schaffte, mag noch vernünftig sein – aber zu den bayerischen Nachbarn, die noch dazu mit den Zähringern direkt verwandt waren (siehe die Adressatin von

Feuerbachs *Mémoire*)? Ludwig von Bayern hätte folglich ein böses Intrigenspiel mitmachen müssen, wenn er öffentlich Belohnungen dafür aussetzte, dass seine Untertanen ihm selbst auf die Schliche kommen.

Vor einigen Jahren erhielt die Badentheorie dann zwei weitere böse Dämpfer. 1996 ließ eine DNA-Untersuchung der im Ansbacher Museum aufbewahrten Unterhose Hausers mit Blutflecken keine verwandtschaftliche Verbindung zu den noch lebenden badischen Nachfahren erkennen. Die Enttäuschung war groß – doch folgte bald darauf der Einwand, die ohnehin erstaunlich gut erhaltenen Blutflecken seien offenkundig im Laufe der Jahrzehnte immer mal wieder von wohlmeinenden Museumswärtern farblich aufgefrischt worden, um den Anschaulichkeitsgrad zu verbessern. Mithin sei die Probe also korrumpiert und somit keineswegs eindeutig. Ähnlich unschlüssig blieb eine 2002 vorgenommene Haaranalyse. Das Fazit lief auf ein nur schwammiges »eher nicht, aber auch nicht auszuschließen« hinaus. Kaspar Hauser wird also fraglos die Gemüter weiter beschäftigten. Die kleine Menge der Betrugstheoretiker, die überzeugte Menge der Badentheoretiker, die Außenseiter mit anderen Herkunfts- und Mordtheorien. Auf seinem Ansbacher Grabstein steht: »*Casparus Hauser – aenigma sui temporis – ignota nativitas – occulta mors*; Kaspar Hauser – Rätsel seiner Zeit – unbekannter Herkunft – dunklen Todes«. Daran hat sich bis heute nichts geändert.

Schrecklich unnette Familien

oder

Die liebe Verwandtschaft

Der Don Quichote des Ozeans

Christoph Kolumbus

Kennen Sie den heiligen Christoph Kolumbus? Nein? Dann haben Sie etwas verpasst – wie wir alle. Denn tatsächlich formierte sich Mitte des 19. Jahrhunderts eine engagierte Bewegung, die den Entdecker zur sogenannten Ehre der Altäre erheben wollte und damit zum Sankt Christoph Kolumbus. Dies war keineswegs das spleenige Vorhaben einiger hartnäckiger Fans des Genuesen, sondern stieß auf breite Zustimmung bei vielen Geistlichen, aber auch katholischen Intellektuellen in Spanien und Frankreich, die dieses Ansinnen an den damaligen Papst Pius IX. herantrugen. Berühmte Schriftsteller wie Léon Bloy und Paul Claudel schrieben glorifizierende Werke, um das Vorhaben zu unterstützen, das sich deutlich vom vorherrschenden Liberalismus des späten 19. Jahrhunderts distanzierte. Durchsetzen konnte sich die Kolumbus-Lobby im Vatikan jedoch nicht, spätestens nachdem es auch 1892 – dem als Jubiläumsdatum am besten geeigneten Termin – nicht zu einer Seligsprechung kam, flaute die Woge der Begeisterung langsam wieder ab.

Aus Sicht der Befürworter gab es neben der nicht anzuzweifelnden persönlichen Frömmigkeit Kolumbus' ein schlagendes Argument: Der Entdecker hatte der katholischen Kirche schließlich Millionen von Gläubigen in Süd- und Mittelamerika zugeführt, mit anderen Worten: unzählige Seelen gerettet. Dafür war man in Rom sicher dankbar, doch konnten die Skeptiker gleich mehrere Zweifel anmelden. Zum Selig-beziehungsweise Heiligsprechungsprozedere gehörte der Nachweis eines durch die Fürsprache des Betreffenden vollbrachten Wunders. Damit konnte Kolumbus nicht dienen (vielleicht war dies aber nur eine Frage der Zeit). Vorgebracht wurde auch, dass nicht ganz klar sei, wo er überhaupt begraben ist (sprich: es gebe keine nachweisbaren Reliquien) – ein Problem, über das noch heute gestritten wird. Wirklich überzeugend ist auch dieses Argument nicht, denn erstens gab es Orte, die das Grab beanspruchten und zweitens wird auch ein strenggläubiger Katholik kaum ernsthaft der Auffassung sein, dass zum Beispiel die Heiligen Drei Könige tatsächlich in Köln ihr Ende gefunden haben. Es blieb ein Kritikpunkt, der allerdings gewichtig war, und zwar die nicht ganz einwandfreien Familienverhältnisse. Christoph Kolumbus war Witwer, hatte aber nach seiner ersten ordentlich angetrauten Frau noch ein Kind (Fernando) von einer zweiten; und obwohl es immer mal wieder Gerüchte gab, er habe auch diese geehelicht, konnte dies nie of-

So sah er sich gern: Kolumbus in der Pose des Entdeckers und Staatsmannes.

fiziell bestätigt werden. Damit war die Sache letztlich für Kolumbus gelaufen: ein Heiliger mit unehelichem Kind – unvorstellbar! Dass der Entdecker sich über diese Ehrung gefreut hätte, daran besteht kein Zweifel, betrachtete er sich doch zunehmend selbst als eine Art Prophet (Léon Bloy betitelte ihn deshalb nicht unrichtig als »Offenbarer«) und deutete seinen Vornamen Christoph(er) als neuen »Christusträger«, der den Glauben zu den Heiden in die entdeckten Gebiete hinübertrug. Fraglich ist schon eher, ob das heutige katholische Südamerika glücklich wäre über einen heiligen Entdecker. Ebenso fraglich ist, ob Kolumbus überhaupt einen vorbildlichen Charakter besaß.

Genua, wo Kolumbus vermutlich zwischen August und Oktober 1451 das Licht der Welt erblickt hatte, war in jenen Tagen eines der bedeutendsten europäischen Handelszentren, eine Seemacht und eine Kolonien unterhaltende Republik – in Konkurrenz zu Venedig und dem aufstrebenden Portugal, aber auch bedroht durch die im Osten des Mittelmeeres und auf dem Balkan immer mächtiger werdenden Osmanen. Kolumbus' Vorfahren hatten zweierlei gemein mit einem Geschlecht nördlich der Alpen, das ebenfalls um 1500 für internationale Furore sorgen sollte: den Fuggern. Einerseits zog es auch sie vom Land in eine Handelsmetropole, andererseits verdingten sich beide mit dem Geschäft der Tuchmacherei. Nur nahm ihr Geschick einen diametral entgegengesetzten Verlauf: Christophs Vater Domenico machte bald pleite in der Stadt und verdiente sein Geld mit diesem und jenem oder pumpte seine Söhne an. Davon hatte er neben Christoph noch mindestens zwei, Bartolomeo und Giacomo (alias Diego, die Namen wurden oft dem jeweiligen Land, in dem man sich aufhielt, angepasst), die später ab und zu in Diensten ihres Bruders standen. Eine Schwester (Bianchetta) existierte wohl auch, doch verschwand diese im Dunkel der Geschichte. Die Jugend und Frühzeit des Christoph Kolumbus ist nicht sonderlich gut dokumentiert. Eine gediegene Schulbildung war vermutlich nicht möglich, doch war der junge Mann ein erstaunlich begabter Autodidakt, der sich sein Wissen um Kartografie, Schifffahrt und Geografie zusammenlas. Später besaß er eine stattliche Bibliothek, und noch heute gibt es Bücher mit Randnotizen von seiner Hand. Gleichwohl waren diese Lektüren, wie sich noch zeigen wird, extrem selektiv in ihrer Interpretation, seine eigenen schriftstellerischen Qualitäten haben sie ebenfalls nicht verfeinert. Aber er war nun mal vordergründig Kaufmann und hierfür brachte er ein überdurchschnittliches Wissen mit.

Was er damit bis in die 1480er-Jahre anfing, lässt sich heutzutage kaum noch nachvollziehen, es fehlt an Dokumenten und die wenigen gesicherten Erkenntnisse haben im Nachhinein so manche Stilisierung erfahren. Den einen gilt er bereits in jungen Jahren als Schiffsreisender, sogar als Kapitän (was noch unwahrscheinlicher ist), den anderen als Korsar aus Not; er mag das Mittelmeer auf genuesischen Schiffen durchkreuzt haben – bis weit in den Osten – und sogar bis nach Afrika gekommen sein. Angedeutet wird vieles (auch von ihm selbst), gesichert ist weniges. Ende der 1470er-Jahre tauchte er jedenfalls in Portugal auf, der Nation, die außerhalb des Mittelmeers die wichtigste Seefahrernation darstellte; die Spanier waren da noch etwas im Rückstand, auch weil sie zunächst die letzten Muslime von der iberischen Halbinsel zu vertreiben hatten. Die Portugiesen dagegen widmeten sich seit Anfang des Jahrhunderts der Erforschung der afrikanischen Westküste – mit Erfolg. Langsam aber stetig tastete man sich Richtung Süden über den

Äquator hinaus vor, mit dem Ziel der Umrundung des Südkaps und der Entdeckung des Seewegs nach Indien. Dies faszinierte auch Kolumbus.

Doch durch das Studium der Schriften war eine andere Idee in ihm gereift, der Versuch, Indien nicht Richtung Osten, sondern Richtung Westen zu erreichen, ein Vorschlag den sein italienischer Landsmann Toscanelli den Portugiesen bereits unterbreitet hatte – vergebens; den Königen schien der direkte Weg über den unwägbaren Ozean viel zu weit und deshalb zu gefährlich, die Orientierung entlang der afrikanischen Küste bot deutlich mehr Sicherheit. Kolumbus jedoch griff Toscanellis Idee wieder auf und verfolgte sie hartnäckig, denn aufgrund seiner Lektüre hielt er sie für stichhaltig. Jetzt galt es nur noch, irgendwen davon zu überzeugen, der ihm die aufwendige Expedition zum Beweis seiner These finanzieren würde. Kolumbus suchte Unterstützung mittels seiner Schriften, als PR-Manager in eigener Sache war es gut, sein Vorhaben auf anerkannte Autoritäten zu stützen. Dabei ging er auch wie ein guter moderner PR-Manager vor, nämlich manipulativ. Nicht im böswilligen Sinne, das heißt, er ging nicht soweit, Dinge zu erfinden oder gar zu lügen, jedoch legte er die vorhandenen Ergebnisse jeweils deutlich in seinem Sinn aus und ließ beiseite, was seinen Wünschen widersprach. Ein Knackpunkt seiner Westfahrttheorie war die Größe des Atlantiks: Da den Herrschern eine solch lange Fahrt als unrealistisch erschien, galt es, sie zu verkürzen. Kolumbus wählte für seinen Vorschlag einfach die kürzeste Variante, die bis dato errechnet worden war; und wenn man dazu noch unterschiedliche Meilenmaße annahm, wurde der Abstand zwischen Europa und »Asien« noch geringer. Nicht gering genug für die Portugiesen – sie lehnten Kolumbus' Projekt ab. Erschüttern ließ er sich dadurch nicht, aber es dürfte ihm auch klar geworden sein, dass der Druck wuchs, denn die Umrundung des Kaps mochte nur noch eine Frage der Zeit sein, und dann würde man sich noch weniger für eine Westalternative Richtung Asien interessieren.

Immerhin lief es privat besser für den zugereisten Genuesen. Um 1480 heiratete er seine (erste?) Frau Felipa aus verarmtem portugiesischen Adel. Ihr Vater hatte einst bei der Eroberung Madeiras mitgeholfen und war dort Statthalter geworden, er genoss also durchaus

Ansehen in dem kleinen Königreich – auch dies konnte dem ehrgeizigen Kolumbus nur nützlich sein. Bald darauf wurde der Sohn Diego geboren, der einzige legitimierte Nachfolger, den Christoph über alles liebte. An dessen Ausbildung (überwiegend am spanischen Hof) wurde nicht gespart, Kolumbus würde das Wohl seines Sohnes stets im Auge haben, bei allen seinen Unternehmungen. Um die ist es weiterhin nicht allzu gut bestellt zu dieser Zeit, mehrfach lehnt eine vom portugiesischen König eingesetzte Expertenkommission seine Anträge ab – aus guten Gründen, geht man doch keineswegs von den beschönigten Entfernungen aus, auf die Kolumbus seine Vorschläge stützt. 1485 starb dann auch noch seine Frau und Kolumbus nahm dies wohl zum Anlass, um mit seinem Sohn Richtung Spanien weiterzuziehen – angesichts der mehrfachen Ablehnung seines Vorhabens sicher ein vernünftiger Entschluss. Der sich vorerst allerdings nicht auszahlte.

Zwar traf er in Spanien auf seine (zweite?) Frau Beatriz, die ebenfalls einem angesehenem Adelsgeschlecht entstammte. 1488 ging aus dieser Verbindung Fernando (auch Hernando genannt) hervor, der illegitime Sohn. Doch auch die Spanier waren gegenüber seiner Theorie vom schnellen Weg nach Indien sehr skeptisch. Ähnlich wie in Portugal wird sein Projekt auf Weisung der Herrscher von einer Gelehrtenkommission beurteilt, abschlägig beurteilt – und zwar nicht, wie noch immer kolportiert wird, weil diese Experten die Erde für flach hielten (das tat schon seit der Antike kaum jemand mehr), sondern weil sie die Berechnungen des Kolumbus anzweifelten – und dies völlig zu Recht. Hinzu kam, dass Kolumbus so von seiner Sache überzeugt war, dass er geradezu unannehmbare Bedingungen an den Hof stellte (in Bezug auf Titel, Rechte etc.), wodurch er die Annahme zusätzlich erschwerte. Es sah gar nicht gut aus, zumindest nicht besser als in Portugal – obwohl Kolumbus schon seit gut zwei Jahrzehnten für seine Idee kämpfte. In seiner Verzweiflung schickte er sogar seinen Bruder Bartolomeo an den Hof des französischen Königs, um dort Werbung zu machen, obwohl Frankreich sich zu diesem Zeitpunkt auf See überhaupt nicht engagierte.

Doch dann kam es überraschend zu einer dieser merkwürdigen Launen der Geschichte. Es ist bis heute rätselhaft, warum die sogenannten

Katholischen Könige, Ferdinand und Isabella, sich plötzlich doch entschlossen, Kolumbus für seine Indienfahrt grünes Licht zu geben, auf die meisten seiner überspannten Forderungen einzugehen und ihn mit vielen Privilegien auszustatten. Nun, viel zu verlieren hatten sie nicht, denn finanziell beteiligte sich das Könighaus nicht, sondern überließ dies privaten Geldgebern; scheiterte das Ganze, würde man es eben Kolumbus, dem Ausländer, in die Schuhe schieben. Vielleicht war man nach der Einnahme Granadas und dem Ende der Reconquista (der Vertreibung der letzten Muslime von der iberischen Halbinsel) einfach ein bisschen euphorisch. Außerdem konnte man so den vielen jungen Adligen, die durch Beendigung der Kriege beschäftigungslos wurden, neue Aufgaben verschaffen, den Portugiesen bei der Indienfahrt doch noch zuvorkommen und einen beträchtlichen Gewinn erwarten: Gewürze, Gold, Gläubige. Nicht die schlechtesten Argumente, um es auf einen Versuch ankommen zu lassen. Der Rest ist bekannt.

Der frühe »Erbschaftsvertrag«

Doch bevor Kolumbus in See stach, schloss er mit Ferdinand und Isabella einen förmlichen Vertrag, die so betitelten »Kapitulationen von Santa Fe« (17. April 1492). Diese sind einerseits der Beleg dafür, dass die beiden Herrscher zu großen Konzessionen bereit waren, andererseits beweisen sie, dass Kolumbus nicht nur ein gewiefter Verhandlungspartner war, wenn es darauf ankam (er war schließlich gelernter Kaufmann), sondern stets auch das Wohl seiner Nachfahren im Kopf hatte. Das Vertragswerk bestand aus fünf Artikeln: Der erste regelte, dass Kolumbus das von ihm entdeckte Land unter die Oberherrschaft des spanischen Königshauses stellte, er selbst aber zum Admiral »all der Insel und Festlande, die durch ihn selbst und seinen Fleiß in den ozeanischen Meeren entdeckt würden« ernannt wurde – eine später wichtig werdende Formulierung. Hinzukam, dass der sehr hohe Titel eines Admirals erblich sein sollte. Außerdem wurde er zum Gouverneur und Vizekönig der entdeckten Gebiete ernannt, so stand es in Artikel zwei. Nummer drei regelte das Finanzielle: Kolumbus sollte zehn Prozent aller gefundenen Reichtümer behalten dürfen. Der Rest der Kapitulationen befasste sich mit Gerichtsbarkeiten und der Ausrüstung der Flotte. Für Kolumbus war dies ein guter Vertrag (so hatte es zumindest den Anschein), denn auf seiner Habenseite standen mehrere extrem prestigeträchtige Titel, die er noch dazu als Familienbesitz abgesichert hatte, ein persönlicher Gewinn, der je nach Lage beträchtlich sein konnte (und davon ging er schließlich aus), sowie Schutz und materielle Hilfe durch das Königshaus. Die Schiffe mussten als Strafleistung von einer der spanischen Hafenstädte gebaut werden; außerdem versprach man Strafgefangenen Amnestie, wenn sie sich an der Expedition beteiligen würden (es fiel nicht allzu leicht, willige Seemänner für das gefährliche Abenteuer zu finden).

Der Trip ins Ungewisse war ein Erfolg. Kolumbus entdeckte unbekannte Länder und am 12. Oktober 1492 hatte er in doppeltem Sinne sein Ziel erreicht. Er betrat amerikanischen Boden, die Insel Guanahani (ein Teil der Bahamas). Natürlich betrat er nicht *amerikanischen* Boden – es ist bekannt, dass Kolumbus bis zu seinem Tod der Meinung war, er habe asiatischen Boden betreten, ein deutliches Beispiel dafür, wie selektiv er mit seinem Wissen umging. Wie schon bei seinen Berechnungen zur Atlantiküberquerung sortierte er aus, was nicht in seine Vorstellung passte – es sei wiederholt, dass dies nicht unbedingt absichtsvoll geschah, sondern fast schon instinktiv. Mag es auch für den Beginn der Begegnungen mit dem und den Fremden noch plausibel erscheinen, dieses mit dem (aus seiner Lektüre) Bekannten in Einklang zu bringen, so wird dies im Laufe der weiteren Fahrten, seines Lebens und auch aufgrund der Erfahrungen anderer Entdecker immer absurder. Doch es bleibt dabei: Kolumbus wird in dem Glauben sterben, Inder, Chinesen und Japaner angetroffen zu haben.

Dreimal reiste er in den folgenden Jahren noch Richtung Amerika. Er entdeckte weitere Inseln, das Festland, Mittelamerika. Seine erste Rückkehr ist ein Triumph für ihn, der Anfang der spanischen Weltmacht und der Untergang der indigenen Völker. Die Rolle von Christoph Kolumbus für die spätere Ausbeutung ist wegweisend – teils ohne sein Zutun, teils direkt auf ihn zurückgehend: So war er es, der die Idee hatte, Indios als – natürlich kostenlose – Arbeitskräfte für die neuen spanischen Grundbesitzer zu verwenden. Auch in vielen anderen Dingen war er Kind seiner Zeit (vielleicht sogar etwas hinter seiner Zeit, denn der aufkommende Humanismus ging von einem anderen Menschenbild aus), in seinen Berichten erwähnt er stets die Möglichkeiten der Ausbeutung, die Hinweise auf Goldvorkommen, die Missionierung der Ureinwohner (sowie deren vermeintliche Wehrlosigkeit) – naturgemäß musste ihm daran gelegen sein, Werbung zu machen. Schon allein, um neue Expeditionen starten zu können.

Es erstaunt immer wieder, liest man die Lebensgeschichte des Kolumbus, wie wenig er kurz- und mittelfristig aus seinen Erfolgen gemacht hat. Gerade sein langfristiger Nachruhm kontrastiert mit seinem Unvermögen, sein Ansehen (und nicht nur dies) zu bewahren. Heutzutage gehört Kolumbus unzweifelhaft zu den berühmtesten Personen der Weltgeschichte, nicht nur dürfte sein Name jedem vertraut sein, sondern auch mit seiner berühmtesten Tat – der ›Entdeckung Amerikas‹ – verbunden sein. Romane, Filme, Theaterstücke, Gemälde, unzählige Biografien, Landstriche wurden ihm gewidmet. Und doch zeigt schon, dass gerade die von ihm aufgefundene Welt nicht nach ihm, sondern seinem Zeitgenossen Amerigo Vespucci benannt wurde (übrigens dank des deutschen Kartographen Martin Waldseemüller), dass etwas verkehrt lief. So musste Kolumbus es sehen und so sah er es natürlich auch.

Jakob Wassermann nannte ihn in seiner Romanbiografie den *Don Quichote des Ozeans* (1929), eine recht treffende Charakterisierung für den Seefahrer, der zwar nicht in der vergangenen Welt der Ritterromane lebte, aber in der ebenso veralteten Vorstellung vom Seeweg nach Indien. Das mag man belächeln – letzten Endes ist die Auswirkung dieses lebenslangen Missverständnisses eher gering. Doch wurde aus dem Don Quichote bald ein Michael Kohlhaas, der seinen eigenen Erfolg zunehmend infrage stellte. Die Rückkehr von der ersten Fahrt – ein Aufsehen erregender Triumph. Eine neue Expedition zusammenzustellen wurde ein Kinderspiel: Statt drei Schiffen brachen 17 auf, statt mühsam überredeten Strafgefangenen bewarb sich nun sogar der Adel um eine Mitfahrgelegenheit. Doch die Rückkehr von der zweiten

Fahrt war schon kein Triumph mehr, denn auf den Inseln hatte es Aufstände gegeben und in Spanien kamen Gerüchte auf, Kolumbus sei nicht mehr Herr der Lage. Er setzte seinen Bruder als Gouverneur ein und rechtfertigte sich vor den Herrschern. Noch einmal mit Erfolg. Die dritte Rückreise endete schließlich in einem Desaster – Christoph Kolumbus trat sie in Ketten gelegt an, Seite an Seite mit seinem Bruder. Immer schlimmere Meldungen waren am spanischen Hof angekommen, sodass man dort den Eindruck haben musste, Chaos sei in der »Neuen Welt« ausgebrochen. Ein Untersuchungsrichter wurde geschickt, der Kolumbus verhaften und als Gefangenen abtransportieren ließ. Die größtmögliche Demütigung für den Admiral der Meere, Gouverneur und Vizekönig. Diese Titel war er aber nun ebenfalls los. Er bekam sie vorerst auch nicht wieder, obwohl sich das Königshaus ansonsten recht gnädig zeigte, und ihm beispielsweise seinen Besitz zurückerstattete.

Ruhm und Erbe

Natürlich war Kolumbus trotzdem tief gefallen: Jahrzehntelang hatte er für seine Idee gekämpft, diese endlich durchgesetzt und bewiesen, riesige neue Gebiete entdeckt, einen umjubelten Marsch durch Spanien angetreten – und nun sahnten andere ab. Weitere Gebiete wurden entdeckt, aber ohne ihn, sein Ansehen lag danieder, allerlei Verleumdungen (allerdings nicht nur an den Haaren herbeigezogene) kursierten und seine klug eingefädelten Pläne zur Absicherung der Familie waren dahin. Mit zwei Aktionen wollte Kolumbus seinen Glanz noch einmal erneuern – an Selbstbewusstsein hatte es ihm nie gefehlt. Ein weiteres Mal unternahm er eine Expedition, doch diese hatte keinen sonderlich glücklichen, auch keinen spektakulären Verlauf. Und er schrieb mithilfe eines befreundeten Mönches *Das Buch der Prophezeiungen* (1501). Prophezeit wurde in diesem Buch: Kolumbus. Das Ganze ist eine Kompilation von Bibelstellen und Zitaten antiker Autoren, die belegen sollten, dass seine Entdeckungen schon seit langer Zeit angekündigt worden waren. Wie gesagt, an Selbstbewusstsein hat es Kolumbus nie gemangelt.

Seine letzten Jahre waren allein dem Vorhaben gewidmet, sein Ansehen wiederherzustellen, Kolumbus schreibt und schreibt und schreibt. Er wehrte sich gegen die zahlreichen Neider – und wirkte zunehmend paranoider. Er stilisierte sich (wie mit dem Buch) immer mehr zum auserwählten Sendboten, dem Christusträger für die neuen Völker. Er kämpfte auch um seine verlorenen Titel – beharrte aber gleichzeitig irrsinnigerweise darauf, an den Entdeckungen beteiligt zu werden, die er nicht persönlich gemacht hatte (was den Kapitulationen widerspricht). Natürlich ließen sich die Könige darauf nicht ein, sein Kredit am Hof war ohnehin nicht mehr sehr groß. 1506 starb Kolumbus, ohne etwas erreicht zu haben. Erst 54 Jahre alt, hatte er sich im Kampf um seinen Nachruhm aufgerieben. Nur was seine Familie anging, blieb er nüchtern: Diego wird der Haupterbe, aber auch die anderen Familienmitglieder bekommen ihre großzügigen Anteile, darunter der uneheliche Sohn Fernando. Sein Ansehen mochte er verspielt haben – verarmt war Kolumbus keineswegs.

Einen Kampf um sein materielles Erbe gab es folglich nicht. Doch Diego, obwohl teils genervt durch die ständigen Rehabilitierungsanstrengungen seines Vaters, die er in die Wege leiten sollte, setzte diese nach seinem Tod fort. Natürlich nicht ganz uneigennützig, denn als Haupterbe hatte er dabei viel zu gewinnen. Bitterer Nebeneffekt war, dass das Ansehen seines Vaters – und der gesamten Familie – darunter noch mehr litt. Denn der Gegner in diesem Erbschaftsstreit war ja nicht irgendein gleichrangiger Konkurrent, sondern der spanische Hof. Diegos erster Schritt zurück in die ersten Ränge der Konquistadoren war allerdings anderer Natur: Er heiratete – und er heiratete wie schon sein Vater sehr klug. Seine Gattin entstammte dem Hochadel, sodass Diego am Hof gut Wetter machen konnte für seine Anliegen. Und tatsächlich wurde er zwei Jahre nach dem Tod seines Vaters wieder als Gouverneur eingesetzt.

Dies war kein voller Erfolg, denn der Titel hatte längst gelitten und die Befugnisse waren eingeschränkt worden. Dies gefiel Diego nicht, er hatte einiges von der Kohlhaas-Natur seines Vaters geerbt, darum pochte er auf die genaue Umsetzung der Kapitulationen von Santa

Fe, eine Aufgabe, die er überwiegend seinem Halbbruder Fernando überließ – und da diese doch recht eindeutig waren, musste die Krone nachgeben. Die Ämter des Gouverneurs und des Vizekönigs, die der Vertrag explizit als erblich bezeichnet hatte, fielen an die Familie zurück, Diego und seine Nachkommen konnten also wieder die Herrschaft über alle von ihrem Vorfahren entdeckten Gebiete übernehmen. Warum auch immer, Diego gab sich mit diesem unzweifelhaften Erfolg nicht zufrieden – auch er pochte darauf, oberster Herrscher der gesamten Länder zu werden, auch derjenigen, die nicht von seinem Vater persönlich entdeckt worden waren. Dieser aussichtslos anmutende Rechtsstreit wurde sogar nach seinem Tod noch über Jahrzehnte fortgeführt; Luis Kolumbus war ihm als Gouverneur gefolgt. Und hier findet sich die kaum überraschende Erklärung dafür, warum der Name Kolumbus bis ins späte 18. Jahrhundert einen eher schlechten Ruf hatte. Das auf jeden Beobachter habgierig erscheinende Insistieren auf übertriebenen Ansprüchen paarte sich mit persönlicher Inkompetenz, denn Diego und erst recht sein Sohn Luis waren den Aufgaben in der »Neuen Welt« keineswegs gewachsen. Ihre Regentschaften verliefen chaotisch und glücklos. Luis selbst war auch privat eine zwielichtige Figur und landete schließlich als mehrfacher Heiratsschwindler im Gefängnis.

Die Rehabilitierung bis hin zum Wiederaufstieg als nahezu Heiliger gelang erst lange nach dem Tod des Kolumbus, ihren Höhepunkt erreichte sie, wie berichtet, im 19. Jahrhundert. Vielleicht war der Versuch des anderen Sohnes, Fernando, wesentlich durchschlagender: Er schrieb eine reichlich beschönigende, aber später gern gelesene Biografie seines Vaters, die wesentlich mehr zu dessen Ruhm beitrug als der Erbstreit gegen die spanische Krone. Die Beschäftigung kritischer Historiker mit der Geschichte der europäischen Eroberung Amerikas hat das Kolumbus-Bild wieder angekratzt, doch mit der allgemeinen Sicht der Dinge dürfte Christoph Kolumbus noch immer recht zufrieden sein – das eines Tages sogar einmal Raumfähren nach ihm benannt werden würden, dies hätte sich vermutlich nicht einmal der Prophet in ihm vorstellen können.

Geld allein macht auch nicht glücklich

Familie Wittgenstein

»Dazu kam, daß an den hohen Wänden, die bis an die Decke feucht waren, vier große, schon pilzbefallene abstoßende Gemälde aus der Zeit Klimts hingen, daneben auch noch ein solches von Klimt selbst, von welchem sich die waffenproduzierenden Wittgensteins haben malen lassen, wie von anderen berühmten Malern ihrer Zeit auch, weil es unter den sogenannten Neureichen der Jahrhundertwende die große Mode gewesen ist, sich malen zu lassen unter dem Deckmantel des Mäzenatentums«. In diesem Satz aus Thomas Bernhards Erzählung Wittgensteins Neffe *(1982) erfährt man trotz des launischen Tonfalls vieles über eine Person, die der Text gar nicht nennt, deren Geist oder vielmehr Menetekel jedoch über allem schwebt, wofür der Name Wittgenstein steht. Der ›Wittgenstein‹ aus dem Titel ist natürlich Ludwig, der Philosoph, der erwähnte Neffe ist Paul, ein enger Freund des Schriftstellers Bernhard. Doch der Schatten hinter beiden, der sich in den wenigen Zeilen verbirgt, ist Karl Wittgenstein, der Vater beziehungsweise Großvater der beiden. Er ist der Neureiche, der Waffenproduzent, der Mäzen – und, wie der Pilzbefall und das Modern seiner Hinterlassenschaften beweisen, ist vom Glanz seiner großen Tage um die Jahrhundertwende nicht mehr viel übrig.*

Wer eines der Klimtgemälde sehen möchte, das in Karl Wittgensteins Auftrag entstand, wird in der Münchner Neuen Pinakothek fündig. Dort hängt ein berühmtes Portrait von Margarethe Stonborough-Wittgenstein, 1905 vom Meister angefertigt; keines seiner mit Gold überladenen Prunkstücke, trotzdem unverkennbar. Die Porträtierte war allerdings, so wird überliefert, weniger angetan als heutige Kunstliebhaber, obwohl gerade sie einen recht progressiven Kunstgeschmack hatte – ihr Vater dürfte auch dieses Kunstwerk eher als Wertanlage betrachtet haben (womit er recht behalten hat). In diesem Jahr war Karl Wittgenstein auf dem Gipfel seiner – nun, was eigentlich? Macht? Nein – als bürgerlicher Kaufmann hatte er kaum Verbindung zum Hof der Habsburger. Gerüchteweise wurde ihm der Adelsstand angetragen, angeblich habe er ihn süffisant abgelehnt; beides dürfte verkehrt sein. Eher schon fühlte sich Karl Wittgenstein durch die Nichtbeachtung der zahlreichen Hofschranzen, deren einzige Leistung in ihrer Geburt bestand, gekränkt (gegenüber dem Kaiserhaus hatte er natürlich Respekt). War er auf dem Gipfel seiner Popularität? Nur gemäß dem Sprichwort »Viel Feind, viel Ehr«. Sein Erfolg und sein Reichtum riefen naturgemäß Neid hervor, ebenso die Art des Geschäfts, die Stahlindustrie (was Bernhard verkürzend, aber nicht zu unrecht »Waffenproduktion« nennt), galt er doch als der »Krupp der Donaumonarchie«. Sein Engagement für die zeitgenössische Kunst machte ihn nicht weniger umstritten, denn diese war selbst ein großes Streitobjekt. Gerade sein berühmtestes Förderprojekt, das Secessionsgebäude in Wien, war Gegenstand heftigster Auseinandersetzung. Dass Karl Wittgenstein in dieser Hinsicht auf das richtige Pferd gesetzt hatte – wie schon mit den Klimtgemälden –, beweist die Tatsache, dass dieser eigenwillige Jugendstilbau heute die offizielle 50-Cent-Münze der Republik Österreich ziert. Populär war er also auch nicht, im Gegenteil, für Bernhards damaligen Schriftstellerkollegen Karl Kraus, der mit seiner Zeitschrift *Die Fackel* unter den Intellektuellen und Bildungsbürgern enorm einflussreich war, gab er eines der liebsten Hassobjekte ab. Jedoch zeigt die Tatsache, dass man sich an Karl Wittgenstein, an seinem Tun und Auftreten, öffentlich gerieben hat, welchen Status er um 1905 in der Habsburgermonarchie einnahm. Er war eine gesellschaftliche Zelebrität und einer der reichsten Männer seiner Zeit.

1905, als Margarethe ihr Portrait von Klimt in Augenschein nehmen konnte, war der Wittgensteinsche Glanz allerdings schon wieder im Verblassen – nicht finanziell, das sollten erst Kriege und Börsencrashs besorgen und dies nicht einmal gründlich. Wäre es zu einer Familienfeier anlässlich der Enthüllung des Gemäldes gekommen, hätten bereits drei von neun Geschwistern nicht mehr erscheinen können. Die kleine Dora war gleich als Säugling 1876 verstorben, doch die beiden Brüder Hans (eigentlich Johannes, geboren 1877) und Rudi (Rudolf, geboren 1881) hatten kurz hintereinander Selbstmord begangen. Als Grund für diese doppelte Tragödie (nicht die letzte) galt das strenge Regiment des Vaters, der in keinem seiner Kinder einen würdigen Nachfolger sah und sie mit seinen Zukunftsvorstellungen unter Druck setzte. Diese Herleitung klingt zwar wenig komplex und eher nach Sonntagsfilmpsychologie, lässt sich jedoch schwer widerlegen.

Der Aufstieg des Patriarchen

Betrachtet man die Biografie Karl Wittgensteins selbst, wird man schnell überrascht sein, warum gerade er zu dem harten und unnachgiebigen Patriarchen wurde, der seinen Söhnen (aber auch den Töchtern – von denen er neben der früh verstorbenen Dora noch drei weitere hatte: Hermine, Helene und eben die Jüngste, Margarethe) solche Steine in den Weg legte, über die dann drei letztendlich ins Unglück gestürzt sind. Eigentlich hätte er es besser wissen müssen – und vielleicht gerade darum reagierte er so, wie er es dann tat. Kurzum: Karl Wittgenstein war selbst ein aufmüpfiger Tunichtgut in seiner Jugend, ein nicht sonderlich guter Schüler mit Hang zu Exzessen, der gerne mal die ein oder andere Strafe einkassierte oder von zu Hause weglief. In der Familienrangfolge war er nur Sohn Numero drei und der Vater – Hermann Wittgenstein – hielt wenig von ihm, noch weniger von seinen Talenten und als Nachfolger kam er partout nicht in Betracht. 1865 lief Karl wieder einmal von zu Hause fort – und diesmal erreichte er sein großes Ziel, die Vereinigten Staaten. Doch aus seinem großen emanzipatorischen *American Dream* wurde nichts. Er kam nicht als triumphaler Ex-Tellerwäscher-Millionär zurück, sondern deprimiert, abgemagert und wohl auch gedemütigt. Auf Wunsch seines Vaters, der sich nur ein weiteres Mal in seiner Ansicht über die Unfähigkeit seines Sohnes bestätigt fühlen konnte, wurde er in die Landwirtschaft auf ein Gut der Familie abgeschoben. Die reinigende Einsamkeit des Landlebens schien nicht die gewünschte Wirkung zu haben: Karl begann ein technisches Studium, brach es aber wieder ab, tingelte von einer Beschäftigung in der Metallindustrie in die nächste, protegiert vom guten Namen seines Vaters, und lebte unstet an verschiedenen Orten der Donaumonarchie. In Böhmen aber blieb er plötzlich hängen, obwohl man ihn offenbar nur widerwillig eingestellt hatte; dort entpuppte er sich als origineller Kopf, sodass man ihn dauerhaft in einem Walzwerk anstellte.

Jetzt sah Karl seine Chance gekommen – und zwar wieder gegen den Willen des Vaters. Er heiratete die vermögende Leopoldine Kalmus, strikt gegen die Anweisung des Vaters, dass keines seiner Kinder eine Ehe mit Juden eingehen sollte (Leopoldine, die Karl treu ergebene Ehegattin, war eine vom Judentum konvertiere Katholikin, was wohl ein doppeltes Minus in der Rechnung des Protestanten Hermann Wittgenstein ergab). Dabei stammten die Wittgensteins selbst von Juden ab, was im Dritten Reiches noch eine bedeutende Rolle spielen sollte. Karl ignorierte den Willen seines Vaters. Und nachdem er das bereits vor dem Abgrund stehende Walzwerk in Böhmen durch einen ebenso genialen wie gewagten Coup gerettet hatte – er verkaufte den gerade kriegführenden Russen billige Bahngleise, die allerdings noch gar nicht hergestellt waren – ging es mit seiner Karriere gewissermaßen nur noch bergauf. Nach kaum 20 Jahren war er so reich, dass er nicht nur seinen Vater widerlegt und in die Vergessenheit verdrängt hatte, sondern sich auch bequem von der aktiven Geschäftsführung zurückziehen konnte – ab 1898 widmete sich Karl Wittgenstein seinen Vergnügungen von zu Hause aus, wozu natürlich gehörte, auch weiterhin die Fäden seiner zahlreichen Geschäfte und Beteiligungen in der Hand zu halten.

Doch gelernt hatte er daraus offenkundig wenig – oder die falschen Schlüsse gezogen (noch schlimmer: die identischen wie sein Vater). Vielleicht glaubte er aber auch, in einem seiner Söhne würde sich sein Schicksal wiederholen, auch wenn dies anfangs nicht so aussah. Es sah auch später nicht so aus. Keiner zeigte Talent oder Willen, ein Großindustrieller zu werden. Karl Wittgenstein hatte keine ehrgeizigen Nachfolger in die Welt gesetzt, sondern künstlerisch begabte Söhne. Es war nicht so, dass er dies nicht zu schätzen wusste, zumindest auf musikalischem Gebiet. Er war selbst ein begeisterter Hausmusiker, der gerne mit seiner Frau im hauseigenen Konzertzimmer dilettierte. Auch seine Förderung bekannter Komponisten von Brahms bis Mahler, die auch im Haus verkehrten, kam wohl aus tieferem Herzen als etwa sein Jugendstil-Engagement. Aber das war Vergnügen, nicht Geschäft

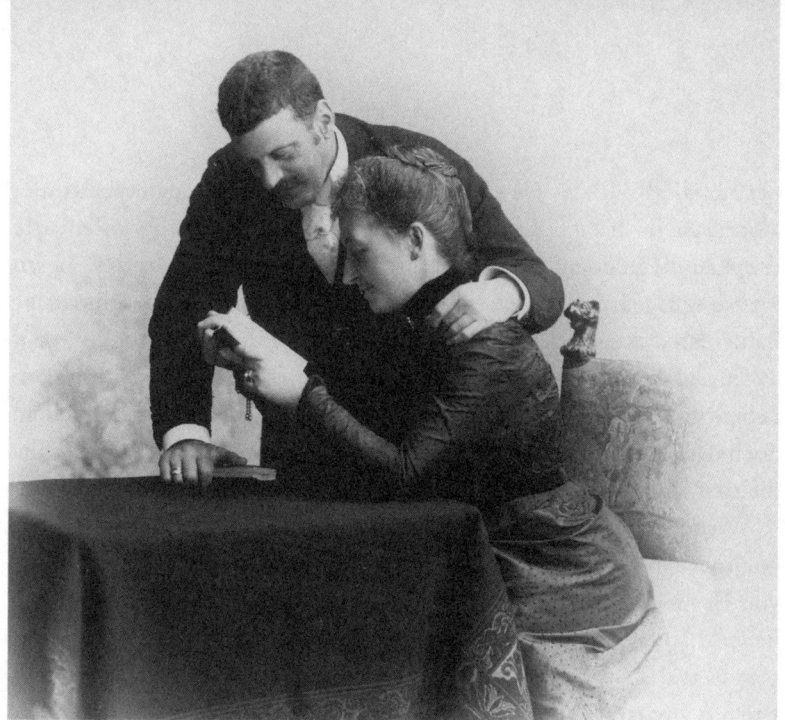

Eine traute Familie – wenn die Kinder nicht dabei waren.
Karl Wittgenstein mit seiner Frau um 1890.

und Beruf. Dass gleich mehrere seiner Kinder eine künstlerische Ader hatten, war für den Stahlmagnaten alles andere als vielversprechend, sondern Grund ständiger Enttäuschung. Mit Unterstützung durch die Mutter Leopoldine konnten die Kinder nicht rechnen, denn sie begleitete den Vater bei dessen Hausmusik genauso gehorsam wie in dessen Meinungen. Und so begann der Reigen von Tragödien in der Familie Wittgenstein.

Der älteste Sohn, Hans, verschwand im Jahre 1902, erst 24 Jahre alt, spurlos. Verheimlichen ließ sich ein solches Ereignis in Wien nicht, allein der Name Wittgenstein lockte die Sensationspresse an, Gerüchte schossen ins Kraut. Dabei ist es letzten Endes auch geblieben, offiziell konnte der Fall Hans Wittgenstein nie geklärt werden. 1901 hatte er sich wohl aus dem Staub gemacht, sprich, er war dem Druck des Vaters – wie der einst dem seines Vaters – entflohen, sogar sein Ziel war dasselbe: Amerika. Gerade auf ihm als erstgeborenem Sohn lastete die Hoffnung Karl Wittgensteins, doch schien Hans mehr als ungeeignet für die Rolle des Geschäftsführers eines Firmenkonglomerats à la Wittgenstein. Schon als Kind übersensibel und feinnervig, offenbarte er erstaunliche Talente in der Mathematik und der Musik, sodass die im Hause Wittgenstein verkehrenden Komponisten ihm wunderkindartige Fähigkeiten attestierten. Dies alles überzeugte den Vater nicht – und so entschloss sich Hans zum Bruch. Der wohl auch ein Bruch mit dem Leben war. Zwar gibt es verschiedenste Versionen über sein Ableben, doch dass er sich irgendwo in der Fremde umgebracht hatte, war für die meisten, auch die Familie, unzweifelhaft.

Wieder schien der Vater daraus keine Lehre zu ziehen, obwohl ihm doch jetzt neben seinem eigenen Werdegang auch noch das Schicksal von Hans vor Augen stand. Fast genau zwei Jahre nach dessen (vermutlichem) Tod ereilte es den nächsten Sohn, Rudolf, zu diesem Zeitpunkt gerade mal 22 Jahre alt. Im Gegensatz zu dem stillen Abgang seines Bruders inszenierte Rudolf seinen Suizid allerdings geradezu melodramatisch: Er bestellte in einer Berliner Szenekneipe (er befand sich zum Studium in der deutschen Hauptstadt) ein schwülstiges Abschiedslied beim Barpianisten und beim Kellner ein Glas Milch. In diese schüttete er ein Gift, trank es und verstarb binnen kurzem noch in der Gaststätte. Angeblich hatte er sich vor der Aufdeckung seiner Homosexualität gefürchtet – offiziell wurde davon gesprochen, er habe den Tod eines Freundes nicht verkraftet. Daheim in Wien verkraftete jedenfalls der Vater den Tod des Sohnes nur schwer. Sein Verbot, von nun an den Namen des Toten auszusprechen, wurde ihm als Herzlosigkeit ausgelegt, war aber eher ein Eingeständnis seines Versagens und Selbstschutz. Denn ganz so schlimm war es um das Mitgefühl Karl Wittgensteins nicht bestellt, sein starker Patriarchalismus entstand schließlich aus der Sorge um die Familie und ihre Zukunft – nur trug er genau damit zu ihrer Zerstörung bei. Bei weitem nicht das einzige Paradox im Wittgensteinschen Familienkosmos.

Der Tod der beiden Brüder erhöhte einerseits den Druck auf die drei verbliebenen Söhne, andererseits ließ das Risiko einer dritten solchen Katastrophe Karl Wittgenstein die Zügel etwas lockern. Auch das geradezu unermessliche Vermögen, dass der Vater erarbeitet hatte, ermöglichte es den Kindern, einigermaßen unabhängig zu bleiben. So ist zumindest nicht erkennbar, dass in dieser Hinsicht Drohungen ausgesprochen wurden. Noch dazu musste sich das Familienoberhaupt irgendwann eingestehen, dass er selbst den ein oder anderen gravierenden Fehler in der Erziehung gemacht hatte. Da er von staatlichen Bildungsstätten nichts hielt, hatte er seine Kinder von Privatlehrern im Haus unterrichten lassen und dies auch nur in Fächern, die er für wichtig erachtete. Irgendwann musste er bei seinen Jüngsten die bittere Feststellung machen, dass ihre Allgemeinbildung groteske Lücken aufwies. Folglich kamen Paul und Ludwig doch noch auf Gymnasien; letzterer, alles andere als ein brillanter Schüler, wurde in die Provinz nach Linz geschickt, wo seine Defizite wenigstens nicht den Wiener Gesellschaftsrunden als Unterhaltung dienen konnten. Er war nicht der einzige schlechte Schüler des Gymnasiums, der es später noch zu (schwerlich vergleichbarer) Berühmtheit bringen sollte. Ein paar Klassen unter ihm saß ein oberösterreichischer Rotzlöffel namens Adolf Hitler.

Anfang 1913 war es dann soweit: Der ewige Raucher Karl Wittgenstein, der seit längerer Zeit an Krebs litt und mehrere schwere Operationen hinter sich hatte, starb. Ein Moment, auf den die Familie gewartet hatte? Ein »Endlich!« mag nur demjenigen über die Lippen gekommen sein, der dem Vater (oder Ehemann) keine längeren Leiden mehr wünschte. Auch hier ergeben sich wieder die üblichen wittgensteinschen Paradoxa: der Übervater ist weg, aber wie der berühmte Befreiungsschlag wirkt das nicht; entweder hatte man sich vorher schon halbwegs emanzipiert (mit der Betonung auf halbwegs) wie Margarethe, Paul und Ludwig oder man blieb auch fortan in dessen Bann wie Helene, Hermine und insbesondere die Witwe Leopoldine (Kurt ist ein Sonderfall). Noch viel kurioser aber ist, dass hier das vielleicht größte Vermögen der k.u.k.-Monarchie zu verteilen ist – neben dem Geld allerhand Immobilien in Stadt und Land und natürlich die Kunstgegenstände – und man nach einiger Zeit festhalten musste, dass die Familie stark zerstritten ist, teilweise wird seit Jahren unter den Geschwistern nicht mehr miteinander gesprochen. Doch der naheliegende Schluss (der einem in diesem Buch keineswegs überraschen könnte) ist falsch:

Erbstreitigkeiten im eigentlichen Sinne hat es in der Familie Wittgenstein bei allen Differenzen nicht gegeben. Vielleicht war einfach zu viel Vermögen da – es reichte für alle, keiner musste sich übervorteilt fühlen. Im Gegenteil, dank des plötzlichen Überflusses schien viele der Wittgensteinkinder nach Antritt des Erbes das schlechte – oder soziale – Gewissen zu plagen und sie spendeten große Summen an verschiedenste Institutionen und Künstler.

Der Untergang des Hauses Wittgenstein

Der Ausbruch des Ersten Weltkrieges brachte vor allem für zwei Wittgensteins erhebliches Unglück mit sich. Zweifel am Sinn der Auseinandersetzung hatte keiner (damit unterschieden sie sich nicht von der Mehrheit der Bevölkerung). Dennoch ist es bizarr zu lesen, wie sich nicht nur die Brüder Paul und Ludwig ungeduldig zu den Waffen melden, sondern ihre Mutter und Schwestern den dritten Bruder Kurt bedauern, weil er sich gerade im diplomatischen Dienst in den USA befindet und deshalb nicht nach Europa zurückkehren kann, um dort zu kämpfen. Diese überpatriotische Haltung änderte sich im Verlauf des Krieges kaum; die Schwestern engagierten sich in der Stadt, Ludwig, der anfangs nur im unteren Mannschaftsgrad diente, sehnte sich stets nach noch gefährlicheren Einsätzen; Kurt wurde später – nach Ausweisung der Österreicher bei Kriegseintritt der USA – sofort Soldat; zudem floss reichlich Geld an das Militär.

Diese Art von Vaterlandstreue forderte ihre Opfer. Schon früh wurde Paul Wittgenstein an der Ostfront schwer verwundet und geriet gleich darauf in russische Gefangenschaft. Seine Verletzung war eine persönliche Katastrophe: Noch vor dem Tod seines Vaters hatte er gegen dessen Willen durchgesetzt, eine Karriere als Pianist zu beginnen; 1913 hatte er sein Debüt gegeben, durchaus mit Erfolg. Nun hatte man ihm den rechten Arm amputieren müssen. Es schien vorbei. Es schien – denn Paul Wittgenstein gab auch unter den widrigsten Umständen in russischen Gefangenenlagern nicht auf. Bei seiner Rückkehr durch einen Offiziersaustausch 1915 war er sogar frohen Mutes: Sein lebenslanges Projekt war es nun, ein herausragender linkshändiger Pianist zu werden. Zum Helden der Familie wurde aber zusehends Ludwig, der zunehmend esoterische Züge annahm und nach einer Tolstoi-Lektüre den kuriosen Schluss zog, sich besonders der Gefahr aussetzen zu müssen und der nun nicht nur Offizier geworden, sondern auch der einzige Bruder im Feld war.

Bis Kurt ebenfalls seinen Dienst antrat. Kurt, von dem der Vater stets wenig hielt, der allgemein als Kindskopf galt und kaum ernst genommen wurde. Unstet wie manch anderes Wittgensteinkind auch, war er nicht so unerfolgreich, wie dies dem Vater und dem Rest der Familie vorkommen mochte. Doch in Erinnerung blieb er trotzdem nur als Bruder zweier späterer Berühmtheiten und wegen der merkwürdigen Umstände seines Todes. Kurz vor Ende des Krieges dienten die zwei Brüder an der Italienfront (Paul – der sich wieder zum Militär gemeldet hatte – war bereits abgezogen worden). Österreich und Italien schlossen einen Waffenstillstand, der jedoch erst 24 Stunden nach Abschluss in Kraft treten sollte, ein Zeitraum, den die Italiener nutzten, um die sich bereits demobilisierenden österreichischen Truppen zu überrennen; kein sonderlich ehrenwertes Verhalten, doch es brachte Landgewinn und eine große Zahl an Kriegsgefangenen, die man als Verhandlungsmasse gebrauchen konnte. Unter diesen Gefangenen: Ludwig Wittgenstein. Nicht mit dabei: Kurt Wittgenstein. Alexander Waugh, der die Geschichte der Familie kürzlich in seinem großartigen Buch *Das Haus Wittgenstein* (2009) aufgearbeitet hat, entwickelt vier Varianten von Kurts Tod, doch alle haben eins gemeinsam: Er hat sich erschossen. A: Er habe seine Truppe entlassen, da er weiteren Kampf als sinnlos erachtete und fürchtete, man könne ihn dafür zur Rechenschaft ziehen. B: Er habe nicht in Gefangenschaft gehen wollen. C: Er habe sich dem Befehl eines höheren Offiziers widersetzt und diesen mit der Waffe bedroht – der Rest wie A. Und D: Seine Truppe meuterte und Kurt erschoss sich, um nicht mit ihnen gemeinsame Sache zu machen. Wie auch immer – die Wittgensteins hatten den dritten mysteriösen Selbstmord eines Sohnes zu verkraften, aber diesmal bestand kein Zweifel, dass dies aus ehrenhafter Absicht geschehen war. Kurts Vermögen wurde auf die anderen Geschwister verteilt.

Kurz darauf geschah der letzte spektakuläre Akt im Drama um die Wittgensteinsche Erbmasse. Ludwig, seiner im Krieg angenommenen asketischen Theorie folgend, verzichtete plötzlich auf seinen Erbteil – er gab den immensen Reichtum auf und überließ ihn seinen Geschwistern (bis auf Margarethe). Für manchen war dies die Tat eines Verrückten, und auch die Geschwister mögen über diesen zusätzlichen Geldsegen nicht im eigentlichen Sinn erfreut gewesen sein (sie hatten ihn ja auch wahrlich nicht nötig), doch abhalten konnte man Ludwig nicht. Unter den Schwestern steigerte diese Entscheidung die immer mehr greifbare Ehrfurcht vor dem Philosophenbruder. Der weitere Weg Ludwigs ist bekannt – er wurde Volksschullehrer auf dem Land und Philosophieprofessor in Cambridge.

Hätte Thomas Bernhard sein Buch *Wittgensteins Neffe* etwa um 1950 veröffentlicht, die Leser hätten den Titel vermutlich völlig anders interpretiert. Der berühmteste Wittgenstein zu dieser Zeit war nicht Ludwig, der Philosoph – der längst in Cambridge weilte, englischer Staatsbürger und Oberhaupt einer kleinen treuen Gefolgschaft von Anhängern geworden war – sondern Paul, der einarmige Pianist. Gerade in der Zwischenkriegszeit feierte er große Erfolge und war ein internationaler Musikstar. Doch Bernhards Buch erschien 1982, beim Namen Wittgenstein dachte nun jeder an Ludwig, Paul war so gut wie vergessen. Inzwischen jedoch wird auch er wiederentdeckt, durch das erwähnte Buch Alexander Waughs, aber auch eine Romanbiografie von Lea Singer (*Konzert für die linke Hand,* 2008). In vielen Dingen war er ein echter Wittgenstein: In der Auseinandersetzung mit dem Vater, in dem gespannten Verhältnis zu den Geschwistern (mit Margarethe und Ludwig sprach er über Jahrzehnte nicht mehr), mit den Lebensbrüchen und seiner Versponnenheit (er galt als völlig alltagsuntauglich), mit der Mischung aus Großzügigkeit und Arroganz. Auch sein Schaffen wurde und wird oft zwiespältig beurteilt. War er tatsächlich ein außergewöhnlicher Pianist oder lag diese Außergewöhnlichkeit nur oder vor allem in seiner Behinderung? Und weil er ein Wittgenstein ist, wirkt auch sein Nachruhm wieder einmal reichlich paradox: Bekannt in Musikkreisen ist Paul Wittgenstein nämlich dafür, Werke für die linke Hand bei berühmten Komponisten in Auftrag gegeben zu haben – darunter Maurice Ravel, Paul Hindemith oder Sergej Prokofjew –, doch mit den meisten war er so unzufrieden, dass sie ungespielt in der Schublade landeten und erst nach seinem Tod zur Aufführung kamen.

Der Reichtum der Wittgensteinerben litt teilweise schon im Ersten Weltkrieg (allerdings keineswegs in bedrohlichem Ausmaß) und begann durch die Wirtschaftskrisen der 1920er- und 1930er-Jahre zu schwinden. Erpressungen der Nazis nach dem Einmarsch in Österreich 1938 – die Wittgensteins wurden zu Juden erklärt – ließen das Vermögen weiter schrumpfen. Paul war in die USA geflohen, Ludwig blieb in England, Margarethe – seit ihrer Ehe mit Jerome Stonborough ohnehin amerikanische Staatsbürgerin – reiste später ebenfalls in die Staaten aus (wo sie ihrem Bruder zwar noch gelegentlich begegnete, aber nie mehr mit ihm sprach). Die Mutter war bereits 1926 verstorben, doch die beiden Schwestern Helene und Hermine wollten Österreich partout nicht verlassen – es kostete die anderen Geschwister allerlei juristische Windungen, windige Verbindungen und viel, viel Geld, ihnen den Status von Mischlingsjuden zu verschaffen, der sie tatsächlich über die Nazijahre hinweg schützte. Nach und nach aber war auch die Zeit der Wittgensteinkinder gekommen: 1950 starb Hermine, es folgten Ludwig 1951, Helene 1956, Margarethe 1958 und zuletzt 1961 Paul. Das Palais Wittgenstein, der Stolz Karls, war längst abgebrochen, schon der Luftkrieg hatte nur noch eine Halbruine übrig gelassen.

Trotzdem ist das Vermächtnis der Wittgensteins noch immer präsent – sei es in den meisten Fällen auch eher indirekt. An Karl Wittgenstein, den einstigen Stahlmagnaten, würde man sich vielleicht gar nicht mehr erinnern, stünde da nicht das Secessionsgebäude als Touristenattraktion (und Ausstellungsgebäude) mitten in Wien. Und auch Margarethe ist nicht nur auf einem Klimtgemälde verewigt. Das auf ihren Wunsch hin von Paul Engelmann und ihrem Bruder Ludwig entworfene avantgardistische Wohnhaus in der Wiener Kundmanngasse hat ihr Geburtshaus überlebt. Paul mag für die einen als einzigartiger Pianist, für viele aber immerhin als Auftraggeber bedeutender Kompositionen in Erinnerung bleiben. Und Ludwig? Er war sicher einer der bedeutendsten Philosophen des 20. Jahrhunderts und ist bis heute *der* »Wittgenstein«.

Die Erben des Diktators

Adolf Hitler

Dem vermutlich berühmtesten Testament des »Führers« Adolf Hitler konnten Millionen von Kinozuschauern bei der Entstehung zusehen: in Oliver Hirschbiegels Verfilmung des Buches von Joachim Fest Der Untergang *(2004) diktiert der greisenhafte Diktator sein politisches Vermächtnis seiner Sekretärin, ein Dokument, das sich erhalten hat. Aufschlussreich ist es nur in zweierlei Hinsicht: Hitler sprühte noch Tage vor seinem Tod vor geiferndem Judenhass, hatte aber – zumindest für die Nachwelt – gönnerhaft Frieden mit seinem eigenen Volk geschlossen. Denn noch kurz vorher hatte er es für unwert erachtet, die Schande der verdienten Niederlage zu überleben. Die seiner Ansicht nach Besten seien ohnehin gefallen und »das Volk hat sich als das schwächere erwiesen, und dem stärkeren Ostvolk gehört ausschließlich die Zukunft« – ganz getreu des von ihm propagierten Sozialdarwinismus. Im politischen Testament war davon nicht mehr die Rede, hier neigte er wieder zur hochstilisierten Liebe zum deutschen Westvolk. Der Text wird von Historikern allgemein als repetitives Sammelsurium altbekannter Phrasen eines uneinsichtigen weltfremden Mannes angesehen – ein echtes Testament ist es nicht, nicht im privaten, aber auch nicht im politischen Sinn, da es überwiegend nur zurückblickt und nur geringfügige konkrete Nachfolgeregelungen trifft.*

Am 30. April begangen Hitler und Eva Braun Selbstmord. Die frisch angetraute Ehegattin nahm Gift, Hitler erschoss sich. Damit war die Karriere des Zolloffizialsohnes aus dem von ihm ungeliebten Österreich beendet. Millionen hatten ihn bis dahin unfreiwillig in den Tod begleitet, er hatte Europa in Trümmer gelegt und als erster Mensch versucht, eine Volksgruppe durch einen gleichsam industriell durchgeführten Massenmord komplett zu vernichten. Vorausehbar war dies alles nicht, als er am 20. April 1889 ein Braunau am Inn, nahe der deutschen Grenze, geboren wurde, einer Stadt, die sich zwischenzeit-

*Falsche Familienidylle eines Familienverächters – Hitler mit seiner
späteren Kurzzeitehefrau Eva Braun und einer von deren Nichten.*

lich rühmte, dann wieder schämte, als der Geburtsort des Diktators
zu gelten. Der Geburtsort war mehr oder weniger Zufall, denn Hitlers
Vater Alois hatte dort eine Beamtenstelle beim Zoll inne und wurde
bald wieder versetzt. Eigentlich stammte die Hitlerverwandtschaft aus
dem niederösterreichischen Waldviertel an der Grenze zu Tschechien,
einer sehr ländlich strukturierten und dünn besiedelten Gegend mit
dem eher rauen und verschlossenen Menschenschlag, der solche leicht
abgelegenen Gebiete charakterisiert. Hitler hielt sich dort zwar nur zu
Ferienbesuchen auf, doch stammten sowohl sein Vater Alois als auch
seine Mutter von dort – sie waren sogar verwandt, weshalb ihre Ehe
später einen kirchlichen Dispens benötigte.

Die Familie des Diktators

Die Familienverhältnisse waren leicht verworren, was vor allem an der
Heirats- (und Namens)politik des Vaters lag. Der war zwar nach außen hin ein recht biederer altösterreichischer Zollbeamter, der in seiner
Behörde trotz dürftigen Schulabschlusses einen erstaunlichen Aufstieg
genommen hatte, hinter der Fassade verbarg sich jedoch eine Vorlie-

be für jüngere Frauen. Und eine Abneigung gegen seinen Nachnamen Schicklgruber, den er mit Hilfe eines leicht anrüchigen Verfahrens betreffs seines Abstammungsnachweises umändern ließ in Hitler – da war er bereits 40 Jahre alt. Sein Sohn sollte dies später als das Beste bezeichnen, was sein Vater für ihn getan habe. Des Vaters erste Gattin, Anna Glassl, passte allerdings nicht ins Schema, sie war nicht nur gut 14 Jahre älter als Alois, sondern bei der Eheschließung bereits 50 Jahre alt und kränklich. Alois Hitler war auch nicht mehr der jüngste Bräutigam mit seinen 36 Jahren, wirkte offenkundig aber, sei es durch seinen soliden Beamtenstatus, sei es durch einen für uns nur noch schwer nachvollziehbaren Charme, attraktiv auf jüngere Damen – dummeroder praktischerweise gerade die Pflegerinnen seiner das Bett hütenden Frau. Das Bett hütete Alois gewissermaßen auch, nur eben auf reichlich angenehmere Weise; mit einer Betreuerin, Fanni, kommt es zu einem unehelichen Kind. Kaum ist er Witwer (der Tod verhinderte die Scheidung), wird das Verhältnis zu Frau und Kind ein paar Wochen später legitimiert. Das nächste Kind ist unterwegs, aber auch Frau Fanni wird krank – Alois holt seine Verwandte Klara Pölzl, die schon seine erste Frau mit gepflegt hatte, zurück. Man ahnt es schon: Noch während seine Frau im Sterben liegt, fängt Alois mit Klara ein Verhältnis an, das nächste Kind ist unterwegs, Fanni stirbt wiederum rechtzeitig, wenn man so will. Alois heiratet Ehefrau Nummer Drei – mit Dispens der Kirche – sie ist 24, er inzwischen 47 Jahre alt.

In dieser Ehe wird die Frau Alois überleben, Adolf Hitlers Mutter Klara. Von seiner zweiten Frau hatte der Zollbeamte zwei Kinder mit in die Ehe gebracht, Alois junior (geboren 1882), der eigentliche Stammhalter, und Angela (1883). Adolf war das vierte Kind Klaras, nach Gustav (1885), Ida (1886) und Otto (1887), die jedoch alle binnen kurzem starben. Nach ihm – mit etwas Abstand kamen noch Edmund (1894, er starb bereits 1900) und Paula (1896) – insgesamt tummelten sich in dem Haushalt also vier Kinder. Es verwundert eher nicht, dass der spätere »Führer« um seine Familie und Frühzeit stets ein großes Geheimnis machte. Er unterband das gerade bei den Nationalisten so beliebte Hobby der Ahnenforschung, und auch die bei autoritären Herrschern (und nicht nur bei diesen) so beliebte Stilisierung der einträchtig glücklichen Familie spielte bei ihm keinerlei Rolle. Im Gegenteil, die Versuche treuer Historiker und Journalisten, die gern Großes und Heroisches über die Herkunft Hitlers und das Blut seiner Ahnen berichtet hätten, lehnte er strikt ab. Was zu dem späteren Gerücht führte, er habe womöglich nicht-arische Vorfahren zu verbergen – dieser Verdacht hielt sich hartnäckig und wurde auch mit fantasievollen Legenden ausgestaltet, war aber trotzdem reine Erfindung. Dem Vorzeige-Arier Hitler genügten für seine Vertuschungen schon die eventuell nicht ganz amtliche Namensänderung, die mehr oder weniger inzestuösen Verwandtschaftsverhältnisse und die jeweiligen kurz aufeinander folgenden Schnellheiraten des alternden Kleinstadtcasanovas Alois Hitler.

Hitlers Sicht auf seine Familie war geprägt von Geringschätzung, Ignoranz oder im besten Fall seinem ohnehin sehr ausgeprägten Nützlichkeitsdenken – auch nicht gerade das, was die Nazis später propagieren sollten. Einzige Ausnahme war seine Mutter, die er vergötterte wie sie ihn auch, worunter wiederum die anderen Kinder zu leiden hatten. Aus mütterlicher Sicht war Adolf die Hoffnung der Familie, erst recht, nachdem die anderen Brüder so früh verstorben, beziehungsweise der Stiefbruder Adolfs, Alois junior im Streit mit dem Vater ausgezogen war. Alois (senior) war aber auch von seinem zweiten Sohn Adolf nicht so angetan, da der partout kein Beamter, sondern Künstler werden wollte (das distanzierte Verhältnis zum Vater bot der Mutter nur noch mehr Gelegenheit, ihren Adolf in Schutz zu nehmen). Dass der Vater, zu diesen Zeiten keine Ausnahme, ein häuslicher Patriarch war, steht außer Frage, ob er tatsächlich auch der schlagende Tyrann war, als den ihn Hitler später darstellte, wird dagegen zunehmend in Zweifel gezogen. Wie auch immer, für die lustlosen Pläne des stets schlechter werdenden Schülers Adolf hatte er wenig übrig, doch mit seinem Tod 1903 war das Hindernis des strengen Regiments daheim endgültig beseitigt und Adolf gab den Ton an im Hause Hitler. So hatte er zum Beispiel ein eigenes Zimmer, die Frauen (Mutter, seine Schwester und eine Tante) schliefen dagegen zusammen – im Wohnzimmer. Doch irgendwann stirbt auch Mutter Klara, 1907 rafft sie der Krebs dahin. Der Schulabbrecher Hitler ist nun Vollwaise, sein Vormund wird der örtliche Bürgermeister, der ihn dazu drängt, einen Beruf zu ergreifen. Doch der sich zum Künstlertum berufen fühlende Hitler will nach Wien in die Hauptstadt und dort den Durchbruch schaffen.

Bekanntlich schafft er dort nach zweifacher Ablehnung durch die Kunstakademie den Abstieg ins Männerwohnheim, nachdem er eine großzügige Schenkung seiner Tante komplett durchgebracht hatte und nun Postkarten malt, um einigermaßen durchzukommen. Aus dieser Lage rettet den heruntergekommenen Hitler, der den Kontakt zu seiner Familie abgebrochen hatte, ausgerechnet das Erbe des Vaters. Das ist sicher nicht der spektakulärste Erbfall – die Geldsumme ist nicht gerade exorbitant – aber einer der folgenreichsten. Nach dem österreichischen Recht dieser Zeit ist Hitler erst mit 24 Jahren volljährig, nun hat er endlich Zugriff auf die Hinterlassenschaft seines bereits seit gut zehn Jahren toten Vaters. Kaum hat er das Geld in Händen, verschwindet er aus Wien über die Grenze nach München. Damit ist er nicht nur dem Männerwohnheim entflohen, sondern auch der verhassten Donaumetropole – und den österreichischen Militärbehörden, die ihn einziehen wollen. Einer Arbeit geht er auch in München nicht nach, er verbraucht die Erbschaft, und nachdem ihn das österreichische Militär nach Strafandrohung zwar doch noch gemustert, aber aussortiert hat, gelangt er 1914 in der Kriegsbegeisterung der ersten Tage durch einen Formfehler in die bayerische Armee.

Die beiden Testamente des Adolf H.
1923 beim Putsch in München noch kläglich gescheitert, kommt Hitler zehn Jahre später ganz legal mithilfe der Konservativen an die Macht, er kann sein Terrorregime erst über Deutschland, dann über ganz Europa entfalten. Im Mai 1938, Hitler ist 49 Jahre alt, setzte er ein erstes Testament auf – ein interessanter Zeitpunkt, denn er war fast auf dem Zenit seiner Macht. Im März hatte er ohne Widerstand seine alte Heimat Österreich einkassiert und, auch eine schöne Rache für ihn, die einstige Kaisermetropole Wien zu einer Provinzstadt am Rande des Reiches degradiert. Die innere Opposition war so gut wie ausgeschaltet und was

im Untergrund noch schwelte, machten ausgerechnet die späteren Alliierten zunichte – die Militäropposition hatte bereits einen Plan ausgearbeitet, der für den Fall greifen sollte, dass Hitler in Böhmen einfiele; doch auf der Münchner Konferenz geben Großbritannien und Frankreich überraschend nach, Hitler jubelt und das Volk jubelt ihm zu. Ein Putsch hätte keinen Rückhalt in der Bevölkerung, überhaupt urteilt so mancher Historiker, dass die Deutschen ihn zu diesem Zeitpunkt sicher als einen der Großen in ihre Geschichtsbücher aufgenommen hätten, wäre er 1938 verstorben (manche verlegen diesen Punkt auf 1940, als er auch noch Frankreich erobert hatte). Dem Durchschnittsuntertan, selbst wenn er kein Nazi war, ging es zu dieser Zeit noch recht gut, er konnte sogar von der Politik des Regimes profitieren, wenn er nicht gerade Jude, Homosexueller, Kommunist, Behinderter oder Angehöriger einer anderen Gruppe war, die die Nazis mit ihrem Terror verfolgten. Ob Hitler also 1938 wirklich an seinen vorzeitigen Tod dachte oder nur das Gefühl der eigenen Größe genoss, die sich auch darin manifestierte, was er alles zu vererben hatte, bleibt offen.

Im Gegensatz zum späteren sogenannten politischen Testament ist diese Verfügung ein ganz normales Dokument, in dem Hitler tatsächlich die persönliche Hinterlassenschaft regelt. Er bestimmt seinen Beerdigungsort, die Münchner Feldherrnhalle, trifft akribische Bestimmungen zu bestimmten Gegenständen, die er überwiegend der Partei, teils der Familie zukommen lassen will. »Mein gesamtes Vermögen vermache ich der Partei« – und das ist nicht wenig, da er hierunter auch die Rechte an seinen Büchern, die ordentlich Tantiemen abwerfen, und seine geraubten oder geschenkten Kunstwerke fallen. Einige Familien- und treue Parteimitglieder bedenkt er mit einmaligen Geldgeschenken oder Renten auf Lebenszeit. In der entsprechenden Aufzählung und den Beträgen zeigen sich auch Gunst und Distanz des »Führers«: Während seine beiden Schwestern jeweils eine dauerhafte monatliche Rente von 1000 Mark bekommen, wird sein Bruder Alois (junior) mit einer Einmalzahlung von 60000 Mark abgespeist. An erster Stelle in der Liste der persönlichen Empfänger steht übrigens Eva Braun (auch ihr wird eine Rente von monatlich 1000 Mark zugedacht).

Eva Brauns ewige Nemesis, seine Nichte Geli Raubal, wird in dem Testament ebenfalls erwähnt, obwohl sie längst tot ist. Doch die Einrichtung ihres museumsartig konservierten Zimmers in Hitlers Münchner Haus »ist meiner Schwester Angela zu übergeben«, also ihrer Mutter. Hitlers nicht ganz durchschaubares Liebesverhältnis zu Angela Raubal junior kopiert quasi die Vorlieben seines Vaters: Ein deutlich jüngeres Mädchen (der Altersunterschied beträgt knapp 20 Jahre) aus der Verwandtschaft. 1931 erschoss sie sich in Hitlers Wohnung mit seiner Waffe, wobei die Motive nicht ganz klar waren; doch wie man an der Klausel im Testament von 1938 sieht, errichtete Hitler um sie eine Art Kult, wie er es sonst nur noch für seine Mutter tat. Eva Braun, Freundin und Konkurrentin Gelis, wird das Bild ihrer Vorgängerin buchstäblich ständig vor Augen gehabt haben – selbst bei einer allfälligen Testamentseröffnung wäre ihr der Hinweis auf die Unantastbare nicht erspart geblieben.

Eine Testamentseröffnung sollte es jedoch nie geben und selbst wenn, wäre Eva Braun nicht mit dabei gewesen. Das Dokument von 1938 behielt keine Gültigkeit, da Hitler es kurz vor seinem Selbstmord durch ein neues ersetzte, am 29. April 1945. Vom Gipfel der Macht ist er nun weit entfernt, dies klingt in dem Text als Resignation durchaus mit. Die Grundverfügung von 1938 hat sich nicht geändert, denn als Haupterbe wird die Partei eingesetzt, doch »sollte diese nicht mehr existieren, [gehört alles] dem Staat, sollte auch der Staat vernichtet werden, ist eine weitere Entscheidung von mir nicht notwendig«. Die geraubten Kunstgegenstände sollen nun gönnerhaft an Museen gestiftet werden, womit sich Hitler zum Mäzen stilisiert – auch in seinen letzten Momenten kann er das Lügen nicht lassen. Zum Nachlassverwalter setzt er Martin Bormann ein, der selbstständig entscheidend der Familie und treuen Gefährten Beträge zukommen lassen soll, die »zur Erhaltung eines kleinen bürgerlichen Lebens notwendig« sind. Die exakten Regelungen von 1938 sind also nicht nur aufgehoben, sondern reduziert worden. Eva Braun, nun offiziell Eva Hitler, wird in dem Text ebenfalls noch mehrfach erwähnt, allerdings nur mit schwülstigen Gemeinsam-in-den-Tod-Phrasen, als Erbin fällt sie logischerweise aus (was noch wichtig sein wird). Dieses zweite Testament ist zwar kürzer, gleichwohl inhaltlich schwammiger; Hitler redet ungefähr die Hälfte des Textes über seine Verdienste, die Regelungen sind aber klar, auch wenn es Bormann sein wird, der die genauen Anweisungen treffen soll.

Die Erbschaftsanwärter

Hinfällig ist aber auch dieses Testament. Der Nachlassverwalter Martin Bormann, einer von Hitlers engsten Vertrauten, verschwindet in den letzten Kriegstagen spurlos – und wird nie gefunden. Man vermutet, er sei im umkämpften Berlin umgekommen, beweisen konnte man dies nicht. Ohne Prophet zu sein, darf man gleichwohl davon ausgehen, dass er selbst als Überlebender seinem Amt als Testamentsvollstrecker nicht hätte nachkommen können, da ihm mit Sicherheit ein Nürnberger Galgen gedroht hätte. Hitlers durchaus erklecklichen Nachlass zogen die Alliierten ein, damit schien die Sache erledigt.

War sie aber nicht – für manchen vielleicht schwer vorstellbar, gab es tatsächlich Menschen, die auf ihre Erbansprüche bestanden. Es ist schwer zu beurteilen, was dies über den Charakter einer Person aussagt. Besagte Person war jedenfalls Paula Hitler, Adolfs leibliche Schwester, die er mehrfach gedemütigt hatte, unter anderem, indem er sie zwang, ihren Nachnamen zu ändern (in Wolf, ein Name, den er selbst ausgesucht hatte) – sie machte nun ihre Rechte geltend. Ein Münchner Gericht lehnte ab. Weitere Versuche der Schwester, die sich nicht nur als materielle Sachwalterin ihres toten Bruders sah, wimmelten die Behörden mit einer etwas kuriosen Begründung ab: Streng genommen sei gar nicht klar, ob Hitler überhaupt tot sei; solange es keine amtliche Bestätigung seines Ablebens, aber viele Gerüchte über sein Überleben gab, konnte er also formell gar nicht beerbt werden.

Hitler starb noch einmal am 25. Oktober 1956 – diesmal offiziell für die Akten. Nun konnte seine Schwester Paula wieder zu prozessieren anfangen. Auch die Verwandtschaft Eva Brauns kommt nun auf die Idee, ihren Teil aus dem Vermögen einzufordern. Und wieder verfielen die Juristen auf eine seltsame Konstruktion, denn nun ging es um die Frage, wer zuerst starb? Hitler oder Eva Braun? Starb sie vor ihm, war sie selbst keine Erbin, die Brauns damit raus aus dem Spiel. So wurde auch entschieden: Hitlers Kurzzeitgattin habe zwei Minuten vor ihm das Zeitliche gesegnet, also hatten die Brauns keine Ansprüche anzumelden. Paula Hitler, die sich über die Ambitionen der eingeheirateten Verwandtschaft sichtlich geärgert hatte, konnte doppelt zufrieden sein: denn ihr sprach das Gericht plötzlich einen Großteil des Vermögens zu. Außer der Genugtuung hatte sie davon jedoch nichts mehr – sie starb ohne Nachfahren, bevor sie das Erbe antreten konnte. Im Jahr 1960, 15 Jahre nach seinem Tod, schien der Erbfall Hitler endgültig erledigt.

Nicht ganz. Denn da waren ja noch seine Stiefschwester Angela und deren Kinder. Die Mutter schien keinerlei Interesse an Adolfs Erbe zu haben, auch sie starb bereits 1949 (ihr Mann war schon seit 1910 tot), doch die Nachkommen sahen dies offenbar anders. Sie konzentrierten sich auf die Rechte an dem Bestseller des berühmten Verwandten, schließlich hatte seine Schreiberei diesen selbst schon zum Millionär gemacht. Mit reißendem Absatz im Inland war nicht mehr zu rechen, da das Machwerk verboten war – aber es stellt sich wiederum die Frage, ob man von den Tantiemen eines Buches profitieren möchte, dessen Inhalte und Verfasser denkbar unsympathisch sind. Eine Frage übrigens, die sich der aktuelle Inhaber der Rechte, der Freistaat Bayern (da Hitler dort seinen Hauptwohnsitz behalten hatte) zwangsläufig stellen muss, denn aus dem Ausland, wo das Buch vielerorts frei käuflich ist, fließen trotzdem Einnahmen. Diese werden für wohltätige Zwecke gespendet, was eine schöne Variante ist, Hitler quasi postum eins auszuwischen. Was immer die Motive der Neffen und Nichten waren – eine Klage wurde letztlich nie eingereicht. Der Grund waren jedoch nicht moralische Skrupel, sondern innerfamiliärer Ärger über die Aufteilung der jeweiligen Ansprüche. Ab dem Jahr 2015 wird es für niemanden mehr etwas zu erben geben aus dem Nachlass des Mannes, der das Leben von gut 60 Millionen seiner Zeitgenossen zerstört hat – die Urheberrechte an *Mein Kampf* und damit die Tantiemen laufen 70 Jahre nach Hitlers Tod aus. Dann kann jeder das Buch nachdrucken. Auch die verbliebenen Verwandten.

Mann, Mann, Mann – Verfall einer Familie?

Familie Mann

Wer etwas über die Frühgeschichte der Familie Mann erfahren möchte, der muss nur den nobelpreisgekrönten Roman ihres berühmtesten Sprosses sorgfältig lesen, denn die Buddenbrooks *(1901) seien nur eine verklausulierte Beschreibung der vermögenden Lübecker Kaufmannsfamilie. So weit der allgemeine Konsens, der einiges für sich, aber auch allerhand gegen sich hat. Thomas Mann war stets dafür bekannt, teils auch berüchtigt, den Stoff für seine Werke aus der eigenen Familie zu ziehen – sein Bruder Heinrich ging oft ähnlich vor – doch dass er dies 1:1 getan hätte, wird niemand ernsthaft behaupten, denn dabei wären Reportagen, keine Romane herausgekommen. Natürlich existieren frappierende Parallelen der* Buddenbrooks *zu den Manns der Lübecker Zeit, doch von autobiografischer Geschichtsschreibung ist das Buch meilenweit entfernt. Es ist auch zweifelhaft, ob Thomas Mann die Familienhistorie quasi beeinflussen wollte; wer würde schon gern vor der Weltöffentlichkeit den »Verfall« der eigenen Familie auf Hunderten von Seiten breittreten? Zumindest dürfte aber heute die Ansicht weit verbreitet sein, dass die Manns aus Lübeck eine Dynastie im Niedergang waren, die Bankrott ging, weil die Nachfahren sich im kühlen Kaufmannsgeschäft als unfähig erwiesen.*

Auch Thomas Manns ältester Sohn Klaus trug zu dieser Legende bei; in seiner Autobiografie *Der Wendepunkt* schreibt er: »Offenbar stand auch mit der Getreidefirma nicht alles zum besten. Senator Mann war wohl nicht mehr ganz so tüchtig und energisch, wie seine Vorfahren zu sein pflegten. [...] Als er starb, ganz plötzlich, stellte sich heraus, daß das Vermögen der Familie beinah völlig dahingeschmolzen war. Die alte Firma wurde aufgelöst«. Wir werden noch sehen, inwiefern dies nur das gängige Schema vom Fast-Bankrott wiederholt. Wesentlich interessanter und näher an der Wirklichkeit ist Klaus' kurz vorher angeführte Hinweis darauf, wie sehr er von den Familientraditionen abhängig sei: »Was ich für mein persönliches Drama hielt, ist vielleicht nur die Fortsetzung von Tragödien, die sich einst in der stickigen Gemütlichkeit eines norddeutschen Patrizierhauses abgespielt haben – weit weg, irgendwo am Gestade der Ostsee«. Das ist nicht nur eine geografische Distanzierung, er wird sogar noch deutlicher: »Ich habe nichts mit dieser Stadt zu tun, noch verlangt es mich, sie jemals zu besuchen« – gemeint ist natürlich Lübeck. Aus diesen Zeilen spricht ein markanter Widerwille gegen die doch an und für sich so erfolgreiche Zeit der Manns, gegen eine Zeit, mit der Klaus längst nichts mehr zu tun hatte. Er war in München geboren und aufgewachsen, aber das »stickige Patriziertum« hatte ihn wohl trotzdem begleitet, wenn auch nicht mehr in Form eines Geschäftsmannes, sondern eines großbürgerlichen Schriftstellers. Daher auch der Verweis auf fortgesetzte Dramen und Tragödien in der Familie; diese endeten nämlich keineswegs mit dem Ausstieg aus der Handelsbranche.

In diese mussten die Manns allerdings erst mal einsteigen, bevor sie wieder daraus verschwinden konnten. Seit den Zeiten der Hanse war Lübeck vom Handel geprägt, die wohlhabenden Patrizier bildeten den Kern der Stadt und deren Führungsriege, im 19. Jahrhundert eine exquisite Gesellschaft gutsituierter Herren mit konservativem Profil in einem insgesamt doch eher überschaubaren Ort, aber ein Ort eben mit stolzer Tradition. Die Firma Mann wurde 1790 gegründet, entwickelte sich gut und in der zweiten Generation unter der Führung des Gründersohns Johann Siegmund genoss man bereits höchstes Ansehen unter Geschäftspartnern und den Lübeckern; politisch wird der Höhepunkt erreicht, als der dritte Inhaber, Thomas Johann Heinrich (TJH) Mann – der Vater der beiden Schriftsteller (sprich: der vermeintliche Bankrotteur) – 1877 zum Senator ernannt wird. Nun war die Familie Teil des inneren Zirkels im Lübecker Machtgefüge.

Innerhalb der Familie waren Führungsansprüche bei weitem nicht so eindeutig. TJH Mann war zwar der Chef, aber nicht der »natürliche« Nachfolger, denn sein Vater hatte zweimal geheiratet. Seine erste Frau war früh verstorben und so heiratete er ein zweites Mal, nicht aus Neigung, sondern – ganz der kalkulierende Geschäftsmann – aus

Vernunft, was zu dieser Zeit nicht unbedingt außergewöhnlich war. Denn er hatte zwei Söhne und seiner Ansicht nach brauchten die eine Mutter; und wenn die für diesen Posten Erwählte noch etwas zum Kapital der Familie beitrug, um so besser. Folglich suchte er sich die reiche Tochter eines Kollegen, die sich erst etwas zierte, aber dann doch zustimmte. Johann Siegmunds Plan ging nur bedingt auf: Die Einbringung der Mitgift hat sicherlich ebenso wenig geschadet wie der politische Einfluss des neuen Schwiegervaters, aber die Idee mit der Ersatzmutter ging gründlich schief, denn die beiden Kinder lehnten die Frau ab. TJH stand damit zwischen den Stühlen und sein Vater überraschte schließlich alle mit seinem Testament: Obwohl der älteste Sohn bereits rein namenstechnisch zum Nachfolger ›gekrönt‹ worden war – er hieß Johann Siegmund III. – wurde nicht er es, sondern TJH. Wenig verwunderlich, dass dies für Frustration sorgte bei dem Übergangenen. Aber auch der neue Geschäftsinhaber mochte nicht allzu begeistert sein, erstens war er gerade einmal 23 Jahre alt (weshalb ihm der Vater auch einen Prokuristen zur Seite gestellt hatte) und zweitens hatte er damit nicht nur das Geschäft in den Händen, sondern eine ordentlich verärgerte Familie am Hals.

Teil Eins des Problems bekam er anfangs gut in den Griff, die Geschäfte liefen und er wurde sogar den Aufpasser relativ schnell los, womit er wieder alleiniger Herr im Hause Mann war. Leider – aus seiner Sicht – nur im Büro, nicht im heimischen Anwesen. Teil Zwei des Problems schien von Beginn an eher aus dem Ruder zu laufen. Die beiden deutlich älteren Stiefbrüder waren ohnehin vergrätzt, doch auch der jüngere, Friedel, war ein ständiges Sorgenkind, ein Liebhaber des Geldes, von dem er zu wenig und der Frauen, von denen er zu viele hatte. Das Familienoberhaupt intervenierte ständig, doch seine Ermahnungen wurden durch die Mutter hintertrieben, die offenkundig an ihrem Nesthäkchen hing. Immerhin gelang es TJH, seine (leibliche) Schwester Olga gut zu verheiraten, aber schon mit der älteren, Elisabeth, die bereits eine gescheiterte Ehe hinter sich hatte, gab es auch in dieser Hinsicht wieder Kummer, da der zweite Heiratsversuch ähnlich desaströs war. Aus beiden Verbindungen gab es trotzdem jeweils zwei

Kinder (die alle nicht vom Glück verwöhnt wurden). An innerfamiliären Konfliktstoff fehlte es folglich nicht und hinter der glanzvollen Fassade des zum angesehenen Senators aufgestiegenen Kaufmanns rumorte es gewaltig.

Es wurde auch Zeit für TJH, eine eigene Familie zu gründen, ging er doch bald auf die Dreißig zu. Seine Auserkorene war für Lübecker Verhältnisse buchstäblich exotisch, denn sie war in Brasilien geboren und aufgewachsen, als Tochter eines ausgewanderten Kaufmanns und einer Einheimischen. Nach dem Tod seiner Gattin kehrte Johann Bruhns in seine Heimatstadt Lübeck zurück, aus der er aber recht schnell wieder entfloh, allerdings ohne seinen Nachwuchs wieder in den sonnigen Süden mitzunehmen. Tochter Julia wurde in einem Pensionat erzogen und traf irgendwann auf ihren zukünftigen Ehemann, der elf Jahre älter war – anders ausgedrückt: bei der Heirat war sie gerade einmal zarte 18 Jahre alt. Die große Liebe ihres Lebens war es – auch dies bereits ein bekannter Zug in der Familienhistorie – auf beiden Seiten nicht, vor allem Julia liebte ihre Freiheiten, was dem nüchternen TJH noch große Sorgen bereiten sollte. Die Hochzeit folgte 1869, der erste Sohn Heinrich (Schriftsteller Nummer Eins) kam kaum zwei Jahre später zur Welt, 1871. Auch dies nicht unbedingt zur Freude der noch sehr jungen Mutter – immerhin war das erste Kind gleich ein Junge, womit die Familienpflicht erfüllt und der Stammhalter vorhanden war. Es folgten Thomas (Schriftsteller Nummer Zwei, 1875), Julia (1877), Carla (1881) und der Nachzügler Viktor (1890). Der Bestand war ergo in jedem Fall gesichert, da auch keines der Kinder frühzeitig verstarb, womit zu dieser Zeit durchaus immer wieder zu rechnen war.

Doch das bekannte Schema setzte sich fort: Geschäftlich und gesellschaftlich konnte TJH zufrieden sein, mit den Familienangelegenheiten dagegen ganz und gar nicht. Auch die nächste Generation bereitete mehr Sorgen als Freude – und das seine junge, sehr hübsche Gattin gerne und viel Umgang mit jungen Offizieren und Musikern pflegte, kratzte denn auch bald zusätzlich an seinem Nervenkostüm und der gutbürgerlichen Fassade. Lübeck war einfach zu überschaubar, um nicht bald diese oder jene bösen Gerüchte aufkommen zu lassen; statt also wenigstens in der eigenen Kleinfamilie Ruhe zu haben, – da schon die Brüder, Schwestern und die Mutter ihre eigenen Spielchen trieben – sammelte sich auch dort allerhand an; kein Wunder, dass TJH, womöglich abgelenkt durch den häuslichen Stress, auch im Geschäft ab und zu daneben griff (etwa bei Spekulationen) – bedrohlich war dies allerdings noch nicht. Trotzdem stand die Firma der Manns auf dem Spiel. Zu allem Überfluss zeigten nämlich beide Söhne nicht die geringste Neigung – und Eignung – zu einem Kaufmannsleben. Heinrich, der erstgeborene Nachfolger, erfreute sich, wie schon erwähnt, ohnehin keiner großen Sympathien seiner Eltern und wie um dies zu bestätigen oder weil er dies spürte, fing er schon früh als Schüler ein recht unstetes Boheme-Leben an, dass ihn vermehrt zu Damen der Halbwelt anstatt in den Unterricht führte. Sein Interesse galt, neben den jungen (oder auch nicht mehr so ganz jungen) Damen, der Literatur, der er sich mit ersten Schreibversuchen widmete. Doch auch dem Ersatznachfolger Thomas, auf den sein Vater weitaus größere Stücke hielt, lag das Schöngeistige mehr als die Bilanzrechnungen. Beide Brüder, so unterschiedlich sie auch sonst waren, rissen in der Schule keine Bäume aus und gingen ohne Abitur von den Lehrstätten ab. Keine guten Voraussetzungen für den zukünftigen Chef einer Handelsfirma.

Der selbsterklärte Bankrott

Beim Vater TJH dürfte so mit der Zeit derjenige Gedanke gereift sein, der später alle bei der Testamenteröffnung überraschte. Vielleicht waren die Feiern zum 100-jährigen Jubiläum 1890 der Anlass, die Zukunft des Geschäfts zu überdenken und zu dem Schluss zu kommen, dass es keine Zukunft haben werde oder sollte. Hinzu kam, dass TJH ernsthaft krank geworden war und sich, obwohl erst knapp über 50 Jahre alt, zunehmend mit dem eigenen Ableben auseinandersetzte. Zu diesem Zeitpunkt machte er bereits einen reichlich resignierten Eindruck – von den Familienproblemen war keines wirklich zufriedenstellend gelöst, die Firma bereitete er auf die Abwicklung vor – und daran änderte offenkundig auch die Geburt des Nachzüglers Viktor nichts mehr. Am 13. Oktober 1891 starb Thomas Johann Heinrich Mann, der Senator;

die genaue Todesursache ist unbekannt, er war aber ohnehin bereits unheilbar an Krebs erkrankt.

Mit seinem Tod hatte er längst gerechnet und also die nötige Vorsorge getroffen, mehr als das: In diversen Ausfertigungen setzte er extrem akkurate Verfügungen für den Fall seines Ablebens auf, ganz der pedantische Kaufmann. Fast schon ans Groteske grenzen seine ausgefeilten Festlegungen für Gestaltung und Ablauf seiner eigenen Beerdigung. Nichts überlässt er dem Zufall (oder dem Willen seiner Nachkommen): Material des kleinen Kreuzes, das er als Toter in den Händen halten möchte, Stoff des Totenhemdes (Seide), Ort der Aufbahrung im Haus und den Text der Todesanzeige. Es wird nur zu deutlich, wie sehr sich TJH mit dem Tod beschäftigt hat. Und wie wenig Vertrauen er in seine Familie zu haben schien. Wer daran zweifelte, den ließ er nicht lange im Zweifel. Der Text des Testaments, der Geschäft und Familie betraf, war nur zu eindeutig.

Die Firma Mann wurde im 101. Jahr ihres Bestehens komplett liquidiert. Doch nicht, wie es die durch die *Buddenbrooks* inspirierte Legende möchte, weil sie vor dem Konkurs stand, sondern weil TJH nicht glaubte, dass irgendwer in der Familie sie erfolgreich weiterführen konnte; er rettete also, was zu retten war. Denn es war noch ein recht stattliches Vermögen vorhanden, von dem seine Frau und die Kinder nun sorglos leben konnten. Ob von diesen Profiteuren jemand der Firma nachgeweint hat, ist demnach mehr als fraglich, so überrascht sie vielleicht gewesen sein mögen. Große Freude mag trotzdem bei der Anhörung des Testaments nicht aufgekommen sein, denn es folgte eine Auflistung über die Zukunft der Kinder – wie er sie sah:

»Den Vormündern mache ich die Einwirkung auf eine *praktische* Erziehung meiner Kinder zur Pflicht. Soweit sie es können, ist den Neigungen meines ältesten Sohnes zu einer literarischen Tätigkeit entgegenzutreten. Zu gründlicher, erfolgreicher Tätigkeit in dieser Richtung fehlen ihm m. E. die Vorbedingnisse; genügendes Studium und umfassende Kenntnisse. Der Hintergrund seiner Neigungen ist träumerisches Sichgehenlassen und Rücksichtslosigkeit gegen andere, vielleicht aus Mangel an Nach*denken*.

Mein zweiter Sohn ist ruhigen Vorstellungen zugänglich, er hat gutes Gemüt und wird sich in einen praktischen Beruf hineinfinden. Von ihm darf ich erwarten, dass er seiner Mutter eine Stütze sein wird.

Julia, meine älteste Tochter wird strenge zu beobachten sein. Ihr lebhaftes Naturell ist unter Druck zu halten.

Carla ist m. E. weniger schwierig zu nehmen und wird neben Thomas ein ruhiges Element bilden«.

Es folgt ein kurzer Absatz über den erst einjährigen Viktor, bevor TJH sich noch einmal an seine Gattin wendet:

»Allen Kindern gegenüber möge meine Frau sich fest zeigen und alle immer in Abhängigkeit halten. Wenn sie je wankend würde, so lese sie König Lear.«

Shakespeares Figur König Lear, dessen Töchter ihm gegenüber grobe Undankbarkeit zeigen, die ihn in den Wahnsinn treibt, soll also Julia Manns Warnung sein. Ein in vielerlei Hinsicht erstaunlich bitteres Testament, auch wenn TJH Mann es nicht dazu benutzte, direkte Strafen auszusprechen, zum Beispiel indem er sein Vermögen anderweitig verteilte (dadurch, dass er dies nicht tut, finanzierte er beispielsweise genau das unstete Leben, welches er seinen Söhnen verbieten wollte). Das schriftliche Vermächtnis wurde des Öfteren als »Fluch« für die Nachkommen bezeichnet, nicht im materiellen Sinn, dies war es ganz und gar nicht, sondern wegen seiner engstirnigen und strikten Sicht auf die Kinder (und die Witwe). Schließlich war dies nicht irgendein ermahnender Brief, sondern das Testament – der letzte Wille des Vaters, gegen den zu verstoßen eine größere Anstrengung und auch eine Distanzierung vom Vater erforderte. Umso schlimmer, da alle seine Voraussagen komplett daneben lagen, insbesondere was die beiden älteren Söhne anging. Es war möglicherweise ein Glück, dass TJH Mann auch seine Frau falsch einschätzte – die war weit weniger geneigt, ihren Kindern Steine in den Weg zu legen. Dafür schwelten in ihr selbst zu viel Freiheitslust und Nähe zu einem leichteren Leben, was den Kindern in der Verfolgung ihrer eigenen Ziele zugutekam. Dies fing schon damit an, dass Julia Mann aus Lübeck fort ins weitaus mondänere München zog – und damit auch den kleinkarierten Gerüchten der Küstenbewohner entfloh.

Die Last des Testaments

Die weitere Geschichte der Familie Mann ist aufgrund der späteren Berühmtheit des zukünftigen Literaturnobelpreisträgers Thomas Mann (1929) gut durchleuchtet, trotzdem bleiben die Schicksale vermeintlicher Randfiguren etwas im Dunkeln. Die beiden älteren Söhne, Heinrich und Thomas, verstoßen bekanntermaßen beide explizit gegen des Vaters Willen: Sie werden berühmte Literaten, mal einträchtig, mal in bitterböser offener Feindschaft. Im Politischen und vom Wesen her sind beide sehr unterschiedlich, schlussendlich aber werden sie sich vertragen (müssen); da Heinrich nie recht an die Erfolge seines jüngeren Bruders anknüpfen kann, verbleibt er bis zuletzt in dessen Abhängigkeit. Er führte zwei nicht sonderlich glückliche Ehen mit Schauspielerinnen. Heinrichs erste Frau, Mimi Kanova, starb – längst von ihm geschieden – an den Folgen ihrer KZ-Haft, seine zweite, Nelly Kröger, schwer alkoholkrank, brachte sich 1944 um. Er bereitete gerade seine Rückkehr nach Europa vor – in die DDR –, als er 1950 das Zeitliche segnete, knapp 80 Jahre alt. Heinrichs jüngster Sohn, Viktor, führte das wohl unspektakulärste Leben der Mann-Geschwister, aber auf ihm lag schließlich auch kein Testamentsfluch: Er ging in die Landwirtschaft und starb 1949, also vor seinen beiden Brüdern, ohne Kinder. Ganz anders verlief das Leben der beiden Schwestern Julia und Carla. Von Julia hatte der Vater, wie zu lesen war, ohnehin wenig erwartet und das strenge Testamentsurteil mag für die damals gerade 14-Jährige eine Bürde gewesen sein, die sie nur schwer trug. Vordergründig etablierte sie einen Lebenswandel von korrektester Langeweile, heiratete mit 23 Jahren einen Bankdirektor und gebar drei Töchter – wieder einmal schien der Senator mit seiner Prognose völlig danebengelegen zu haben. Doch als ihr Mann 1922 verstorben war, drohte ihr (es war die Zeit der Wirtschaftskrise) ein schneller finanzieller und damit einhergehender sozialer Abstieg; dies vor Augen, flüchtete sie sich erst in eine Morphiumsucht – was die Situation garantiert nicht verbesserte – und 1927 in den Selbstmord. Definitiv daneben lag TJH mit seiner Einschätzung von Carla, wenig verwunderlich, war sie doch bei seinem Tod gerade einmal zehn Jahre alt. »Ein ruhiges Element« war sie jedenfalls nie, von allen Mann-Kindern führte sie das unsteteste Leben – eines, das ihr Vater gewiss nicht gutgeheißen hätte. Sie wurde Schauspielerin, doch reüssierte sie nie wirklich, sondern tingelte über Provinzbühnen; die Engagements wurden schnell rarer und ihr Privatleben war äußerst turbulent und blieb eher unglücklich, trotz oder gerade wegen ihrer zahlreichen Liebhaber. Das bisschen Geld blieb bald auf der Strecke. Auf dem Hof ihrer Mutter vergiftete sie sich 1910 im Alter von 28 Jahren. Von den fünf Nachfahren des großen Senators starben also nur die männlichen eines natürlichen Todes.

Klaus Manns Bemerkung über das dahin geschmolzene Vermögen seines Großvaters war also nicht ganz korrekt, doch die von ihm erwähnte »Fortsetzung von Tragödien« in der Familie nur um so mehr. Natürlich spielte er auf die Selbstmorde seiner beiden Tanten an und auch ein Onkel, Erik, Bruder seiner Mutter Katia, war auf mysteriöse Weise in Südamerika verstorben (die Gerüchte über dieses schwarze Schaf gehen von Ermordung über Unfall bis Selbstmord). Klaus' Vater, Thomas, war trotz des gründlichen Irrtums des Senators, was den Beruf seines Sohnes anging, derjenige der fünf Kinder, auf den die testamentarische Beschreibung noch am ehesten zutraf, eher nüchtern-ruhig, zwar eine Künstlernatur, aber kein Bordellbesucher und Liebhaber von Schauspielerinnen wie der ältere Heinrich. Er war stets darum bemüht, eine gutbürgerliche Fassade zu wahren, war verheiratet mit der Tochter eines Professors und, als einziger der Nachkommen, nie wirklich in finanziellen Nöten. Seinen Anteil am Erbe behütete er gut, und nach der Verleihung des Nobelpreises hatte er endgültig ausgesorgt. Also doch der mustergültige Sohn, der neben Solidität (die konnte schließlich auch Viktor aufweisen) dem Namen Mann Ansehen einbrachte. Und in noch einem Punkt war er dem Vater ähnlich: der Zahl der Kinder, insgesamt waren es zwar deren sechs, aber das letzte, der Nach-Nachzügler Michael (1919) war nicht geplant, wie Thomas seinen Tagebüchern anvertraute. Aus einer Mischung von Planung und Zufall hatte es sich ergeben, dass die Kinder jeweils in einjährigem Abstand als Pärchen zur Welt kamen: Erika (1905) und Klaus (1906), Golo (1909) und Monika (1910) und eben Elisabeth

(1918) und Michael (1919). Die Geschichte der Familie Mann hat nach der Jahrtausendwende ein erstaunliches Interesse hervorgerufen, welches sich zum Beispiel in Bestsellern des Ehepaars Inge und Walter Jens über Thomas Manns Gattin Katia, in Heinrich Breloers Fernsehmehrteiler *Die Manns* mit anschließender neuer Kinoverfilmung der *Buddenbrooks* und zahlreichen weiteren Veröffentlichungen zum Thema manifestierte. Dass dabei Thomas Mann der Dreh- und Angelpunkt der Deutungen ist, verwundert kaum und hat natürlich seine Berechtigung, wiederholt allerdings das Schema, die Dinge von ihm her zu deuten sowie einige der als unbedeutender eingeschätzten Familienmitglieder zu vernachlässigen. Denn auch Thomas Mann verkörperte, so eine beliebte Kontroverse unter Literaturliebhabern und Wissenschaftlern, einen Fluch für seine Kinder, nur nicht testamentarisch niedergelegt, sondern für alle sichtbar: Ruhm durch intellektuelle Brillanz, weltweiter Erfolg durch seine Werke, das Image eines deutschen Geistesrepräsentanten. Den bedrückenden Einfluss zu untersuchen, den dies auf die Kinder haben musste, die sich ständig mit einer internationalen Berühmtheit zu messen hatten, gehört seit Jahrzehnten zu den beliebtesten Sujets der Thomas-Mann-Forschung. Klaus Mann, das berühmteste Beispiel – da er selbst Schriftsteller geworden war – wusste wohl nur zu genau, warum er von seinem »persönlichen Drama« im Zusammenhang mit den ›Familientragödien‹ sprach; er brachte sich durch eine Überdosis Schlaftabletten 1949 um. Michael Mann, das jüngste Kind, folgte ihm 1977, wohl ebenfalls durch Selbstmord, nachdem er als Professor für Literatur begonnen hatte, die Tagebücher seines Vaters zu veröffentlichen. Hierfür musste er sie natürlich ausführlich studieren – nur um schließlich zu lesen, dass er zur Abtreibung vorgesehen war. Eine Erkenntnis, die den ohnehin labilen Michael vermutlich endgültig aus der Bahn warf. Die anderen Kinder – Erika, Elisabeth, Monika und der hierzulande vor allem durch seine monumentale *Wallenstein*-Biografie bekannte Golo – konnten sich aus dem Bann des Vaters mehr oder weniger gut befreien; aus dem Bann des Vaters, der einst in sein Tagebuch geschrieben hatte: »Jemand wie ich sollte selbstverständlich keine Kinder in die Welt setzen.«

Die Kunst des Erbens

oder

Genie trifft Geld

Medienkampagne gegen den Vetter

Heinrich Heine

Als Heinrich Heine am 17. Februar 1856 in Paris starb, war sein größ-
ter Fan gerade 19 Jahre alt und lebte in einer entfernten europäischen
Hauptstadt, ganz anders als der bescheiden untergebrachte Dichter, in
einem riesigen Schloss. Zu einem persönlichen Treffen zwischen dem
seit Jahren todkranken Heine und seiner Verehrerin, der jungen Kai-
serin Elisabeth von Österreich, war es nie gekommen, doch hielt sie
ihm bis zu ihrer Ermordung durch den Attentäter Luigi Lucheni 1898
stets die Treue. Dies äußerte sich im Sammeln von Heine-Reliquien, der
Unterstützung von Heine-Gedenkstätten und dem Verfassen von eige-
nen Gedichten in dessen Liedertradition. Bezeichnend für ihre Heine-
Verehrung ist auch die folgende Episode: Nachdem Elisabeth und ihr
Mann endlich nicht mehr auf den Geldbeutel achten mussten (siehe das
Kapitel über Ferdinand den Gütigen), errichtete die Kaiserin hier und
da aufwendige Rückzugsorte für sich selbst, unter anderem einen auf
der griechischen Insel Korfu. Dieses Refugium erhielt auch eine Statue
des verehrten Heine. Ihr Nachfolger als Besitzer war ein nicht minder
bekannter Monarch, doch Wilhelm II. konnte mit dem Hohenzollern-
hasser Heine, dem Juden und vermeintlichen Antipatrioten nun wirk-
lich gar nichts anfangen. Die Statue wurde sofort entfernt – mit großer
Genugtuung der deutschnationalen Kreise. Heute steht sie dort, wo sich
auch Heine wohler fühlte: in Frankreich.

Die Ansichten gekrönter Häupter waren offenkundig sehr verschieden
in Bezug auf den Dichter Heine – wobei natürlich die Exzentrikerin
Elisabeth im Gegensatz zu ihrem deutschen Thronkollegen die Min-
derheitsmeinung vertrat, Wilhelm stand mit seiner Heine-Verachtung
rein populistisch auf der sicheren Seite. Für jeden angeblich patriotisch
fühlenden Deutschen war Heine ein rotes Tuch, ein Gefühl, das er selbst
zur Genüge kannte und das ihn schmerzte. Er war intelligent genug,
zwischen Patriotismus und Nationalismus zu unterscheiden, seine Geg-

Heinrich Heine im Jahr 1829: Zu dieser Zeit träumte er noch von einer Staatsanstellung. Zwei Jahre später verließ er Deutschland für immer.

ner nicht. Diese hatten und haben immer noch einen langen Atem, wie die Auseinandersetzungen um die Benennung der Düsseldorfer Universität zeigen. 1982 wurde Heinrich-Heine-Universität als Name knapp abgelehnt, erst seit 1988 heißt sie nun offiziell nach dem größten Sohn der Stadt. Die Universität hatte sich schon 100 Jahre zuvor schwergetan, ihn als solchen anzuerkennen – und wieder hatte Elisabeth ihre Hände im Spiel, denn sie war eine eifrige Förderin des Denkmalprojekts (in Form eines Brunnens), das wiederum insbesondere an den Hohenzollern scheiterte. Der Brunnen steht heute in der New Yorker Bronx.

Ende 1797 also ist Heine in der Residenzstadt Düsseldorf zur Welt gekommen – als Harry Heine, Sohn eines Textilkaufmanns und einer resoluten Mutter, Betty, die viel Energie in Erziehung und Ausbildung ihrer Kinder investieren sollte im Gegensatz zum eher gemütlicheren Vater Samson. Heine, Angehöriger der jüdischen Minderheit, die in Düsseldorf ein verhältnismäßig freies Dasein führen konnte, hatte eine Schwester, Charlotte, und zwei Brüder, Maximilian und Gustav, die später militärische Karrieren machen sollten, nicht im Deutschen Reich, sondern in Österreich und Russland. Sie standen für die Solidität, die sich die Mutter gewünscht hatte, einen Dichtersohn wollte sie ganz sicher nicht, mochte der auch seine Geschwister später an Berühmtheit weit hinter sich lassen. Die Förderung durch die Mutter erlebte Heinrich (der Einfachheit halber bleiben wir bei diesem Namen, auch wenn er ihn erst nach seiner protestantischen Taufe verwendete) ambivalent: Einerseits war sie der Aufklärung verpflichtet, das heißt durchaus fortschrittlich, andererseits streng und zielstrebig. Insgesamt aber hat Heine von dieser Ausbildung profitiert – dank der französischen Besatzung in der napoleonischen Ära konnte er als Jude eine öffentliche Schule besuchen – und bei aller Sorge hat ihm die Mutter nie ernsthaft Steine in den Weg gelegt.

Die elterliche Idee war es, auch dem ältesten Sohn eine solide Ausbildung zukommen zu lassen – Kaufmann sollte er werden, auch wenn sich beim Vater keine rechten Erfolge in diesem Beruf einstellen wollten. Dafür gab es in der Familie jemanden, dem diese geradezu zuflogen – durch harte Arbeit und Geschick natürlich: Heinrichs Onkel Salomon Heine (der Bruder seines Vaters). Dieser hatte in Hamburg Karriere als Bankier und Großkaufmann gemacht, war bereits sagenhaft reich und in der Hansestadt eine der bekanntesten und auch beliebtesten Persönlichkeiten, hatte er doch einen Hang zur Großzügigkeit. Heinrich wird hiervon nicht nur einmal profitieren. Seine kurze Banklehre beim Onkel und das Experiment mit einem eigenen Geschäft (wohl eher eine Idee seines Vaters, der endgültig auf die Pleite zusteuerte) bleiben eine kurze Episode im Leben des Dichters, der in Hamburg auch das erste Mal mit kleineren, unbedeutenden Lyrikveröffentlichungen hervortritt.

»Harry Heine & Comp.« war ein Reinfall, doch der gescheiterte Geschäftsinhaber mag darüber nicht sehr unglücklich gewesen sein. So seltsam dies in Anbetracht der späteren Auseinandersetzungen mit den deutschen Staaten erscheinen mag, strebte Heine nun nach einer Position, die auch heute noch als die vielleicht nicht gerade glamouröseste, aber doch eben als solideste galt, eine Karriere als Beamter. Dass dies nicht nur eine vordergründige Beruhigung der Eltern und des Onkels war, zeigen die Versuche, einen Staatsposten zu einer Zeit zu ergattern, da er aufgrund seiner schriftstellerischen Polemiken gegen die aktuelle Politik nicht mehr wirklich mit einem solchen rechnen konnte. Vorher benötigte er dafür ohnehin erst einmal ein ordentliches Studium, also Jura – hier zeichnete sich schon Heines Schwanken zwischen Pragmatismus und Neigung ab. Zwar quälte er sich tatsächlich bis zu einem Abschluss, promovierte sogar, doch dauerte dies lange Jahre. Der Studiosus Heine besuchte an den Universitäten Bonn, Göttingen und Berlin (alle drei Elite ihrer Zeit) lieber geisteswissenschaftliche Vorlesungen aller Art (Geschichte, Philologie, Philosophie) bei zeitgenössischen Größen wie Ernst Moritz Arndt, August Wilhelm Schlegel und dem Großmeister der Philosophie Georg Wilhelm Friedrich Hegel. Ein wirklicher Bummelstudent war er trotzdem nicht, nur fehlte eben die Konzentration auf das Wesentliche – sehr zum Glück für die Nachwelt. Möglich wurde das Studium wiederum nur durch die private Unterstützung des Onkels. Die Promotion 1825 hatte noch eine weitere Konsequenz: Heinrich trat zum Protestantismus über – kurioserweise (es ist noch seine Göttinger Zeit) in der katholischen Enklave Heiligenstadt, was dazu diente, diesen ungeliebten Akt noch unauffälliger zu machen. Er empfindet diesen für eine Karriere unerlässlichen Schritt als persönliche Demütigung, religiös ist er ohnehin nicht, nun plagen ihn Selbstzweifel; ein Prophet musste er nicht sein, um den Vorwurf der Heuchelei vorherzusehen, der später auftauchen sollte. Persönlich spielte die Konversion in seinem Leben keine Rolle, auch beruflich brachte sie nichts. Zwar endete Heine sozusagen am Schreibtisch, aber an dem des Literaten, nicht des Beamten. Erste Gedichtbände und seine wunderbar spitzen *Reisebilder* (1824) machten ihn bekannt – eine Festanstellung wird er nie innehaben, also auch nie unabhängig von der Verwandtschaft werden. Das wird noch böses Blut geben, aber vorerst lediglich beim Staat. Der Gegner heißt Zensur.

Die staatlichen Institutionen des frühen 19. Jahrhunderts waren erzreaktionär, insbesondere natürlich gegenüber den Intellektuellen. Heine war im relativ freien Düsseldorf groß geworden, das nur deshalb so frei war, weil dort die Franzosen herrschten – einer der Gründe, warum Frankreich immer sein Ideal blieb. Dummerweise war es genau das stets zur Revolution aufgelegte Nachbarland, vor dem sich die deutschen Fürsten (unter Federführung des österreichischen Staatskanzlers Metternich) am meisten fürchteten. Heine war schon in seiner Studentenzeit politisch unangenehm aufgefallen und wäre es nach der Zensur gegangen, die besonders seit den Karlsbader Beschlüssen 1819 eifrig ihr Tun entfaltete, würden wir wohl wenig Literarisches von ihm kennen, außer ein paar harmloseren Liedern (bezeichnenderweise konnten sich nicht einmal die Nazis dazu aufraffen, zum Beispiel das berühmte *Loreley*-Gedicht aus den Schulbüchern zu streichen – den Namen des Verfassers dagegen schon, plötzlich war es ein »Volkslied von unbekannter Hand« geworden). Die Biedermeierbehörden liebten es auch, ihre Gegner zu bespitzeln; zwar war man noch weit entfernt vom totalitären Überwachungsstaat, aber was man an Repressionsmitteln nutzen konnte, nutzte man auch. Nachdem ein letzter Versuch Heines, sich mit dem Staat in Form einer Anstellung zu arrangieren – es ging um eine Professur im aufstrebenden München Ludwigs I. – erfolglos geblieben war (1828), dürfte sich die Sehnsucht nach dem Nachbarland endgültig im Jahr 1830 durchgesetzt haben. Die Franzosen hatten mal wieder eine Revolution angezettelt und den letzten Bourbonen gestürzt – es begann die Regentschaft des Bürgerkönigs Louis-Philippe; in den deutschen Ländern musste dies erst recht zu noch größeren Ängsten unter den absoluten Monarchen führen. 1831 ging Heinrich Heine nach Paris.

Ein Dichterleben in Frankreich

Aus dieser freiwilligen Emigration sollte später eine erzwungene werden – nicht, weil Heine plötzlich keine Lust mehr auf Frankreich hatte, sondern weil die Deutschen ihn später sogar per Haftbefehl suchten, er also bei einer Einreise ernsthaft mit Gefängnis bedroht war. Darum wird er die nächsten 25 Jahre bis zu seinem Tod in der Hauptstadt der Welt bleiben, zu der sich Paris im 19. Jahrhundert entwickelte. Über die Grenze kam er nur noch zweimal zu Verwandtschaftsbesuchen. Ansonsten lebte er wie »Heine in Paris«, wie er selbst formulierte: Er lebte sich gut ein, fand Freunde unter den Größen der Stadt, genoss Abwechslungen aller Art, wovon die Metropole naturgemäß nicht wenig zu bietet hatte, und schrieb weiterhin auf Deutsch, nun mit der Möglichkeit, als Korrespondent für Zeitungen zusätzliche Einnahmen zu kassieren. Nicht anders als in unseren Tagen war das Leben in Paris nämlich nicht gerade billig; auch wenn man zeitlebens so bescheiden lebte wie die Heines. Dies galt allerdings nur für seine ständig wechselnden Wohnungen, ansonsten rissen Vergnügungen wie Theater, Ausflüge, Gastrunden und der ein oder andere Bordellbesuch tiefe Löcher in die Kasse. Die Verdienste aus seinen Büchern reichten trotz des eifrigen Verlegers Joachim Heinrich Campe bei Weitem nicht.

Das Pariser Boheme-Leben finanzierte folglich der Onkel aus Hamburg. 1838 hatte man sich dahingehend verständigt, dass Salomon ihm eine jährliche Rente zahlte, die zur Hälfte auch nach seinem (Heinrichs) Tod an seine Frau abgeführt werden sollte, eine Abmachung, auf die sich der Dichter verließ und die ihm und seiner Frau eine gewisse Sicherheit gab, unabhängig von den Launen seines Onkels, zu dem er ein sehr ambivalentes Verhältnis hatte. Dessen Generosität war in Hamburg zwar sprichwörtlich – er stiftete unter anderem ein Krankenhaus –, gegenüber seinem Neffen jedoch gab er sich gelegentlich knauserig, vielleicht weil er dessen ›Arbeit‹ nicht als echte Arbeit ansah, auch wenn er seine Bücher durchaus las.

Heines Frau tat dies nie. Angeblich hat Mathilde Heine (die nicht Mathilde, sondern Augustine Crescense hieß, was Heine nicht gefiel, weshalb er sie kurzerhand umtaufte) keine einzige Zeile ihres Mannes je gelesen. Der Grund dafür ist banal: Sie konnte kein Deutsch. Die Eheschließung war denn auch mal wieder ein ›typischer Heine‹: Da er durch einen polemischen Angriff ein Duell herausgefordert hatte (beziehungsweise dieses »zur Klärung« selbst angeboten), beschloss er, zu ihrer Absicherung Mathilde vorher schnell noch zu heiraten, und zwar nicht nur standesamtlich, sondern auch kirchlich, Mathilde und ihrer Familie zuliebe sogar in der katholischen Kirche St. Sulpice. Bei dem Duell wurde er prompt tatsächlich verletzt, doch nur durch einen Streifschuss an der Hüfte, ihm blieben noch 15 Jahre als Ehegatte. Und diese Ehe verlief nicht immer harmonisch – wozu beide Seiten kräftig beitrugen (Heine beispielsweise war recht eifersüchtig), stand aber auf fester Basis, was sich insbesondere zeigte, als Heine mehr und mehr zum Pflegefall wurde. Für die lebenslustige Mathilde war dies keine einfache Zeit, doch pflegte sie ihn über lange Jahre hinweg bis zum Ende in der berühmt gewordenen »Matratzengruft«. Kein Wunder also, dass Heine stets darauf bedacht war, dass ihr diese Treue auch nach seinem Tod belohnt würde und sie keine Angst um ihre Zukunft haben müsse.

Unabhängig davon hatten es Familie und Freunde mit Heine allerdings nicht immer leicht. Liest man seine Bücher, aber auch Briefe und so manche Anekdote über ihn, gewinnt man den Eindruck, dass er es sich gelegentlich einfach nicht verkneifen konnte, seinen brillanten Spott um des geistreichen Witzes willen zurückzuhalten. Das konnte tief verletzend sein. Mancher sah ihm dies nach, mancher nicht – und es sei nicht vergessen, dass Heine, wie allein das eben geschilderte Absichern seiner Frau zeigte, menschliche Treue sehr wohl zu schätzen wusste. Der zahlende Onkel Salomon hatte auch schon die ein oder andere süffisante Bemerkung zu ertragen gehabt – und er hatte hierfür ein gutes Gedächtnis; so spielte er in Briefen des Öfteren auf Heines ärgerliche Spitze an, Salomon dürfe sich noch einmal glücklich schätzen, den Nachnamen mit dem berühmten Dichter zu teilen. Trotzdem ließen sich die innerfamiliären Wogen noch jedes Mal einigermaßen glätten, auch dank des Onkels Sohn, Carl, mit dem Heinrich recht gut konnte. Beide Hamburger, Vater und Sohn, waren Heinrich auch sehr dankbar dafür, dass er den jungen Carl, als dieser während einer in Paris grassierenden Choleraepidemie schwer erkrankt war, unter Gefahr der eigenen Ansteckung aufopferungsvoll gepflegt hatte. Und auch an dessen Ehestiftung, ebenfalls mit einer Französin, war Heinrich beteiligt.

Alles andere als Vetternwirtschaft

Deshalb verwundert es nicht, dass Heinrich seinen Cousin Carl zutiefst bedauert, als dessen Vater Ende 1844 stirbt: »Und Carl, der arme Junge, wie viel muss der ausgestanden haben!« schreibt er an seine Schwester, nicht ahnend, dass er es ist, dem bald ordentlich zugesetzt werden wird und zwar von eben diesem armen Carl. Über des Onkels letzte finanzielle »Verfügungen bin ich längst ohne Besorgnis; er hat es mir selbst oft genug gesagt oder deutlich angedeutet«, schreibt er weiter – die zweite Selbsttäuschung. Einen Tag später nämlich trifft ein Brief aus Hamburg ein, von Carl. Der Inhalt wurde berühmt. Heinrich erbte, wie seine Geschwister, 8000 sogenannte Bankomark (eine spezifisch hamburgische Währungseinheit), das war ein schöner Batzen Geld, aber angesichts einer vermuteten Hinterlassenschaft von 30 Millionen Bankomark dann doch wieder lächerlich wenig. Doch es kam noch schlimmer: »Der selige Vater hat Dir F(ranc) 4000 jährlich gegeben; dass es sich nicht tun lässt, dass ich mich in dieselben Lasten hineinbegebe, versteht sich von selbst, auch liegt es in der Sache selbst.« Carl strich ihm also die Rente, auf die sich Heine verlassen hatte (und verlassen musste, da seine eigenen Einnahmen für den Unterhalt nicht ausreichten). Gnädigerweise, da Heine ja kränklich sei, wollte er ihm pro Jahr nun 2000 Franc zukommen lassen, »nicht als Rente, sondern es bleibt meinem freien Willen überlassen, dieses aufzuheben« – und, noch besser: »Nie im Leben hast Du Anspruch darauf zu machen.« Sollte der Cousin in Paris die zugesicherten 8000 Bankomark nicht Carls Verwaltung überlassen, denn »Du hast nie mit Capital umzugehen gewusst«, werde er auch die 2000 Rente nicht bekommen. Als sei dies alles nicht genug, knüpfte Carl noch eine zusätzliche Bedingung: Da es ihm zu Ohren gekommen sei, dass Heinrich Pläne habe, über die Familie zu schreiben – seit Jahren schon arbeitete Heine an seinen Memoiren –, bitte er ihn, nichts Abfälliges über die Verwandtschaft zu veröffentlichen und das Manuskript vorher zur Durchsicht bei »einem bewährten Freunde« einzureichen.

Heinrich war geschockt, in mehrfacher Hinsicht. Erstens über die »Gemütsroheit des Verfassers« (so Ludwig Rosenthal), die deutlich in dem Schreiben erkennbar wird; zweitens über die existentielle Bedrohung, die die Bestimmungen mit sich brachte; schließlich über die Dreistigkeit der Drohungen, insbesondere hinsichtlich seines Schreibens. Zensur war Heine gewohnt, aber nicht die der Familie. Der Onkel hatte wohl doch nicht alle von Heines Extravaganzen so leichthin weggesteckt und ob Heine die vorher genannten Andeutungen einfach falsch interpretiert hatte, wird nicht mehr zu klären sein; dass Carl hier eine tiefgreifende Rolle spielte, ist unwahrscheinlich, denn er war nie mehr als ein williger Erfüllungsgehilfe seines Vaters.

Doch Heine schlug zurück – und zwar auf seine Art. Wenn die Familie in Hamburg schon Angst davor hatte, in den Schmutz gezogen zu werden und glaubte, sich mit der spitzesten deutschen Feder anlegen zu können, dann sollte sie das auch haben. Von Paris aus lancierte Heine eine PR-Kampagne zu seinen Gunsten, die jedem Imageberater noch im 21. Jahrhundert zu Ehren gereichen würde. Er spannte seine namhaften Bekannten ein, diese schrieben entweder Briefe an die Familie oder Artikel für Zeitschriften, wobei Heine teilweise deren Inhalt vorgab oder die Artikel gleich selbst schrieb – und zwar schlechte über sich (natürlich anonym), um diese ebenfalls selbst zu widerlegen. Dieses Vorgehen war selbst manchem integeren Freund etwas zu schmierig – ohnehin brachte die ganze Aktion reichlich wenig, außer dass sie wenig sympathisch wirkte und klarmachte, wie sehr Heine sich in die Enge getrieben fühlte. Nach einiger Zeit brach er die Presseschlacht ab, auch weil sich sein Gesundheitszustand rapide verschlechterte.

Es sind die Nachrichten von der zunehmenden Krankheit Heines, nicht die Anwürfe in der Presse, die langsam aber sicher zu Reaktionen aus Hamburg führten. Carl willigte ein, die Rente regelmäßig zu zahlen, ohne sie jedoch wieder als feste Institution einführen zu wollen. Doch als irgendwann sogar Meldungen vom nahenden Tod des berühmten Verwandten aus Paris eintrafen, lenkte er endgültig ein – Heine hatte ihm dies bereits leicht gemacht, indem er das Versprechen gab, die Familie literarisch nicht zu behelligen, mehr noch, er werde alles in dieser Hinsicht bereits Notierte vernichten. Beide gaben also nach – der eine wollte wohl keine Mitschuld am Tod des Cousins ha-

Heinrich Heine

ben, der andere seine Frau finanziell abgesichert wissen. Die früheren Vereinbarungen über die Rente wurden wieder eingesetzt, nach Heines Tod auch befolgt. Die Auseinandersetzung hatte sich von Dezember 1844 bis in den Februar 1847 hingezogen, nur um den alten Status wiederzustellen.

Heines Gesundheit hatte unter dem ganzen nervenaufreibenden Hin und Her stark gelitten. Man vermutet, dass es der Erbstreit war, der ihn endgültig in seine Matratzengruft verbannte, aus der er ab 1848 nicht mehr entkam – er starb erst 1856. Die Literaturliebhaber nehmen Carl Heine und Familie zusätzlich übel, dass Heine sich während des Konflikts nicht künstlerisch betätigen konnte. Tatsache ist, dass der Nachwelt viel bereits Geschriebenes verloren ging. Denn Heine hielt sein Versprechen ein und vernichtete private Korrespondenzen, aber auch einen Großteil seiner Memoiren. Die familiäre Zensur war somit doch erfolgreicher als die der deutschen Fürsten.

Heine vegetierte in Paris dahin, von finanziellen Sorgen befreit, immerhin. Für Hauptstadttouristen war er zu einer zusätzlichen Attraktion geworden, dieser und jener Besuch traf am Krankenbett ein, überwiegend eine erwünschte Ablenkung für jemanden, der das Haus nicht mehr verlassen konnte. Am 17. Februar 1856 starb Heinrich Heine, am 20. Februar wurde er auf dem Friedhof in Montmartre beerdigt, wie gewünscht ohne Priester, ohne Grabreden, begleitet von etwa 100 Freunden und Bekannten. In Frankreich und anderen Teilen der Welt (Heine selbst noch berichtete stolz, dass Gedichte von ihm sogar ins Japanische übersetzt worden waren) war sein Ruhm, mit bedingt durch eine Gesamtausgabe, gerade in großem Aufschwung, doch die Deutschen taten sich weiterhin schwer mit ihm. Der mühsame Kampf mit dem Cousin galt nicht zuletzt der Versorgung seiner Frau und war wenigstens in dieser Hinsicht erfolgreich: Mathilde Heine lebte noch fast drei Jahrzehnte länger als ihr berühmter Gatte. 1883 starb sie an einem Schlaganfall – es war der 17. Februar.

Frau Förster und der letzte Wille zur Macht

Friedrich Nietzsche

Am 3. Juni 1889 wurde in einem Hotel in San Bernardino, Paraguay, die Leiche des Deutschen Bernhard Förster gefunden, ohne äußerliche Zeichen von Gewaltanwendung, wie es im Krimideutsch gern heißt. Trotzdem war die Todesursache nicht eindeutig. Der Arzt notierte im Totenschein vorsichtshalber Herzversagen, eine unverdächtige Allerweltsdiagnose, die nichts über die tatsächlichen Gründe des Todes verriet, schon gar nicht bei einem erst 46 Jahre alten Mann. Ein Mord war zwar unwahrscheinlich, aber ein Selbstmord ganz und gar nicht, nur war der wiederum schlecht für das Renommee des Toten beziehungsweise das seiner Hinterbliebenen. Förster, ein ehemaliger Lehrer, war durch das Land gereist auf der Suche nach Geldern und Gönnern für sein großes Projekt: eine deutsche Kolonie in Lateinamerika, Nueva Germania: autark, »reinrassig«, arisch.

Doch die Sache erwies sich als schwierig, die Siedlung in Paraguay stand ständig vor der Pleite, das gekaufte Land war nicht fruchtbar, die Unterstützung aus der alten Heimat war gering, es gab nur wenig willige Kolonisten und unter diesen Streit – auch Streit um die Führungsqualitäten des Gründers. Dessen Stellvertretung vor Ort hatte seine Frau inne, die sich nicht nur zusehends Sorgen um den Bestand der Siedlung machen musste, sondern auch um den Zustand ihres Mannes – als sie die Nachricht von seinem Tod bekommen hatte, dürfte ihr der Gedanke an einen Suizid des Gatten nicht fern gelegen haben. Umso mehr drängte sie darauf, dass andere Leute auf diesen Gedanken gar nicht kamen und verbreitete in der Öffentlichkeit die Geschichte vom Herzversagen, während unterschwellig das Gerücht vom geschluckten Gift weiterlebte. Die Witwe blieb nicht mehr allzu lange in der Kolonie – sehr zur Erleichterung vieler ihrer Bewohner –, sondern gab bald die Leitung des Projekts ab und ging nach Deutschland zurück. Erst dort wurde sie richtig berühmt – ebenfalls durch

Friedrich Nietzsche

einen Mann. Ihr Name: Elisabeth Förster, geborene Nietzsche.

Elisabeth Förster-Nietzsche, selbsternannte Gralshüterin des Nietzsche-Erbes.

Der Tod des Gatten nach nur kurzer kinderloser Ehe und die damit verbundene Unsicherheit der Existenz müssten auf den ersten Blick als katastrophaler Bruch in der Biografie der Schwester Nietzsches erscheinen, doch galt dies nur für die kurze Zeit direkt nach dem mysteriösen Dahinscheiden Försters. Letzten Endes ermöglichte ihr die wiedererlangte Freiheit, wenn man es einmal so ausdrücken möchte, die vielleicht berühmteste Frauennebenrolle in der Philosophiegeschichte seit Xanthippe, der Gattin des Sokrates – mit ähnlichem Beliebtheitsgrad. Es ist recht unwahrscheinlich, dass sich heute noch irgendwer an die Frau des Gründers einer gescheiterten Germanenkolonie in den Anden erinnern würde. Jedoch kann sich kein Nietzsche-Biograf erlauben, die Schwester Friedrichs nur in einer Fußnote zu erwähnen. Und dass es so kam, war der fragwürdige Erfolg ihrer Selbststilisierung als Nachlassverwalterin Nietzsches.

Es war ein Nachlass zu Lebzeiten, denn als die Schwester begann, sich des Vermächtnisses des Bruders auf ihre ganz eigene Art anzunehmen, war dieser noch gar nicht tot. Und er hätte sicher nicht unbedingt seine Schwester als philosophische Testamentsvollstreckerin gewählt. Dabei war das Verhältnis der beiden seit Kindertagen recht eng und vertraut, wenn auch stets von Ambivalenzen geprägt, die einerseits aus der Konstellation älterer Bruder / jüngere Schwester entstanden, andererseits auf Nietzsches kränklicher Konstitution und seinem Junggesellendasein beruhte und häusliche Hilfe notwendig machten. Hinzu kam die Tatsache, dass der Sohnemann seit dem frühen Tod des Vaters unter einem reinen Frauenregiment lebte. Pastor Nietzsche, Friedrichs und Elisabeths Vater, war 1849 gestorben – da waren die Kinder fünf beziehungsweise drei Jahre alt; fortan lebte die Familie in Naumburg: Mutter, Tochter, Großmutter und Friedrich (der jüngere

Bruder Joseph starb wenige Monate nach seinem Vater). Kurz darauf ging Friedrich aufs Internat, und zwar ins berühmte Schulpforta, und später zum Studieren nach Bonn und Leipzig. Noch vor Ende seines eigenen Studiums wurde ihm eine Professur als Altphilologe in Basel angeboten – eine steile Karriere, schließlich war er zu diesem Zeitpunkt gerade erst 25 Jahre alt.

Nach Basel folgte ihm nach einiger Zeit seine Schwester als Haushälterin. Sie hatte ebenfalls eine recht gute Schulausbildung genießen dürfen, die jedoch entsprechend dem Zeitgeist mehr auf das gesellschaftliche Leben ausgerichtet war – das heißt: Eine charmante Begleitperson zu werden für einen zukünftigen Ehemann. Der war jedoch vorerst nicht in Sicht, obwohl sie eine durchaus attraktive Erscheinung war. Nun betreute sie erst einmal nicht einen Ehegatten, sondern ihren Professorenbruder, der in der Schweiz keine einfache Zeit hatte. Spätestens nach dem Erscheinen seiner Schrift *Die Geburt der Tragödie* (1872), die unter den Kollegen und Wissenschaftlern auf breite Ablehnung stieß, wurde Nietzsche dort zum Außenseiter, auch wenn ihn die neuen Freundschaften mit Franz Overbeck und Jacob Burckhardt ein bisschen trösteten. Die ebenfalls damals beginnende Freundschaft zu Richard Wagner, die sich recht ekstatisch entwickelte, endete später in Hass und Verachtung. Schwester Elisabeth hielt allerdings den Wagners auch nach dem Zerwürfnis zwischen Philosoph und Komponist die Treue.

Apropos Zerwürfnis. Nietzsche wurde zu jener Zeit quasi doppelt bemuttert, vor Ort von seiner Schwester und aus der Ferne von seiner Mutter, die ihm gerne Pakete und allerhand (christliche) Ratschläge schickte. Beides geht dem Bruder und Sohn gelegentlich auf den sehr empfindlichen Geist, andererseits ist er darauf angewiesen und bedankt sich etwa für die Lebensmittellieferungen aus Naumburg stets brav und ordentlich – mag er auch an anderer Stelle noch so sehr über dies gluckenhafte Gebaren der Frauen lästern. Die Oberaufsicht seiner Schwester, die er viel näher zu spüren bekommt, wird zu einer leichten Abkühlung ihres Verhältnisses führen, auch nachdem Nietzsche seine Professur in Basel aufgibt. Zu einem Eklat kommt es schließlich wegen

einer anderen Frau, ganz einem trivialen Heftchenroman entsprechend –
Elisabeth wird auf mieseste Art intrigieren, um vermeintliches Unglück
von ihrem Bruder fernzuhalten.

Nietzsche und die Frauen

Das Interesse Nietzsches an Frauen war eher gering, über die genauen
Gründe wurde viel spekuliert. Seine Philosophie war jedenfalls extrem
misogyn, also frauenfeindlich, und die Redewendung von der berühmten Peitsche, die man zum Frauenbesuch mitnehmen soll, ist
ein Stammtischgassenhauer geworden, der sich zwar verselbstständigt
hat, gleichwohl symptomatisch ist. Privat dachte Nietzsche bei Weitem nicht so streng und abschätzig über die Damen und pflegte einige
Freundschaften zu Frauen. Eine einfache psychologische Erklärung
verbietet sich demnach – auch wenn solche natürlich inzwischen ganze Bände füllen. In jedem Fall hatte er zuweilen ein seltsam bizarres
Verständnis von Ehe, die er sehr pragmatisch sah, um es höflich auszudrücken. Für gewöhnlich eher schüchtern, fand er nichts dabei, einer
Frau einen – schriftlichen – Heiratsantrag zu machen, auch wenn er
sie nur flüchtig kannte. Mit der wenig überraschenden prompten Ablehnung war die Episode auch schon vergessen. Nietzsches kurzzeitiges
Bestreben, unbedingt eine Frau zu finden, betrieb er wie die Aufgabe
einer Stellenanzeige im Lokalblatt für eine Haushaltshilfe – und als
etwas anderes verstand er die Institution der Ehe wohl auch nicht, mit
dementsprechendem Erfolg.

Anders war dies dann bei Lou von Salomé, obwohl er auch hier
schwärmte, wie sie ihm im Haushalt zu Diensten sein könnte, allerdings mit dem Bonus, dass sie zudem noch für intelligente Gespräche
geeignet sei. Man mag es der späteren Berühmtheit nicht verdenken,
dass sie solche Zukunftsaussichten weniger attraktiv fand, so sehr sie
Nietzsche auch schätzte. Dieser hatte sich in die junge intelligente Rus-
sin verliebt, dummerweise zeitgleich mit dem gemeinsamen Freund
Paul Rée. Diese ungute Kombination erleichterte Elisabeth ihr Spiel,
denn so war es einfacher, vorhandenes Misstrauen zu verstärken. Kurzum, durch gestreute Indiskretionen und Verleugnungen gelang es ihr,

Lou von Salomé und Nietzsche komplett zu entzweien – als ihr Bruder dies später herausfand, kam es allerdings noch zu einer weiteren Entzweiung, nämlich zwischen ihm und Elisabeth. So war das natürlich nicht gedacht gewesen.

Wirklich kitten ließ sich dieser Riss nie mehr, doch Nietzsche, der persönlich überhaupt nicht seinem propagierten Ideal vom mitleidlosen Übermenschen entsprach, nahm den Kontakt zu seiner Schwester wieder auf – die frühere Nähe stellte sich allerdings erst wieder ein, als er sich dagegen nicht mehr wehren konnte. Zunächst aber orientierte sich Elisabeth stärker Richtung zukünftigem Ehemann und dessen Ideen – von beiden hielt der Bruder ebenfalls sehr wenig. Bernhard Försters Kolonialprojekt beurteilte er skeptisch, seine antisemitischen Ansichten, die dieser auch in mehreren Schriften publizierte, verachtete er. Das Jahr 1889 wurde zum Schicksalsjahr für Friedrich und Elisabeth gleichermaßen. Wie erwähnt starb ihr Mann – und Nietzsche erlitt in Turin einen geistigen Zusammenbruch. Die sich seit einiger Zeit abzeichnende geistige Verwirrung war manifest geworden. Viele bezeichnen dies als seinen eigentlichen Tod, obwohl Nietzsche erst über zehn Jahre später starb, am 25. August 1900.

Bis zu Elisabeths endgültiger Rückkehr aus Paraguay wurde der kranke Nietzsche von seiner Mutter versorgt; als die Schwester übernahm, galt ihr Interesse bald mehr dem Nachlass ihres Bruders als diesem selbst. »Zuletzt, um die ganze Wahrheit zu sagen: ich suche jetzt nach Menschen, welche meine Erben sein könnten; ich trage Einiges mit mir herum, was durchaus nicht in meinen Büchern zu lesen ist – und suche mir dafür das schönste und fruchtbarste Ackerland« – so hatte Nietzsche Lou von Salomé einst geschrieben, was noch einmal klarmacht, warum eine Gemeinschaft mit ihm – als Quasi-Schülerin – für die junge Frau nicht sehr attraktiv wirken musste. Es darf stark bezweifelt werden, dass Nietzsche auf die Idee gekommen wäre, in seiner Schwester die fruchtbare Bestellerin seines Erbes zu sehen, denn für diese Arbeit qualifizierte sie ihre Erfahrung als gescheiterte Kolonistin sicher nicht. Gleichwohl nahm sie genau dies nun in die Hand, das Erbe des noch lebenden Bruders zu verwalten – in ihrem Sinne.

Die Manipulation des Nachlasses

Dies hatte mehrere Folgen. Nietzsche war in den 1880er-Jahren relativ produktiv gewesen, er hatte mehrere Schriften veröffentlicht, von denen manche, wie kritische Forscher konstatieren, schon leichte Zeichen des Wahns erkennen lassen – was keine nachgereichte Denunziation des Werkes als Auswüchse eines Gestörten sein soll (obwohl es diese Vorwürfe unter seinen Feinden naturgemäß gab), sondern nur ein Rat zur Vorsicht bei der Lektüre. Und tatsächlich mutet die ein oder andere Stelle bizarr an. Nietzsches ohnehin ständig zunehmendes Selbstbewusstsein erreichte erkennbar größenwahnsinnige Ausmaße, spätestens in *Ecce Homo* (1889), als er schon im Titel eine Ähnlichkeit mit Christus suggerierte. Neben diesen umstrittenen Büchern gab es noch zahlreiche Manuskripte, Blätter, Zettelchen, Listen, Entwürfe, was eben in einem noch dazu eilig aufgelösten Schriftstellerhaushalt die Schreibtischschubladen füllt. Franz Overbeck, der Freund aus Basler Zeiten sammelte sie und übergab sie Elisabeth. Hinzu kam die Korrespondenz, die für Elisabeth ein wichtiges Anliegen war, schließlich bedeutete die Aufbewahrung der Briefe gleichzeitig die Kontrolle über das Privatleben des Bruders. Eine ihrer Hauptanstrengungen in den folgenden Jahren war es, diese von den Empfängern zurückzufordern; die einen gaben freiwillig, die anderen nicht – wenn nicht, überzog Elisabeth sie mit Klagen: Da die Briefe von ihrem Bruder geschrieben wurden, seien sie auch sein Eigentum, nun also ihres; daran gingen einige Bekanntschaften zu Bruch.

Für Elisabeth war der Besitz der Briefe aus nur zu verständlichen Gründen von elementarer Bedeutung. Natürlich wollte sie keineswegs, dass die schlechte Stimmung zur Sprache kam, die zwischen den Geschwistern nach der unerquicklichen Geschichte mit Lou von Salomé herrschte; für die Öffentlichkeit war ein Bild vom innig vertrauten Geschwisterpaar notwendig, welches ihre Arbeit als geistige Nachlassverwalterin zusätzlich legitimieren sollte. Folglich mussten einige Briefe verschwinden, andere wurden verändert oder gar »frei interpretiert«, zum Beispiel die Adressaten getauscht, etwa von der Mutter hin zur Schwester. Die neuere Forschung konnte solche Fälschungen des Öfteren nachweisen. Nachvollziehbar ist auch, dass nun Textstellen aus Werken verschwanden, die ein eher nicht so gutes Licht auf die Familie warfen. »Wenn ich den tiefsten Gegensatz zu mir suche, die unausrechenbare Gemeinheit der Instinkte, so finde ich immer meine Mutter und Schwester, – mit solcher canaille mich verwandt zu glauben wäre eine Lästerung auf meine Göttlichkeit«; zugegeben, dies möchte wohl niemand in einem Buch über sich lesen, aber schon der Schlusssatz zeigt, was mit den oben erwähnten Anflügen von Größenwahn gemeint war. Für Elisabeth jedoch sicher ein Grund mehr, Äußerungen wie diese aus den von ihr überwachten Gesamtausgaben zu entfernen.

Die Fälschung von Briefen und die Zensur der Werke waren sozusagen passive Möglichkeiten der Manipulation. Elisabeth war klug genug – und Dummheit wird ihr nie jemand vorwerfen –, auch eine aktive Variante zu wählen, was den zusätzlichen Vorteil hatte, selbst als Schriftstellerin berühmt zu werden. In den folgenden Jahrzehnten veröffentlichte sie mehrere, teils mehrbändige Nietzsche-Biografien, eine Lebensgeschichte des Bruders aus der Sicht der Schwester und gleichzeitig Hommage an ihn, aber auch an sich selbst. Dabei ging sie ähnlich vor wie mit den Briefen: Einiges fällt weg, anderes kommt hinzu, akzentuiert nach den gerade bestehenden Feind- und Freundschaften. Bekannt wurde die fast völlige Ignorierung der Mutter, die gerade in der Frühzeit eine wichtige Rolle für die Kinder gespielt hatte, nun aber so gut wie nicht mehr vorkam und wenn, dann in keinem allzu günstigen Licht.

Schwerwiegender als diese biografische Geschichtsklitterung waren die vielen anderen Texte, die Elisabeth über das Werk ihres Bruders verfasste; insgesamt war sie eine Autorin von Nietzsches Gnaden, interessant war sie nur im Verbund mit ihm, nicht als eigenständige Person. Deshalb äußerte sie sich zu allen möglichen Aspekten ihres Bruders – je nach Zeitgeist. In der aufwallenden Kriegsbegeisterung zu Beginn des Ersten Weltkriegs kompilierte sie Auszüge aus seinen Schriften so geschickt, dass Nietzsche zum deutschtümelnden Kriegsverherrlicher wurde. Tatsächlich war ihr Bruder einst freiwillig in den Deutsch-Französischen Krieg (1870/71) gezogen, aber als Sanitäter nach nur wenigen Wochen zurückgekehrt, da er die Belastung nicht aushielt und selbst krank wurde. Begeisterung für den Krieg hat dies in ihm ebenso wenig erweckt wie dessen Folgen, das preußisch-deutsche Kaiserreich, das er verachtete. Dass Elisabeth mit Beginn der 1930er-Jahre Nietzsche immer mehr in Richtung eines Verkünders des Faschismus zurechtbog, hatte zwar durchaus seine Wurzeln im Werk, in dieser Einseitigkeit wird es ihm aber nicht gerecht. Trotzdem sollten gerade diese Manipulationen sehr lange nachwirken.

Die berühmteste Episode in dieser Hinsicht ist natürlich das vermeintliche Hauptwerk Nietzsches aus dem Nachlass, vielleicht neben *Also sprach Zarathustra* (1883–1885) das auch heute noch bekannteste »Werk« Nietzsches: *Der Wille zur Macht*, ein Buch, das nie existierte, nur geplant war. In den Aufzeichnungen Nietzsches aus den 1880er-Jahren finden sich ständig Hinweise darauf, zu viele Hinweise, wenn man so will – man könnte sagen: Nietzsche hatte sich bei dem Projekt buchstäblich verzettelt. Die Titel wechseln, die Anordnungen, was hinein soll, was nicht, was vielleicht doch; dann werden Teile unter anderem Titel schon veröffentlicht, gelegentlich steht das Vorhaben vor dem Abbruch. Kurzum: Als Nietzsche zusammenbricht, ist ein Wust an Entwürfen und Ideen vorhanden, aber kein konkreter Schreibplan, geschweige denn ein Manuskript, schon gar kein freigegebenes – denn Nietzsche war ein Stilfanatiker, der höchsten Wert auf akribische Korrekturen legte. Dies alles scherte Elisabeth nicht, denn die Sensation eines nachge-

Ein Porträt des Philosophen als junger Mann. Nietzsche während seiner Zeit in Schulpforta.

lassenen Hauptwerkes, noch dazu mit solch einem prägnanten Titel war zu verführerisch: *Der Wille zur Macht* wird veröffentlicht und in den folgenden Auflagen sogar immer dicker, da sich weitere verstreute Textbausteine finden. Der Erfolg ist durchschlagend, Kritiker, auch aus dem Umfeld des Philosophen, finden kaum Gehör.

Was ihren Einfluss auf die Nietzsche-Rezeption angeht, hatte Elisabeth, die sich längst wieder Förster-Nietzsche nannte, mit diesem Buch ihr Meisterstück abgeliefert. Erst in den 1960er-Jahren wird das Werk als manipuliertes Konglomerat entzaubert und aus den Neuausgaben der Gesammelten Werke verbannt – also wieder in seine unstrukturierten Einzelteile zerlegt. Aus den Buchhandlungen ist es also verschwunden und nur in Antiquariaten finden sich noch alte Ausgaben.

Die zweite große (oder dritte, zählt man dazu auch ihre Biografien) fragwürdige, aber wirkmächtige Hinterlassenschaft Elisabeths war das Nietzsche-Archiv, eine grundsätzlich bewundernswerte und auch von vielen Kritikern anfänglich gelobte Initiative. Das Sammeln des Nachlasses eines Philosophen an einem zentralen Ort – in diesem Fall sogar noch an einem für die deutsche Geistesgeschichte so symbolträchtigen wie Weimar – war nicht nur ein mühseliges und aufwendiges Unterfangen, sondern auch ein bislang kaum gekanntes. Viele Nietzscheaner würdigten die Idee und boten gleichzeitig ihre Mitarbeit an. Das neu geschaffenen Archiv war die Gründung Elisabeths (1894) und sie ließ sich die Kontrolle darüber nicht entwinden. Bestärkt wurde sie durch die allgemeine Zustimmung für das Projekt, das finanziell stets auf tönernen Füßen stand. Abgesehen davon mussten die Mitarbeiter eine die schwesterliche Autorität anerkennende Loyalität mitbringen und die Eingriffe ins Werk hinnehmen beziehungsweise decken. Einen seriösen Wissenschaftler zu solchem Verhalten zu drängen, dürfte schwergefallen sein, aber auch früheren Weggefährten, die sich zur Verfügung gestellt hatten, war dies nicht unbedingt geheuer, weshalb es ständig Kontroversen innerhalb des Archivs gab (insbesondere um die Werkausgaben) – und das Personal des Öfteren wechselte, oft schon nach kurzer Zeit. Entferntere Unterstützer, darunter namhafte wie Henry

Friedrich Nietzsche

van de Velde (der auch die Umbauten geleitet hatte), Thomas Mann oder Harry Graf Kessler distanzierten sich, nachdem sie von den seltsamen Zuständen, die im Archiv herrschten, Notiz genommen hatten.

Allerdings gab es bald noch mehr Grund, die Nähe zum Nietzsche-Archiv zu meiden. In ihrer Mischung aus Sponsorensuche für das meist klamme Unternehmen und ihrem recht unverhohlenen Opportunismus demjenigen gegenüber, der ihre Position als Gralshüterin des Nietzsche-Erbes zu würdigen bereit war, nahmen Mitarbeiter und Veröffentlichungen unter der Ägide Elisabeths eine immer ›braunere‹ Färbung an. Nun konnte sie sogar wieder aus beiden ihrer Nachnamen Profit schlagen, dem Übermensch-Philosophen Nietzsche als Bruder und dem bekennenden Antisemiten Förster als Gatte. Seit Beginn der 1930er-Jahre war eine solche Kombination wieder ganz en vogue, besonders da in Thüringen die NSDAP bereits in die Regierung eingebunden wurde. Die im Werk des Philosophen durchaus vorhandenen fragwürdigen Gedanken prädestinierten ihn nun durch die Unterdrückung aller dazu vorhandenen Widersprüche und offenkundig andersgearteten Ansichten – wie seine mehr als abschätzige Meinung über die Antisemiten – zum großen faschistischen Vordenker. Hitler, der Nietzsche verehrte, obwohl er vermutlich nie mehr von ihm gelesen hatte als Zusammenfassungen, also Interpretationen, suchte die Nähe zu Elisabeth, wie sie diese zu ihm; schon 1932 traf man sich in Weimar, weitere Besuche und Briefkorrespondenz folgten, wenn auch beides nicht sehr intensiv.

Das Nietzsche-Archiv war schon vor der offiziellen Machtübernahme durch die Nationalsozialisten ein Hort rechten Gedankenguts geworden, alles immer noch unter der straffen Führung Elisabeths, die zwar nicht mehr die Jüngste war, aber noch weiterhin geistig fit genug, um die Zügel in der Hand zu halten. Aus der komplexen geistigen Hinterlassenschaft ihres Bruders war unter ihrer Ägide endgültig ein einseitiger, systemkonformer Steinbruch für die flachen Parolen der Ideologie des Dritten Reiches geworden. Sie, die (ewige) Schwester des »Philosophen mit dem Hammer« konnte damit offenkundig gut leben, galt sie doch den Nationalsozialisten als eine Art Mutter der deutschen Philosophie, eine Matrone des wahren Denkens – eine Sicht der Dinge, die ihr mehr als geschmeichelt haben dürfte. Allzu lange genießen konnte sie diese Verehrung nicht mehr, denn im November 1935 starb sie. Noch einmal erwies ihr der »Führer« bei der Trauerfeier die Ehre und der übliche pathetische Schwulst wurde über ihrem Grab ausgegossen.

Während sich die meisten Erbfälle mit Materiellem beschäftigen, ist Elisabeth Förster-Nietzsche eines der wenigen Beispiele, in dem jemand allein dafür verantwortlich ist, eine geistige Hinterlassenschaft zu verwalten. Das wenige Materielle, das Nietzsche seiner Schwester vererbt hatte, floss sofort in die Schuldentilgung für das aufwendige Archiv-Projekt. Das Dramatische an diesem Erbe war folglich nicht, dass Elisabeth es verschleudern oder es sich erst spektakulär erkämpfen musste, sondern dass sie aufgrund ihrer familiären Nähe und ihrer mangelnden Bildung (die ihr als Zeitphänomen grundsätzlich nicht vorzuwerfen wäre) denkbar ungeeignet war für die Aufgabe der Nachlassverwalterin. Ersteres führte zu Eingriffen in die Biografie, um die eigene Rolle zu beschönigen, Letzteres zu einem Unverständnis dem Werk gegenüber, welches solche Manipulation wie den *Willen zur Macht* ermöglichte. Um beides einzuräumen, waren ihr Ego und die Gefahr zu groß, nur als Schwester und Haushälterin des Philosophen bald in Vergessenheit zu geraten. Ihrem Bruder hat sie hiermit den berühmten Bärendienst erwiesen – sie selbst hat sich, auf vermutlich andere Weise als erhofft, dadurch trotz allem ihren Platz in der Geistesgeschichte gesichert.

Ich will doch nur, dass ihr mich liebt!

Rainer Werner Fassbinder

Rainer Werner Fassbinder hat nie etwas geerbt. Darüber muss man sich nicht wundern, war er doch bei seinem Tod erst 37 Jahre alt. Er starb so jung, dass seine Eltern, die schon seit seiner Kindheit nicht mehr zusammenlebten, ihn beerbten, nicht andersherum. Neben dem Geld – ordentlich, aber keine Reichtümer, der Regisseur investierte meist gleich wieder in neue Filme – waren das vor allem die Rechte an den Werken des international berühmten Filmemachers (und Theaterautors, denn auch seine Stücke erfreuen sich noch immer großer Beliebtheit auf den Bühnen). Fassbinders Mutter, die unter ihrem Mädchennamen Lilo Pempeit in vielen seiner Filme mitspielte, zahlte ihren Ex-Gatten (der ohnehin ein Talent für das Schuldenmachen besaß) zeitig aus und war damit die alleinige Erbin. Sie gründete die Fassbinder Foundation, die sich dem Erhalt und Vertrieb der künstlerischen Hinterlassenschaft ihres Sohnes widmen sollte. Kein schlechter Plan, sollte man meinen.

Sonderlich herzlich war das Verhältnis des einzigen Sohnes zu seinen Eltern nie, darüber kann auch nicht hinwegtäuschen, dass ab einem bestimmten Zeitpunkt die Mutter für seine Filme quasi gebucht war; ihr selbst fiel es entweder nicht auf oder es war ihr angesichts der bereits erreichten Popularität ihres Sohnes schlicht egal, dass viele ihrer Rollen wenig schmeichelhaft waren und manchmal sogar fast schon plakativ einen fragwürdigen Muttertypus verkörperten, wie in *Fontane Effi Briest* (1974) oder gar in dem legendären Gespräch in *Deutschland im Herbst* (1978), in dem Fassbinder sie als Kleinbürgerin mit reaktionären Rachegelüsten vorführte.

Der Legende nach war Fassbinder im Mai 1945 nur deshalb im bayrisch-schwäbischen Kneippzentrum Bad Wörishofen, wo sein Vater als Arzt arbeitete, zur Welt gekommen, weil dieser Angst hatte, in den letzten Kriegsmonaten noch zum Fronteinsatz einrücken zu müssen. Nur widerwillig habe die Mutter dem Wunsch des Vaters entsprochen, was angesichts der katastrophalen Lage des Landes 1944 nicht unverständlich ist. So hatte man nun inmitten der von Zerstörung und Knappheit geprägten Umgebung – inzwischen wieder in München – ein Kind zu ernähren und aufzuziehen. Dies ging ganz gut, solange der Vater als Arzt einigermaßen verdiente. Allerdings verdiente er sich noch einiges dazu, vermutlich durch illegale Abtreibungen, und war darum irgendwann seinen Job los. 1951 folgte die Scheidung. Das Kind wurde nun herumgereicht, erst in München, später in Köln, wo er kurzzeitig bei seinem Vater lebte. Die Liste der Schulabbrüche ist lang – die einzige Schule, die er abschloss, war eine private Schauspielschule (1966), auf der er die Bekanntschaft Hannah Schygullas machte. Für die staatliche Schauspielprüfung reichte es dann schon wieder nicht mehr. Man darf sich darüber ebenso wundern wie über die spätere Ablehnung seitens der neu gegründeten Deutschen Film- und Fernsehakademie in Berlin; eine noch lange nachwirkende Blamage – für die Filmhochschule.

Filmen, das sollte sein Ding sein, aber ohne Ausbildung und vor allem ohne Ausrüstung blieb dies erst einmal ein Traum. Stattdessen wurde er zunächst mit der kleinen Theatergruppe des action-theaters bekannt, einer unabhängigen Schauspielertruppe, die innovatives, revolutionär angehauchtes Theater machte, das als Geheimtipp galt (so geheim, das oft nur wenige Zuschauer kamen). Ein Teil der Mitglieder wurde zum Inventar der späteren ›Fassbinderfamilie‹ – Peer Raben, Kurt Raab, Irm Herrmann, Ursula Strätz (die Leiterin) – aber vorher musste sich Fassbinder, gerade Anfang 20, zum Oberhaupt aufschwingen. Das gelang ihm erstaunlich schnell, trotz seiner äußerlichen Jungenhaftigkeit machte sich bereits zu diesem Zeitpunkt sein jeden in den Bann schlagendes Wesen bemerkbar. Bald wirkte er nicht nur in Stücken mit, sondern schrieb selbst Texte, übernahm auch die Regie; und irgendwann war er der Kopf des Ganzen geworden und wem dies nicht passte: adios! Recht gab ihm dabei der relative Erfolg, denn die Kritiker wurden aufmerksam, der Bekanntheitsgrad ging bald über die Szene hinaus und man pries das kleine Theater als eine der wenigen Bühnen auf der Höhe der Zeit. Leider änderte das allgemeine Lob der Vertreter der sogenannten Hochkultur wenig am mangelnden Zuschauerinteresse.

Rainer Werner Fassbinder

Das Genie und seine Muse: Fassbinder mit Maßkrug und Hanna Schygulla.

Das inzwischen umbenannte anti-teater krebste ohne feste Spielstätte vor sich hin.

Doch das Vorhandensein einer eingespielten Truppe ermöglichte es dem neuen Chef, seinen ursprünglichen Plan wieder aufzugreifen: Ein Kurzfilm wurde gedreht, nachdem man mühsam das Geld hierfür zusammengekratzt hatte. Die Filmprüfstelle war von dem Werk wenig angetan, sodass es nie in den Verleih kam. So erging es auch dem zweiten Kurzfilm. Hinzu kam die erwähnte Ablehnung in Berlin. In dieser Situation offenbarte sich eine Eigenschaft Fassbinders, die er fortan stets an den Tag legen sollte: Es ist ihm zwar nicht egal und natürlich war er enttäuscht, aber aufhalten ließ er sich davon nicht. Nun drehte er einen

Langfilm: *Liebe ist kälter als der Tod* (1969). Dieser wurde auf der Berlinale gezeigt und bekam überwiegend schlechte Kritiken – sorgte aber auch für Aufmerksamkeit. Der zähe Gangsterfilm, schwarz-weiß und extrem zurückgenommen in den Einstellungen und Dialogen (ersteres teils technisch bedingt) hielt wenig von den üblichen Sehgewohnheiten, was einige Kritiker jedoch als gelungene Ästhetik beeindruckte. Mit dem Nachfolger *Katzelmacher* (1969), basierend auf einem eigenen Stück, der Geschichte der gescheiterten Integration eines Gastarbeiters, die deutlich mehr den Nerv der Zeitgenossen traf, gelang Fassbinder sein eigentlicher Durchbruch. Nicht bei der Masse, aber bei den Förderern und den Jungregisseuren des Neuen Deutschen Films, die zu dieser Zeit das Kino aufmischten.

Die kurze Karriere des Ausnahmeregisseurs

Der Verlauf der weiteren Karriere ist gut bekannt, Fassbinder wurde schnell ein Phänomen, das Etiketten sammelte: Chronist der Bundesrepublik, Skandalautor, Enfant terrible des deutschen Films, Deutschlands Gegenstück zu Hollywood, Berserker-Regisseur etc. Als gewöhnlicher Kinozuschauer kam man ohnehin kaum hinterher, denn vier Filme pro Jahr waren keine Seltenheit; es entstanden Kino- und Fernsehfilme, sogar Serien, dazu bis 1975 noch etliche Theaterstücke – an Produktivität machte dem jungen Filmemacher keiner etwas vor. Von 1969 bis zu seinem Tod 1982 drehte er über 40 Filme. Vorschreiben ließ er sich dabei wenig. Nach Publikumserfolgen wie *Angst essen Seele auf* (1973) oder *Die Ehe der Maria Braun* (1978) drehte er gerne wieder sperrige Kleinproduktionen, welche die Kritiker provozierten und die Zuschauer vor Rätsel stellten. Verrisse hielten Fassbinder ebenso wenig auf wie durchaus genossene internationale Erfolge – so wenig er über die einen lange nachgrübelte, so wenig ruhte er sich auf seinen Lorbeeren aus. Es wurde gedreht und gedreht. Nur Theaterstücke schrieb er keine mehr, nachdem es 1975 zu einem Skandal um vermeintlich antisemitische Tendenzen in seinem Drama *Der Müll, die Stadt und der Tod* gekommen war. Noch heute sorgen Inszenierungen des Stückes regelmäßig für heftige Kontroversen.

Spätestens mit der *Ehe der Maria Braun*, die ihm auch ein bis dato unerreichtes Publikum bescherte, war Fassbinder *der* deutsche Regisseur schlechthin. Großprojekte folgten, wie *Lili Marleen* (1980), eine Art deutscher Hollywoodstreifen; der zweite Teil seiner Deutschland-Trilogie, *Lola* (1981), verhalf Barbara Sukowa und Armin-Müller Stahl zum Durchbruch; *Die Sehnsucht der Veronika Voss,* der dritte Teil, kam 1982 in die Kinos. Das Lieblingsprojekt einer Verfilmung von Alfred Döblins Roman *Berlin Alexanderplatz* (1980) ging buchstäblich in Serie – die bis dato teuerste Produktion des deutschen Fernsehens, was vor allem die unermüdliche Bild-Zeitung in gewohnt dezentem Stil vorzeitig zu der eminent wichtigen Frage verleitete, ob deutsche Gebührenzahler solche Gewaltpornografie bezahlen sollten. Die 13 Folgen gelten heute international als TV-Meilenstein.

Zahlreiche Schauspieler verdanken Fassbinder ihre Karrieren, neben den erwähnten sind dies vor allem die Kollegen aus den alten Theatertagen, Harry Baer, Margit Carstensen, Ingrid Caven, Gottfried John, Günther Kaufmann. Er reaktivierte Altstars aus dem den Jungfilmern verhassten Zeiten von Papas Kino (also dem der 1950er- und 1960er-Jahre) wie Karl-Heinz Böhm, Brigitta Mira, Rudolf Lenz und Conni Froboess. Mit zunehmender Berühmtheit gelang es ihm auch, internationale Stars für seine Filme zu gewinnen, beginnend mit Eddie Constantine und endend mit Brad Davis und Jeanne Moreau in der Genet-Verfilmung *Querelle* (1982), seinem letzten Film.

Der Raubbau am eigenen Körper forderte seinen Tribut. Zwar war Fassbinder geradezu legendär für sein geringes Schlafbedürfnis, aber irgendwann waren auch diese Zeiten vorbei. Der früher jeglichen Drogen abholde Regisseur – er befürchtete, sie würden seiner Produktivität schaden – benötigte später genau diese in immer höheren Dosen, um die Produktivität aufrechtzuerhalten. Nicht für die Fantasie, daran schien es ihm nie zu mangeln, aber an der Kraft, diese umzusetzen. Fassbinder kokettierte recht gerne mit dem Image des leicht Schmuddeligen, das jedoch sorgsam gepflegt wurde. Doch konnte es auch dem Wohlwollendsten nicht mehr entgehen, wie angegriffen und aufgequollen Fassbinder spätestens ab Ende der 1970er-Jahre wirkte. Die ein oder andere Dreharbeit geriet an den Rand des Abbruchs, doch besaß Fassbinder gelegentlich die wiederum erstaunliche Eigenschaft, sich zusammenzureißen, wenn er seine eigenen Projekte gefährdete. Trotzdem nahm der Drogenkonsum, von den legalen Rauschmitteln Alkohol und Zigaretten ganz zu schweigen, bedrohliche Ausmaße an. Einhalt gebieten konnte dem Chef aus seiner Entourage niemand, so sehr im Nachhinein alle bemerkt haben wollten, wie schlimm es um ihn stand. Fassbinder, daran hatte sich seit action-theater-Zeiten nichts geändert, war kein Typ, dem man (ungestraft) widersprach.

Legendenbildung und »Erbansprüche«

Das Rätselraten über den todessehnsüchtigen Rainer Werner Fassbinder setzte nach seinem Ableben schnell ein. Gerade die Buchtitel der engeren Bekannten spiegeln dies wider; Kurt Raab verfasste bereits 1982 *Die Sehnsucht des Rainer Werner Fassbinder*, Harry Baer zitierte mit *Schlafen kann ich, wenn ich tot bin* den Meister selbst, auch sein Buch erschien noch 1982. Gerhard Zwerenz diagnostizierte überdeutlich *Der langsame Tod des Rainer Werner Fassbinder*, ebenfalls 1982 erschienen. Ob diese Publikationen nun Ausdruck des Versuches sind, den Schock des frühen Todes zu verarbeiten, oder ob man sich durch die Veröffentlichung kurz nach Fassbinders Tod hohe Auflagen versprach, sei dahingestellt – lesenswert sind die Bücher durchaus, gerade wegen der Nähe der Autoren zu Fassbinder. Ihr Anteil an der Legende vom todesschwangeren Fassbinder ist allerdings beträchtlich, obwohl zum Beispiel Baer dieser explizit widerspricht. Unterstellt man Fassbinder einen persönlichen Todestrieb, irgendwo zwischen Fatalismus und Suizidwünschen, mag man dafür etliche Indizien finden, akut lebensmüde war er sicher nicht, denn es waren weitere Filme geplant, an denen Fassbinder unverdrossen arbeitete. Die dritte Komponente des vermeintlichen Strebens hin zum Tod, die rapide Verschlechterung seiner Gesundheit, gegen die er nichts unternahm – die war, wie erwähnt, allgemein sichtbar, doch offenbar erwartete jeder, der andere solle doch was unternehmen.

Harry Baer beschrieb diesen Tod als zu banal, als dass ihn sich Fassbinder für eine seiner Filmfiguren jemals ausgedacht hätte. Angesichts der vielen Berichte über seinen körperlichen Verfall und der späteren Todespropheten, die es schon immer gewusst haben wollten, mag es seltsam klingen, aber der tiefere Sinn in Baers Bemerkung ist völlig korrekt: Fassbinder starb quasi so nebenbei, unnötig und mehr oder weniger zufällig. Sicher: er nahm auch an diesem Abend allerlei wenig Gesundheitsförderndes zu sich, arbeitete bis spät in die Nacht, telefonierte noch. Nebenan schlief der Regisseur Wolf Gremm (in dessen Film *Kamikaze 1989* hatte Fassbinder seinen letzten Auftritt als Schauspieler) – und er verschlief auch das Sterben Fassbinders. Am frühen Morgen des 10. Juni 1982 wurde der Regisseur tot aufgefunden. Mit ihm endete auch die Ära des sogenannten Neuen Deutschen Films. Seit gut 20 Jahren hatten Autorenfilmer das Renommee des bundesrepublikanischen Kinos zu internationaler Anerkennung geführt und Namen wie Wim Wenders, Volker Schlöndorff, Werner Herzog und viele mehr standen für intelligente Kinounterhaltung. Und doch verschwand die gesamte Bewegung nach dem Tod der Symbolfigur Fassbinder, selten lässt sich ein Bruch so genau festmachen – nicht ganz unschuldig war daran allerdings auch die vom neuen Bundeskanzler Helmut Kohl propagierte geistig-moralische Wende, die den kritischen Filmemachern die Fördergelder zusammenstrich.

Für die Filmkunst in Deutschland war Fassbinders Ende also katastrophal, und das mochte so mancher Zeitgenosse recht schnell geahnt haben. Vorerst machte sich aber gerade unter den engeren Bekannten und Freunden Ratlosigkeit breit. Wiederum Harry Baer in einem Interview einige Zeit nach dem Tod Fassbinders: »So wie man es jetzt sagen kann, ist das natürlich wie wenn die Kinder auseinandergehen, den Hort oder Mutterschoß verlassen und jeder sich in seine Richtung entwickelt oder nicht entwickelt und weitergeht. Man verlässt das Elternhaus, so seh ich es im Moment. Wie es weitergeht – ich weiß es nicht, was die Familie betrifft.« Der Interviewer (Dieter Donner) hatte vorher in seiner Frage bereits angedeutet, in so einer unerwartet verlassenen Familie entstehe ja oft auch »im Grunde sehr viel Feindschaft, die sich plötzlich auftut.« Beide sollten Recht behalten, die Familienmitglieder entwickelten sich weiter (oder auch nicht, wie Baer so schön einflocht), aber vor allem entwickelten sie sich sehr bald sehr schnell auseinander.

Vorboten ließen nicht lange auf sich warten. Schon die Trauerfeier ließ die ersten nur zu deutlichen Risse im seines Oberhaupts beraubten Clan erkennbar werden. Und sie entsprach dem Drehbuch einer Fassbinderschen Groteske. Dass manche der Schauspieler und Schauspielerinnen sich aufgrund des beachtlichen Presseaufgebots um die besten Plätze bemühten, mag noch angehen, zumal sie es gewohnt waren, sich den Kameras zu präsentieren; auch dass Fassbinder plötzlich ganz, ganz viele sehr, sehr enge Freunde und Freundinnen hatte. Kurios wurde es jedoch, als irgendwer aus der Trauergemeinde das Gerücht streute, im aufgestellten Sarg befinde sich keine Leiche, da die Obduktion der Gerichtsmediziner noch gar nicht beendet sei. Der französische Autor Jean-Jacques Schuhl schildert diese Szenen recht hübsch im Roman über seine Ehefrau, *Ingrid Caven*. Nicht weniger bizarr war ein – ebenfalls zukunftsweisender, möchte man sagen – Streit um Fassbinders Totenmaske; da ohnehin gerade eine Bildhauerin, Karin Mai, vor Ort gewesen war, die von Fassbinder eine Büste modelliert hatte, nutzte sie die Gelegenheit: Als die Maske später kommerziell vermarktet werden sollte, quasi in Serienproduktion, griff Fassbinders Mutter jedoch ein und ließ dies verbieten.

Damit sind auch schon zwei Protagonistinnen benannt, die in der Folgezeit stellvertretend die Kämpfe über die Deutungshoheit von Werk und Person Fassbinders austrugen. Ingrid Caven, seit Urzeiten Teil des Fassbinder-Ensembles, lebte inzwischen in Paris und ist in Frankreich noch heute eine hoch angesehene Sängerin, verheiratet mit genanntem Romancier Jean-Jacques Schuhl. Es ist ihr zweiter Gatte, der erste: Rainer Werner Fassbinder. Es gehörte zu den seltsamsten Inszenierungen des Regisseurs, dass er als bekannter Homosexueller Anfang der 1970er-Jahre Ingrid Caven heiratete. Die Ehe war kein Zuckerschlecken, im Nachhinein sahen beide das Experiment als gescheitert an. Fassbinder hatte geglaubt, seine Freundschaft mit Ingrid Caven durch diese Erfahrung vertiefen zu können; da er aber andererseits geradezu spießbürgerliche Ansichten über die Ehe entwickelte, konnte es, so bekannte er später, nur schief gehen. »Die Heirat, das ist was ganz Dummes gewesen, wenn man so will. Ich meine, wir hätten nicht heiraten sollen. Das wirft auf die Sache immer so ein ganz totes Licht. Wir haben uns vorher und nachher sehr viel besser verstanden als zu der Zeit, als wir verheiratet waren«, so Fassbinder in einem Interview mit Peter W. Jansen. Die Ehe wurde nach zwei Jahren geschieden, aber Ingrid Caven war nun immerhin eine Ex-Frau Fassbinders, was ihr mancher und manche neidete.

Erbansprüche hatte sie aber nicht, der Nachlass Fassbinders ging, wie eingangs erwähnt, an die Eltern, bald allein an die Mutter. Da diese auch nicht mehr die Jüngste war, vermachte sie die Rechte 1992 an Juliane Lorenz, die Cutterin der späten Filme – sie war es auch, die den Toten in der Wohnung gefunden hatte. Zwei Jahre später verstarb Fassbinders Mutter, und die Fassbinder Foundation lag nun in den Händen von Juliane Lorenz. Damit waren viele nicht gerade glücklich, gerade Mitglieder der alten Entourage; Lorenz organisierte den Nachlass auf sehr engagierte Weise und fand dafür viel Anerkennung, gerade für die Aufbereitung auch entlegener Perlen aus dem großen Fundus. Immer mal wieder wurde jedoch Kritik geübt, sie agiere allzu selbstherrlich, vor allem im Umgang mit ehemaligen Kollegen, deren Beitrag sie zu schmälern versuche. Zum 25. Todestag Fassbinders kam es dann zum Eklat, verursacht von Ingrid Caven.

Diese äußerte lautstark Vorwürfe, Juliane Lorenz würde das Werk Fassbinders verfälschen und frühere Weggefährten systematisch ausbooten. Sie solle den Vorsitz der Foundation abgeben. Damit stand sie nicht allein, denn ihrem Aufruf folgte eine Liste namhafter Kollegen und früherer Mitarbeiter. Insgesamt 25 Personen hatten sich bereit gefunden, Ingrid Caven zu unterstützen, besonders aus der alten Garde der Anfangsjahre. Dazu kam bald eine geradezu groteske Komponente des Streits: Die Legitimität von Lorenz als Erbin wurde in Zweifel gezogen. Denn auch sie behauptete, mit Fassbinder verheiratet gewesen zu sein. Wie Fassbinders Mutter, die sich mit seinem unverhohlenen Schwulsein nie recht abfinden konnte, verbreitete die ehemalige Cutterin, er sei ohnehin nie wirklich homo-, sondern allenfalls bisexuell gewesen. Selbst das Stammtischargument, er habe halt nie die richtige Frau getroffen, machte die Runde. Das ist ungefähr so plausibel wie die Offenbarung einer jahrzehntelangen heimlichen SPD-Mitgliedschaft von Franz Josef Strauß, aber Fassbinders Mutter war wohl seinerzeit nur zu froh gewesen, dass sie mit ihrer Meinung nicht allein stand und nun eine Schwiegertochter hatte. Dummerweise gibt es keinerlei amtliche Belege für die Heirat; angeblich habe sie in Fort Lauderdale spontan 1978 stattgefunden; die genaue Erzählung wird im Laufe der Jahre immer diffuser, bis hin zu der Behauptung, man habe vor lauter Begeisterung die Urkunde aus dem fahrenden Auto geworfen. Wie auch immer, es gibt keinerlei Beweis für die Zweitheirat.

Die vor allem über das Feuilleton ausgetragenen Grabenkämpfe gingen und gehen ungeachtet der vollzogenen oder fantasierten Ehe weiter, mit erbitterten Gegnern unter Führung der beiden selbsterklärten Witwen, mit neutralen Beobachtern (etwa Hanna Schygulla) und dem allgemeinen Tenor, dass trotzdem alle ziemlich froh sind, dass Juliane Lorenz diese Arbeit macht und das Werk Fassbinders nicht nur konserviert, sondern lebendig hält. Nur mit den Methoden sind eben nicht alle einverstanden. Es drängt sich geradezu auf, hieraus ein Drehbuch zu machen: Die geschiedene Gattin und die Pseudo-Ehefrau zanken sich in der Öffentlichkeit um das Vermächtnis eines bekennenden Homosexuellen – das klingt geradezu nach einem Fassbinder-Stoff. Vielleicht wäre ihm das ganze aber auch einfach wieder zu banal. An selbstzerfleischenden Spielchen seiner Anhänger hatte er jedenfalls immer seine genüsslich-sadistische Freude – so gesehen erweisen sich die früheren Kollegen immerhin als treue Erben ihres Meisters.

O sole mio und die Millionen

Luciano Pavarotti

Fährt man durch die deutschen Lande, so könnte man den Eindruck gewinnen, dass es hier vor Tenören geradezu wimmelt; Plakate an Litfaßsäulen künden für die Mehrzweckhallen und Sommerfestivals von Pfullendorf bis Warnemünde die gemeinsamen Auftritte von drei, fünf oder sogar zehn, manchmal jungen, manchmal adjektivlosen Tenören an. ›Die drei jungen Baritone‹ oder ›Die fünf Sopranistinnen‹ haben sich bislang noch nicht finden lassen – kein Wunder: The Three Tenors ist ein eingetragenes Markenzeichen, wie Coca-Cola oder Adidas, auch wenn der Glanz des Ganzen inzwischen wieder etwas zu verblassen scheint. Mitte der 1990er-Jahre war das noch ganz anders. Der Ursprung dieser Erfolgsgeschichte ist heute etwas in Vergessenheit geraten, auch wenn noch jeder wissen dürfte, dass die drei Tenöre José Carreras, Plácido Domingo und Luciano Pavarotti waren.

Alles begann mit einem Ereignis, das hier in Deutschland sicher keineswegs vergessen ist: der Fußballweltmeisterschaft in Italien 1990. Pavarotti hatte dort einen berühmten Solo-Auftritt und sang im Stadion eine Arie aus Puccinis *Turandot*, welche die WM-Hymne sein sollte (da der Text der Arie auf *vincerò* – »ich werde siegen« endete). Dieser Einbruch der Hochkultur an ungewohntem Ort war ein enormer Erfolg und die dazugehörige Aufnahme verkaufte sich bestens – damit hätte Puccini sicher nicht gerechnet; natürlich wurde die Platte allgemein mit Pavarotti gleichgesetzt und nicht mit einem Opernstück. Für den italienischen Opernstar war dies jedoch ein schöner Erfolg, der noch bei weitem übertroffen werden sollte in den nächsten Tagen.

José Carreras erholte sich von einer Krebserkrankung. Als Dank und Werbung für seine neu gegründete Leukämiestiftung kam irgendwer auf die Idee, man solle doch die drei bekanntesten zeitgenössischen Tenöre, neben Carreras selbst seinen spanischen Kollegen Domingo und eben Pavarotti zu einem gemeinsamen Konzert bitten. Der Italiener, eher weniger geneigt, das Scheinwerferlicht zu teilen, ließ sich schließlich doch überreden, denn er mochte es, vor großem Publikum zu singen – und hier bot sich die Gelegenheit eines riesigen Fernsehpublikums. In dieser Hinsicht war es weniger seine Eitelkeit, die ihn vor die großen Zuschauermengen drängte, sondern seine Mission, möglichst viele Menschen mit klassischem Gesang und insbesondere der Oper bekannt zu machen, Menschen, die damit sonst wenig anzufangen wussten. Das Konzert, kurz vor dem WM-Finale an historischem Ort in Rom, war ein gigantischer Erfolg. Die TV-Zuschauerzahlen kratzten an der Milliardengrenze und die Namen der drei Sänger kannte nun so gut wie jeder.

Die Plattenfirma hatte eine Gelddruckmaschine entdeckt. Einzelplatten von Pavarotti waren schon Bestseller (nicht unbedingt die Opern, die blieben weiterhin etwas für Kenner, aber die Konzert- und Solo-Aufnahmen), doch der Absatz der Drei-Tenöre-LPs – wir sind ja noch in den frühesten 1990er-Jahren – sprengte alles bisher Bekannte. Übrigens nicht zum persönlichen Profit der drei Ausnahmekünstler. Da sie mit einem solchen Erfolg nicht gerechnet hatten, lautete ihr Vertrag jeweils auf eine festgesetzte Gage – eine enorm hohe Gage, wohlgemerkt, was ihnen vielleicht den Blick auf die möglichen späteren Gewinne vernebelt hatte. Diese kassierte allein die Plattenfirma – nur Pavarotti war gewieft genug, sich später doch noch einen Nachschlag zu holen, nicht zur Freude seiner beiden Sangesgenossen.

Apropos Nachschlag. Vielleicht weil sie aus diesem Fehler gelernt hatten, strebten Carreras und Domingo ein weiteres Dreierkonzert an, dieses Mal in den USA. Wieder war es Pavarotti, der sich anfangs sehr skeptisch gab, denn er glaubte nicht recht an eine Wiederholung des Überraschungscoups von Rom und füllte außerdem inzwischen allein die Stadien – und nicht nur diese: 1992 sang er im strömenden englischen Regen vor etwa 250 000 Menschen im Londoner Hyde Park, im Jahr darauf gar vor einer halben Million im New Yorker Central Park, vermutlich ein für lange Zeit bestehender Rekord. Trotzdem ließ er sich ein zweites Mal überreden, denn die Gage hatte sich im Vergleich zu Rom mehr als versiebenfacht und die Gefahr, dass man die Anschlussvermarktung wieder verpasste, bestand sicher nicht mehr. Bekanntermaßen war auch dieses Ereignis ein riesiger Erfolg. Fortan ließ sich Pavarotti, vermutlich bei deutlich nachlassendem Widerstand, zu noch einem gemeinsamen Auftritt überreden und zu noch einem und so weiter ... Eine Stadt, die etwas auf sich hielt, brauchte nun ein Drei-Tenöre-Konzert.

Die Karriere des Tenors

Spätestens das Jahr 1990 brachte also den Durchbruch für den italienischen Tenor und katapultierte ihn aus der überschaubaren Welt der Opernliebhaber und Klassik-Aficionados hinein in die weltweite Hörerschaft und die Nähe zum Pop. Ersteren war er natürlich längst ein Begriff, da seine Karriere schon in den 1960er-Jahren begonnen hatte. Auch wenn der Sohn eines Bäckers aus Modena, geboren 1935, nicht damit gerechnet hatte, so hatte er zumindest davon geträumt. Sein Vater war daran nicht unschuldig: Zwar selbst nur Handwerker, begeisterte er sich für Musik und war selbst ein ordentlicher Tenor – ein besserer als sein Sohn, wie er angeblich bis zuletzt glaubte. Das Talent des Jungen erkannte und förderte er jedenfalls früh und er nahm ihn mit in den örtlichen Chor, wo er auch selbst sang. Ob es mehr war als nur Talent, war natürlich noch ungewiss, weshalb Pavarotti zunächst einen ordentlichen Beruf erlernen sollte: Lehrer. Ausgeübt hat er diesen nur sehr kurz, obwohl er später auch eine Zeit lang als Versicherungsvertreter arbeiten musste, bis er von seinen Engagements leben konnte. Über Gesangswettbewerbe gelang es dem noch sehr jungen Tenor schließlich, den Einstieg in die Musikwelt zu finden.

In den frühen 1960er-Jahren nahm seine Karriere dann ordentlich Schwung auf, internationale Opernhäuser begannen sich für ihn zu interessieren und Herbert von Karajan wurde erst zu einem stillen Verehrer, dann zu einem großen Förderer. Er verhalf ihm auch zu dem, was generell in der Opernwelt, aber insbesondere für einen waschechten Italiener wie Pavarotti als Krönungsakt galt, einem Auftritt mit der Mailänder Scala – »mit«, denn es war ein Gastkonzert im Ausland und Pavarotti nur der Ersatz für den legendären, aber kurzfristig erkrankten Gianni Raimondi. Pavarotti nutzte seine Chance und triumphierte. Neben Karajan war es vor allem die seinerzeit sehr berühmte Diva Joan Sutherland, eine Australierin, die Pavarotti förderte; sie forderte ihn mehrfach als männliches Pendant bei ihren Aufführungen an, überwiegend in den USA, wo er in den folgenden Jahrzehnten besonders gerne auftrat. Kein Zweifel, es ging stark bergauf mit seiner Karriere. Pavarotti erweiterte auch zunehmend sein Repertoire, dessen Schwerpunkt, was nicht überrascht, auf den italienischen Komponisten lag, also Puccini, Rossini und natürlich Verdi. Gelegentlich sang er Rollen in französischen, selten in deutschen Opern. Was das Repertoire anging, mag er also auf sein Heimatland beschränkt gewesen sein, ansonsten war er dies ganz und gar nicht. Da scheute er keine langen Reisen und stattete den entferntesten Kontinenten seine Besuche ab.

Nach 1990 verstärkte sich der Rummel, den Pavarotti jedoch durchaus genoss. Opernstar zu werden, war sein Traum, aber eine internationale Zelebrität zu werden, deren Name jedem von Melbourne bis Seattle etwas sagte, war noch mal eine völlig andere Dimension. Und Pavarotti war eben mehr als nur einer der drei Tenöre, er war für sich bereits eine Marke. Den dicken bärtigen und lebenslustigen Italiener, schwitzend mit riesigem Taschentuch, der auch gern einmal ein Konzert im Hawaii-Hemd gab, konnte inzwischen jedes Kind auf der Strasse identifizieren. Bei manchem klassischen Bühnentenor mochte das – vielleicht nur allzu verständliche – Neidgefühle auslösen. Doch empfand er selbst sein Vermögen eher als sehr willkommenen Nebeneffekt. Von seiner bereits erwähnten Mission war er sicher aufrichtig überzeugt; und Neid hin oder her: Pavarotti hat tatsächlich Unmengen von Zuhörern erreicht und in ihnen Begeisterung für klassischen Gesang geweckt, wie dies zuvor niemandem gelungen war. Sicher, wie nachhaltig dies ist, steht auf einem anderen Blatt, ob davon nun die Opernhäuser oder vielleicht eher doch die Pfullendorfer Mehrzweckhalle profitiert haben, mag jeder selbst entscheiden. Fest steht, dass Pavarotti mit dem gewagten Schritt aus dem Musiktheater seinen Nachfolgern zusätzliche Auftrittsmöglichkeiten erschlossen hat. Und er beließ es nicht nur bei Auftritten mit Pop-Größen – seine Pavarotti&Friends-Konzerte waren feste Sendetermine im Kalender der Fernsehanstalten –, sondern förderte

Pavarotti und die Frauen: Hier mit seiner ersten Gattin Adua und den drei gemeinsamen Töchtern.

in seinem eigentlichen Metier junge Künstler, zum Beispiel durch die Einführung eines eigenen Gesangswettbewerbs in Erinnerung an seinen Karrierebeginn.

Ab der Jahrtausendwende, nach über 40 Jahren auf der Bühne, nahm sich der Tenor langsam zurück. Bereits früh hatte er betont, dass die Schaffensdauer eines guten Tenors begrenzt sei, keinesfalls werde er sich mit unsicherer Stimme zum Gespött machen oder um Nebenrollenverträge betteln. Auch hierin lag ein Motiv, für Rücklagen zu sorgen – was ihm sicher gelang, besser als allen anderen Opernstars zuvor. 2005 begab er sich offiziell auf eine Abschiedstournee, die diesen Namen dann fast makaber klingen ließ. Bei Pavarotti wurde Krebs diagnostiziert, dem er schließlich indirekt zum Opfer fiel, denn nach schweren Operationen war er zu geschwächt, um anderen Krankheiten Widerstand zu leisten. Am 6. September 2007 starb Luciano Pavarotti. Der Trauergottesdienst in Modena war das letzte große Fernsehereignis, welches sich mit seinem Namen verband, noch einmal bewegte er ein Millionenpublikum.

Der Frauenheld und seine Testamente

Um seinen Ruf war es zu dieser Zeit allerdings nicht mehr ganz so gut bestellt. Die Inszenierung glücklichen Familienlebens gehörte zu den Konstanten der Berichterstattung, denn damit erfüllte man die klischeehaften Erwartungen des neugierigen Publikums. Über Jahrzehnte galt Adua, Pavarottis Gattin seit 1961, als Stütze ihres umtriebigen Gatten – bei Weitem nicht als Heimchen, sondern als selbstbewusste Dame, die nebenbei ihre eigene Agentur (Stage Doors) – führte, und dies mit Erfolg (der Name Pavarotti wird nicht geschadet haben). Die drei Töchter rundeten das Bild familiärer Eintracht ab, dazu kam das gute Verhältnis zum eigenen Elternhaus. Vorgegaukelt war das sicher nicht, der Stolz auf die Töchter war echt und die Beziehung Pavarottis zu seinen stolzen Eltern ungetrübt. Und auch Adua schien sich in ihrer Rolle wohlzufühlen, was manchen Beobachter durchaus verwunderte.

Ein klassischer Frauenheld war Pavarotti sicher nicht. Trotzdem war sein italienischer Charme, hier entsprach er gewiss dem Stereotyp, nicht zu unterschätzen: Dazu kam die offenbar unwiderstehliche Anziehungskraft des Berühmten, auch wenn der Tenor selbst die scherzhafte Nachfrage nach seinen Groupies stets ebenso amüsant zurückwies. »Ich weiß, ich bin oft in Gesellschaft hübscher Frauen zu sehen, und ich flirte mit jeder Frau, die ich kennenlerne – von siebzehn bis siebzig«, bekannte Pavarotti augenzwinkernd in seiner Autobiografie. Ähnlich jovial erklärte er die oft geäußerte Verwunderung darüber, dass er offenkundig einen extrem hohen Verschleiß an jungen, gut aussehenden, privaten Assistentinnen habe: Gerade weil er so eng mit den jungen Damen zusammenarbeite, sei es sein Wunsch, dass sie nur eine überschaubare Zeit bei ihm beschäftigt seien, um das persönliche Verhältnis nicht überzustrapazieren. »Ich werde sonst zu abhängig von ihnen, und sie manchmal sonst zu abhängig von mir«, – ein eher vieldeutiger Satz. Gerüchte, nicht nur wegen der adretten Sekretärinnen, gab es stets und dies ist bei einem internationalen Star, noch dazu angesichts der Klatschsüchtigkeit der Italiener. Nach außen hin zeigten sich Adua, Luciano und die drei Töchter bis zum Jahr 1996 als familiäre Einheit.

Statt über schwer belegbare Gerüchte hatten die Kolumnisten der üblichen Zeitschriften nun über einen plötzlich heftig ausgefochtenen Scheidungskrieg zu berichten; auch das nahm man gerne mit. Laut allgemeinem Tenor hatte Adua nämlich nun endgültig genug von den Affären ihres Tenors, die Zeit des Stillhaltens war vorüber. Genüsslich ließ man sich in den einschlägigen Blättern über die Trennung aus – was vor allem Luciano schadete, noch dazu zog sich der Rosenkrieg über Jahre hin. Abgesehen vom Imageverlust gab sich die betrogene Gattin was das Finanzielle anging auch nicht mit Petitessen zufrieden. Ob Pavarottis Vermögen durch die im Jahr 2000 endgültig erfolgte Scheidung tatsächlich halbiert wurde, wissen vielleicht nur die Beteiligten und Finanzämter. Auf jeden Fall bekam Adua nicht nur an reinem Geldwert Respektables für sich (und schließlich auch ihre Töchter), sondern auch an Immobilien – unter anderem Pavarottis geliebte Sommerresidenz – und, was nicht unwichtig war, einige Rechte an den Platten und Aufnahmen ihres Exgatten, eine besonders kluge, weil langfristige Absicherung.

Verarmt war Pavarotti dadurch nicht und wie sehr er sich an der Süffisanz der Medien störte, bleibt der Fantasie überlassen. Gleich nach der

Scheidung ging man zum nächsten Pavarotti-Tratsch über, schließlich gab es einen sehr konkreten Scheidungsgrund. »Big P.« hatte eine Neue. Nicoletta Mantovani war nicht nur gut 34 Jahre jünger als der alternde Startenor, sondern auch noch Pavarottis Sekretärin. Soviel also zu den jungen Assistentinnen, die er sich offenkundig doch nicht so weit vom Leib hielt, wie einst überall verbreitet. Während er seine Sangeskarriere langsam ausklingen ließ, erlebte er, was man im Volksmund so schön einen zweiten Frühling nennt. Er heiratete Nicoletta 2003 und Zwillinge wurden geboren – allerdings trübte der Tod eines der beiden Kinder die Idylle. Trotzdem wirkte Pavarotti, dessen Gesundheit ihm zunehmend zu schaffen machte, laut Bekannten aus seiner Umgebung sehr glücklich.

2007 erlag er, wie berichtet, seinem Krebsleiden. Nach der allgemeinen Trauer konnten sich die Medien gleich auf die nächsten Spekulationen einlassen. Pavarotti war einfach der internationale italienische Star schlechthin gewesen, mit seinem Tod war er als Phänomen noch lange nicht aus den Schlagzeilen verschwunden. Die erste Frage der Nation war natürlich der Klassiker: Wer erbt? Schließlich waren nun eine langjährige Ex- und eine kurzzeitige Gattin vorhanden, aus erster Ehe drei Töchter, aus der zweiten eine weitere. Das böse Gerücht schlich sich ein, Pavarottis zweiter Frühling mit Nicoletta sei eher kurz gewesen, da die Scheidung schon anberaumt und nur durch den Tod des Tenors verhindert worden sei. Böse Zungen aus dem Bekanntenkreis munkelten, die junge Ehefrau hätte den kranken Mann stets zu neuen Zugeständnissen und Unterschriften gedrängt, offenbar weil sie fürchtete, Adua und ihre Töchter kämen sonst zu gut weg.

Die Situation war kompliziert. Pavarotti hatte in relativ kurzem Abstand zwei Testamente gemacht. Das erste bot wenig Überraschendes: Nicoletta, angetraute Gattin, erhielt neben ihrem Pflichtteil von 25 Prozent ein weiteres Viertel, also insgesamt die Hälfte des Vermögens; der Rest verteilte sich auf die vier Töchter aus beiden Ehen. Eine Überraschung gab aber es doch: Nicht nur war das Vermögen längst nicht so üppig wie gedacht (von 200 Millionen Euro war die Rede), sondern zur Erbmasse gehörte auch ein ordentlicher Schuldenberg. Ein Steuerstreit hatte schon vor einiger Zeit das Vermögen kräftig reduziert und nun entdeckten die Nachlassverwalter weitere Verluste aus Spekulationen sowie durch sehr hohe Arztkosten in den USA. Trotzdem gilt auch hier: Zu den sprichwörtlichen Kirchenmäusen wurden die Erben nicht – man ging von 30 bis 40 Millionen Euro aus.

Aber da war ja noch das zweite, neue Testament, kurz vor dem Tod aufgesetzt. Dieses setzte zwar das alte nicht außer Kraft, begünstigte aber eindeutig Nicoletta. Pavarotti hatte in den USA zusätzlich Vermögen angelegt, das er exklusiv seiner Ehefrau vermachte, die Kinder gingen dabei leer aus, was nur aufgrund amerikanischer Regelungen in dieser Form möglich war. Streit war also vorprogrammiert. Die jeweiligen Rechtsanwälte ließen sofort verlauten, dieses zweite Dokument genauestens überprüfen zu wollen. Die kaum verstummten Geschichten über den Druck der jungen Frau auf Pavarotti in Sachen Testamentsänderung flackerten wieder auf. Im Jahr 2008 allerdings traten die Erben der beiden Linien, die Kinder Aduas und Nicoletta mit Versöhnungsgesten an die Öffentlichkeit: Den integrativen Geist des großen Tenors beschwörend, habe man sich geeinigt und für eine gerechte Aufteilung des Erbes gesorgt. Alle waren zufrieden – bis auf den Staatsanwalt, der ging weiterhin den Gerüchten nach und leitete ein Ermittlungsverfahren wegen möglicher Ausnutzung eines durch Krankheit Unzurechnungsfähigen ein. Ergebnis offen.

Schwedische und amerikanische Erbkrimis

Stieg Larsson und Mrs Smith

Edwy Plenel, der Herausgeber der investigativen Internetzeitung mé-diapart, das die politische Dimension der Affaire Bettencourt ans Licht brachte, bezog sich in einem Plädoyer für die Pressefreiheit unter anderem auf Mikael Blomkvist, schwedischer Kollege bei Millennium, für Plenel eine charakteristische Gestalt der Gegenwart. Nun ist Blomkvist eine fiktive Figur, doch der erfahrene französische Haudegen wusste natürlich, was er sagte: Dass es nicht die Behörden sind, welche die Skandale unserer Tage aufdecken, weshalb sich der Autor Stieg Larsson lieber einen unbestechlichen Journalisten statt eines Kommissars als Protagonist wählte, und dafür von Millionen Lesern weltweit geliebt wird. Dies mochte Plenel nicht nur schmeicheln, er verstand es auch als Symptom – und Ansporn. Ob er sich, da er gerade mit einem Familienstreit beschäftigt war, der sich zur Staatskrise auswuchs, bewusst machte oder darauf anspielte, dass auch Larsson beziehungsweise seine Erben über dessen Nachlass haderten, darüber kann man nur spekulieren.

Nicht nur der Romanheld Blomkvist, auch sein Autor Larsson war ein Kollege Plenels, denn der Schriftsteller aus dem in Nordschweden gelegenen eher beschaulichen Umea arbeitete als Journalist bei dem Magazin *Expo*, einer Zeitschrift, die ihre Hauptaufgabe darin sieht, rechtes Gedankengut zu bekämpfen. Ein ebenso notwendiges wie gefährliches Unterfangen, denn in Schweden gärt unter der Oberfläche des harmonischen Sozialstaats seit Jahrzehnten der Rechtsextremismus. Neben den Erfolgen der aufstrebenden Schwedendemokraten, deren Name euphemistisch in die Irre führt, die jedoch bereits Eingang ins Parlament gefunden haben, kommt es immer wieder zu Gewaltakten neofaschistischer Gruppen – auch dies ein Thema vieler so genannter Schwedenkrimis. Der Journalist Larsson musste mit den Anfeindungen der Rechtsextremen leben, die Redaktion des *Expo* erhielt zahlreiche Drohbriefe.

Der Schwedenkrimi, dessen Hauptmerkmal eine stark sozialkritische Tendenz, aber auch ein sehr nüchterner Blick auf seine Protagonisten ist, drang seit den 1970er-Jahren in die Gemeinde der Krimileser ein und erreicht seit den 1990er-Jahren – dank Henning Mankell und zahlreichen TV-Verfilmungen – gerade in Deutschland, aber auch dem Rest des Kontinents ein Millionenpublikum. Mit wohligem Grusel vertiefte man sich in die unglaublichen Abgründe

Der Erfolg kam erst nach dem Tod: Stieg Larsson, postumer Bestsellerautor.

des als doch so friedlich und freundlich bekannten Landes im Norden. Um die Jahrtausendswende musste man allerdings immer mehr den Eindruck gewinnen, dass inzwischen jeder Schwede und jede Schwedin vor dem Rechner saß und Abscheulichkeiten zu Papier brachte, die von heruntergekommenen Polizisten, gegen schlimmste Verschwörungen im gesamten Staatsapparat ankämpfend, mühsam aufgeklärt werden mussten. Kurzum: Die Welle schien langsam abzuflachen.

Dann kam 2005 Larsson mit dem ersten Band seiner *Millennium*-Trilogie. Doch so stimmt der Satz bereits nicht mehr. Denn Stieg Larsson, geboren 1954, war im Jahr 2004 verstorben – keine Gewalttat (jedenfalls nicht im eigentlichen Sinn), ein Herzinfarkt hatte ihn mit 50 Jahren das Leben gekostet. Neben seiner journalistischen Tätigkeit bei *Expo* hatte er zusätzlich bereits drei nicht gerade dünne Bände für sein Romanprojekt beendet, das angeblich auf zehn Fortsetzungen angelegt war. Nun erschienen die ersten drei Bände, schön gestaffelt, postum – ein durchschlagender Erfolg. Larsson soll sich dessen sicher gewesen sein, er war von seinen Büchern restlos überzeugt; umso bitterer, dass er damit zwar Recht hatte, diese Bestätigung allerdings nicht mehr erleben konnte. Der Mythos Schwedenkrimi war vorerst gerettet und mit den Romanen des, wenn man so will, toten Autors ein neuer Mythos geboren, schließlich war allein dies schon eine gute Geschichte.

Eine Geschichte mit einem Haken. Wie vermutlich die meisten Menschen hatte Larsson nicht damit gerechnet, schon mit 50 Jahren die letzte und ewige Reise antreten zu müssen, weshalb er kein Testament aufgesetzt hatte. Als Journalist hatte er zwar wenig zu vererben, doch mit Erscheinen der Romane und deren reißenden Absatz, erst in Schweden, dann international, fingen die Gelder an zu fließen. Und zwar in die Taschen des Vaters Erland und des Bruders Joakim, was nicht überrascht, schließlich sind sie die engsten Familienangehörigen des Verstorbenen. Der war nämlich nicht verheiratet, allerdings seit über 30 Jahren mit ein und derselben Frau liiert, Eva Gabrielsson, mit der er auch zusammenlebte. Nur auf dem amtlichen Papier war ihr Zusammensein nie bestätigt worden und so blieb es eine wilde Ehe – und die gilt vor dem Notar bekanntlich nichts.

Die Erbansprüche der Quasi-Witwe

Da darf man schon mal sauer sein. Aus Sicht von Eva Gabrielsson heimsten nun die Verwandten Tantiemen ein, zu denen sie nicht den geringsten Beitrag geleistet hatten. Während sie die Launen des Schriftstellers ertragen, ihn unterstützt und ermutigt, ihm den Rücken frei gehalten und ihn beraten habe, sei von der Familie nie etwas zu hören gewesen in all den Jahren. Kaum sei Stieg tot, fielen ihnen nun alle Früchte seiner Arbeit in den Schoß. Ungerechter gehe es wohl kaum. So die Version der Quasi-Witwe, die damit auf viel Verständnis und Zustimmung stieß. Die Fronten schienen klar und Frau Gabrielsson auf der richtigen Seite. Juristisch gesehen konnte sie sich wenig Hoffnung machen. Sicher, sie war keine heimliche Geliebte, die plötzlich aus dem Nichts auftauchend unüberprüfbare Ansprüche stellte, sondern die jahrzehntelange Lebensgefährtin Larssons, was niemand in Zweifel zog. Nur war dies eben nie amtlich dokumentiert worden, weder durch eine Heirat, noch durch ein Testament. Dass sie ihre Beziehung nie legalisiert hatten, mag antispießbürgerlicher Freiheitswille gewesen sein, und dass Larsson, der vielleicht nicht mit einem plötzlichen Tod, aber doch andererseits aufgrund seiner Arbeit immerhin mit unvorgesehenen Gefahren hätte rechnen können, kein

Testament aufsetzte, ist letztlich vielleicht sorglos gewesen, aber wirklich zum Vorwurf machen kann man es ihm nicht. Wie man es dreht und wendet, das Ergebnis ist dasselbe: Formal hatte Eva Gabrielsson keinen Anspruch auf das Erbe.

Aber moralisch? Das war nun die Frage aller Fragen, und wer sollte sie beantworten? Die öffentliche Meinung hatte in dieser Hinsicht schnell ihr Urteil gefällt, nicht ganz frei vom Eindruck der ersten Statements Eva Gabrielssons, die der Familie immerhin jahrelange Vernachlässigung Stieg Larssons vorgeworfen hatte. Als Argument der allgemeinen Sympathiewerbung mag das gut angekommen sein, taktisch war es sicher kein Vorteil, diejenigen zu verprellen, auf deren Kulanz sie angewiesen sein würde. »Es ist unglaublich, was Geld aus Menschen macht, besonders in Erbangelegenheiten.« – Mit diesem Zitat der Schauspielerin Noomi Rapace, die die Heldin in Verfilmungen der Krimi-Trilogie verkörpert, hatte sich im Internet eine Unterstützerplattform formiert, die unter den Fans Geld für die anfallenden Anwaltskosten sammelte. Es mangelte keineswegs an internationaler Solidarität, doch auch diese konnte nichts an der Tatsache ändern, dass Eva Gabrielssons Position vor Gericht sehr schwach war, daran hätte wohl auch ein noch so guter Anwalt wenig ändern können.

Die Auseinandersetzungen zogen sich über Jahre hin und schienen mit zunehmendem Erfolg des Autors, was nicht ganz unverständlich ist, eher zu- als abzunehmen. Eva Gabrielssons mehr oder minder einziges echtes Druckmittel war der sich in ihrem Besitz befindliche Laptop des Verstorbenen – auf ihm befand sich angeblich das Manuskript des heiß ersehnten vierten Bandes der Reihe in einer Rohfassung. Ein Lichtblick im Sinne Gabrielssons war die Überlassung erst der halben, später der gesamten gemeinsamen Wohnung, sie musste also nicht ausziehen – das war im Jahr 2008, Larsson bereits seit vier Jahren unter der Erde. Im Jahr darauf schien es endlich soweit und das Ende des Konflikts zeichnete sich ab. Vater und Bruder, von denen man inzwischen auch wusste, dass sie keineswegs Angehörige einer Rabenfamilie waren, der das Schicksal des Bruders gänzlich egal gewesen war, offerierten einen Kompromiss.

Eva Gabrielsson sollte gut zwei Millionen Euro aus den Tantiemen bekommen, nur etwa 10 bis 15 Prozent des Gesamtbetrags. Die frühere Lebensgefährtin lehnte ab. Sie verkündete, ihr sei nicht an dem Geld gelegen, sondern an den Rechten, beziehungsweise an der Verwaltung des geistigen Nachlasses ihres Freundes. Wieder fällt es schwer, die Motive beider Seiten zu durchschauen. Einerseits war die Familie um die Beilegung des zähen Streits bemüht – doch wirklich großzügig war das Angebot nicht, außer in der Hinsicht, dass sie eigentlich nichts verpflichtete, überhaupt ein Angebot zu machen. Andererseits war aus genau dem gleichen Grund Eva Gabrielssons Ablehnung womöglich nicht aus Treue und Idealismus gegenüber Larsson geboren, dem das schnöde Geld egal war, denn beide Seiten wussten, dass die Gelddruckmaschine gerade erst so richtig angelaufen war – Verfilmungen standen an, das bedeutete weitere Einkünfte durch die Filmrechte und in deren Folge weitere Auflagen seiner Bücher.

Nachdem auch dieser Versöhnungsversuch gescheitert war, blieb Eva Gabrielsson noch ein weiteres Mittel, ihre Ansprüche geltend zu machen. Sie führte nun ins Feld, genau genommen habe Stieg die Romane nicht allein, sondern mit ihr zusammen geschrieben. Das war kein unkluger Schachzug, denn hätte sie beweisen können, dass sie Mitverfasserin der Werke war, hätte sich die Rechtslage womöglich geändert – auf ihr geistiges Eigentum hätte die Familie natürlich keinen Anspruch. Doch sie konnte den Beweis nicht liefern. Schwammige Aussagen von Kollegen, Stieg Larsson sei als Journalist kein Meister der Stilistik gewesen, auffälligerweise ganz anders als in den Büchern, waren eher dazu angetan, das Bild des Krimiautors im Nachhinein zu verunglimpfen. Vielleicht gab Eva Gabrielsson deshalb die Bemühungen in diese Richtung auch bald auf.

Der Boulevard war zu dieser Zeit Ende der 2000er-Jahre mit solchen Erbstreitereien bestens beschäftigt, fast gleichzeitig hatten sich in Italien die Agnellis verfeindet und die Pavarotti-Nachfahren stritten ebenfalls um Millionen, aber die beste Mischung aus Sex and Crime lieferten natürlich die US-Amerikaner. Dort sorgte zu dieser Zeit das Nachleben einer Dame für Schlagzeilen, deren gar nicht so langes Erdendasein spä-

Stieg Larsson und Mrs Smith

testens seit Beginn der 1990er-Jahre das Publikum der Klatschspalten erfreut, das der sich für gehoben haltenden Klassen dagegen eher geschockt hat, oder mit wohligem Grusel und wenigstens vorgetäuschtem angewiderten Ausdruck heimlich gierig mitverfolgt wurde.

Für Viggie Hogan, geboren 1967 in einem tristen kleinstädtischen Provinznest in Texas, interessierte sich natürlich niemand, es sei denn irgendein Soziologe wäre auf die Idee gekommen, einen typischen Adoleszenzverlauf im Süden der USA zu dokumentieren. Dafür war das Leben der Vickie Hogan aus Harris County geradezu prototypisch: Bei ihrer Geburt war ihr Vater 20, ihre Mutter 16, beide seit einem halben Jahr verheiratet, die Ehe hielt noch gut zwei Jahre, 1969 trennten sich ihre Eltern, Vickie zog mit ihrer Mutter zur Oma, als erstere wieder heiratete – nun mit reifen 20 – kam sie später zu deren Schwester. Die Schullaufbahn war kurz und unvollendet, Vickie schlug sich mit Jobs als Kellnerin in Fast-Food-Restaurants durch. Dort lernte sie ihren ersten Mann kennen, Billy Smith, anno 1985. Da war sie 17, immerhin älter als ihre Mutter bei ihrer Geburt; dafür war ihr Zukünftiger erst 16. Ein Kind kam Anfang 1986, die Trennung 1987, die offizielle Scheidung wurde 1993 nachgereicht. Vickie musste sich wieder mit Gelegenheitsjobs über Wasser halten, Kassieren und Kellnern blieb ihr Schicksal. Zusätzliches Geld ließ sich in zweifelhaften Bars durch das gediegen vorgetragene Ablegen ihrer Kleidung vor Publikum verdienen. Welchen Befund der Soziologe aus solch einem Lebenslauf ziehen würde, werden wir nie erfahren, aber er dürfte nicht viel anders lauten als der eines unvoreingenommenen Laien: ein trauriges, aber durchschnittliches Alltagschicksal, Aufstieg nach oben verpasst, Abstieg nach unten bereits eingeleitet.

Das war keine sehr gewagte Prognose, aber sie war trotzdem falsch. Wir sind am Anfang der 1990er-Jahre, noch ist das Phänomen gelangweilter reicher Töchter à la Paris Hilton oder Peaches Geldof, die jede Minute ihres Privatlebens den Kameras und Gazetten offerieren, genauso weit entfernt wie die wöchentliche Fließbandproduktion drittklassiger Pseudostars durch TV-Casting-Shows. Mit reichlich Geschick und etwas Talent kann man es durchaus schaffen, zu einer ansehnlichen (aber nicht angesehenen) gehobenen B-Prominenz zu gelangen. Diese etwas andere Variante der berühmten Tellerwäschergeschichte steht zu dieser Zeit auch einer Gelegenheitsstripperin von der örtlichen Wal-Mart-Kasse offen und Vickie Smith weiß sie zu nutzen. Sie antwortet auf eine Suchanzeige des Playboy – mit Erfolg; 1992 ziert sie das Cover der amerikanischen Ausgabe, schmückt vermutlich zahlreiche Junggesellenbuden als Centerfold, 1993 wird sie sogar zum Playmate des Jahres gewählt. Der Durchbruch ist geschafft, Supermarktkasse ade! Ihr Kapital, um es etwas unhöflich auszudrücken, sind ihre Kurven – und hiervon hat die Frau, die sich fortan Anne Nicole Smith nennt, reichlich, unter den Hefner-Häschen ist sie insofern eine Ausnahme, als sie alles andere als ein Mager-Model, sondern relativ füllig ist.

Nun gilt es, dieses Körperkapital zu konservieren – dabei hilft die Medizin – und in echtes Kapital umzumünzen. Smith ist jetzt zwar berühmt, aber trotzdem öffnen sich die Tore und Kassen der großen Veranstalter und Studios gegenüber einem Nacktmodel nicht allzu leicht. Ein paar Nebenrollen im Film, ein paar Auftritte in Musikvideos und immer wieder neue Fotosessions, einige Werbeverträge. Darüber hinaus kann man sich nur über Offenbarungen aus dem Privatleben in der Presse halten. Dies allerdings gelingt ihr auf geradezu geniale Weise. Ein alter Bekannter aus Stripperinnen-Zeiten, Howard Marshall, seines Zeichens etwa 1,5 Milliarden Dollar schwerer Rockefeller-Kollege im Ölgeschäft, findet nur allzu viel Gefallen an ihr und überhäuft sie mit Heiratsanträgen – so die Smithsche Version. Irgendwann gibt sie nach, wieder findet eine spektakuläre Hochzeit statt, mit allem Pomp, und wiederum ist es das Alter, das – neben dem Kontostand des Bräutigams – leicht irritiert: Anne Nicole Smith ist 26, ihr Liebster ist 89. Er stirbt im verflixten dreizehnten Ehemonat.

Die Verwandten des greisen Ölprinzen kamen auf den unschönen Gedanken, Anne Nicole Smith habe den älteren Herrn womöglich nur wegen seines Geldes geheiratet, ein Vorwurf, den sie erbost zurückwies, Liebe kenne eben keine Altersgrenzen. Und dass sie nie wirklich mit Marshall zusammenlebte, mein Gott, so sei das eben bei ihrem aufregenden Job, ein stilles Eheleben im trauten Heim sei da nicht drin

Stieg Larsson und Mrs Smith

gewesen. Ob kalkuliert oder nicht – es ist schließlich auch nicht gerade nett, den eigenen Vater und Großvater als senilen Opa darzustellen, der sich von einem dahergelaufenen Busenwunder beschwatzen lässt – sollte Anne Nicole Smith auf das Vermögen des reichen Mannes spekuliert haben, ging der Plan gehörig schief. Bereits wenige Wochen nach dem Tod des 90jährigen 1994 begann ein Gerichtsmarathon, der bis zum heutigen Tag anhält. Dummerweise stand Smith nämlich nicht im Testament, das hatte der alte Herr im dritten Frühling wohl einfach – oder wohlweislich – vergessen. Die junge Witwe beanspruchte ihre angeblich versprochenen rund 400 Millionen Dollar. Verhandlung folgte auf Verhandlung, man prozessierte sich hoch bis zum Supreme Court, der höchsten Gerichtsinstanz der USA (dort ging es allerdings nur um juristische Verfahrensweisen, sprich die Zuständigkeit eines bestimmten Gerichts). Anne Nicole Smith gewann zwar ab und zu, ihre Siege wurden jedoch stets von der nächst höheren Instanz wieder annulliert.

So gingen die Jahre ins Land, Smiths Karrierekurve flachte ab, Geld floss aus dem Erbe nicht, solange die endlosen Prozesse anhielten, Abwechslung verschaffte nur das öffentlich zelebrierte B-Promi-Dasein, das sich auch schon deutlich Richtung C-Prominenz neigte. Schlagzeilen machte 2006 die Ankündigung einer Schwangerschaft, im September folgte die Geburt der kleinen Dannielynn Hope Marshall Stern auf den Bahamas. Um die Vaterschaft sollten sich bald zahlreiche Kandidaten streiten, neben ihrem Lebensgefährten Howard Stern, mit dem sie auch eine nicht-offizielle Heiratszeremonie auf See durchgeführt hatte, gab es diesen und jenen, der sich einer kurzen Affäre und möglicher Vaterschaft erinnerte. Warum eigentlich? Gut, Anne Nicole Smith war noch immer eine Klatschspaltenberühmtheit, aber für gewöhnlich drängen sich Kurzzeitgeliebte nach plötzlicher Schwangerschaft ja nicht gerade auf, um sich dann am Unterhalt zu beteiligen – erst recht nicht, wenn sie durch die genüsslichen Diskussionen in den Blättern den Eindruck gewinnen müssen, dass im Smithschen Schlafzimmer ein überaus reger Verkehr geherrscht haben muss. Nun – es gab schon wieder eine Erbin, die kleine Dannielynn. Nach dem Tod ihres Sohnes aus erster Ehe durch eine Überdosis 2006 wurde Smith vermutlich von Depressionen geplagt, die Steuerbehörden der USA waren ihr auf den Fersen (weshalb es sich empfahl, vorerst auf den Bahamas wohnen zu bleiben), es lief nicht mehr rund. Am 8. Februar 2007 wurde sie tot in einem Hotelzimmer aufgefunden, auch sie starb an einer Überdosis, ob gewollt oder durch versehentliche Vermischung zu vieler Medikamente, blieb unklar. Es war noch vieles zu klären. Die Vaterschaft entschied dank DNA-Test nicht ihr Lebensgefährte, sondern ein früherer Photograph für sich: Larry Birkenhead. In ihrem Testament vererbte Smith ihr Vermögen ausschließlich ihrem Sohn – doch das Dokument war von 2001 und ihr Sohn inzwischen bereits tot. Birkenhead zog also vor Gericht, um die Ansprüche Dannielynns zu vertreten. Und die Verfahren im Fall Howard Marshall laufen ebenfalls weiter – nun im Namen der Tochter. Die Aussichten sind allerdings nicht gerade vielversprechend: Dannielynn ist mit dem zweiten Gatten ihrer Mutter ja nicht blutsverwandt.

Wie aber endete eigentlich der Stieg-Larsson-Krimi im guten alten Europa? Eva Gabrielsson hatte irgendwann (vorerst) aufgegeben. Ihr Hauptargument war wie schon die Begründung für die Ablehnung des 2-Millionen-Angebots eher zwiespältig. Jetzt, nach Herausgabe aller drei Bände und den Verfilmungen, neben den europäischen standen nun auch amerikanische an, sei schließlich alles gelaufen – was auf gut deutsch ja heißt, es sei damit kein Geld mehr zu machen. Das deutet ein weiteres Mal auf nicht gänzlich idealistische Motive hin – was man ihr nicht vorwerfen muss, konsequenterweise dann aber auch nicht unbedingt der Familie. Bliebe noch der berühmte vierte Band. Doch der existiert laut Eva Gabrielsson nicht wirklich in einer halbwegs nachvollziehbaren Rohversion, sondern lediglich in einzelnen Seiten und Notizen. Ein Erscheinen sei so gut wie ausgeschlossen. Ende der Geschichte.

Stieg Larsson und Mrs Smith

Geld will zu Geld

oder

In Gold I Trust

Reich, reicher, Fugger

1376 machte sich der Sohn eines Webers aus dem Örtchen Graben auf in die Freie Reichsstadt Augsburg, Zentrum des Handels und der Handwerker, und folgte damit dem allgemeinen Trend zur Landflucht. Hans Fugger nutzte die Möglichkeiten, die ihm die Stadt bot, bestens, auch weil er nicht ganz unten anfangen musste, sondern bereits ein Handgeld mitbrachte. Und er, der später der Stammvater der berühmten Fugger genannt werden sollte, gab die Prinzipien vor, die seine Nachfahren mit großen Erfolg beherzigen sollten: das vorhandene Vermögen vermehren, den Geschäftsbereich ausweiten, klug heiraten (Hans schaffte das gleich zweimal) und keine Sentimentalitäten. Bei seinem Tod über 30 Jahre später (1408) war der Einwanderer Hans Fugger bereits auf Rang 41 der Augsburger Steuerliste.

Das Erbe verwaltete vorerst seine zweite Frau, bevor die Kinder Andreas und Jakob das Geschäft übernahmen. Es folgte Stufe II des Unternehmensaufbaus: Andreas war die Weberei nicht genug, denn wer es in Augsburg zu etwas bringen wollte, musste Handel treiben – um den Tuchbetrieb konnte sich ruhig der Jüngere kümmern. Anfangs ging dies noch gut, doch später beschloss man, die beiden Firmenzweige zu trennen. Beide Brüder waren erfolgreich, Jakob kletterte auf der Augsburger Steuerliste hoch auf Rang 12, Andreas immerhin auf Rang 23. Sein Zweig war eigentlich der zukunftsträchtigere, doch nicht für seine Familie. Einer seiner vier Söhne, Lukas (1439–1499), war der erste prototypische Fugger; ihm reichte das enge Augsburg, in dem die Fugger immer noch als neureiche Aufsteiger galten, nicht mehr und er expandierte sowohl ins Reich hinein als auch ins Ausland, wo er neue Niederlassungen (sogenannte Faktoreien) gründete. Es ging steil bergauf: Das Ansehen wuchs, das Vermögen wuchs, der Einfluss am Hofe wuchs, man bekam ein schönes Wappen verliehen (ein Reh) – doch genauso steil ging es wieder bergab. Lukas hatte sich auf Geschäfte mit König Maximilian I. eingelassen, dessen Zahlungsmoral sprichwörtlich war: nämlich nicht vorhanden. Er hatte sich von Lukas Geld geliehen, nicht zu wenig natürlich, und ihm dafür kurzerhand die Einnahmen der reichen Stadt Leuwen als Pfand versprochen. Doch die Leuwerner sahen gar nicht ein, warum sie die Schulden des Königs bezahlen sollten und Maximilian sah nicht ein, warum er sich darum kümmern sollte, die Schulden eines Augsburger Kaufmanns einzutreiben. Sobald man davon hörte, Lukas sei knapp bei Kasse, setzte der Dominoeffekt ein und die Kundschaft wollte schnell ihr Geld zurück. Binnen Kurzem war Lukas erledigt – die Familie der »Fugger vom Reh« verabschiedet sich aus der Geschichte.

Dies war nicht der erste Ast am Stammbaum der Fugger, der nach kurzer Blüte kümmerlich abstarb. Schon Ulrich war seinem Bruder Hans einige Jahre später Richtung Augsburg gefolgt, hatte aber keinen Erfolg – mit der Unterstützung seines inzwischen vermögenden Bruders konnte er offenkundig nicht rechnen. Denn: keine Sentimentalitäten. Auch die Familie von Jakob Fugger dem Älteren sah zunächst mit Neid dem Aufstieg, aber dann mit Gelassenheit dem jähen Absturz der Verwandtschaft um Lukas zu.

Der jakobsche Familienteil machte stetig weiter, um den kurzzeitigen Erfolg langfristig und auf sicherem Boden nicht nur zu wiederholen, sondern weit zu übertrumpfen. Wieder war es die Witwe, diesmal diejenige Jakobs des Älteren, die das Vermögen verwaltete und zusammenhielt, bis die Söhne – und davon gab es nicht zu wenige – bereit waren, zu übernehmen. Der älteste Sohn Ulrich (1441–1510) war der neue Geschäftsführer, nach dem Tod einiger der anderen Söhne wurden ihm sein Bruder Georg (1453–1505) und dann der eigentlich als Geistlicher vorgesehene jüngste, Jakob II. (1459–1525), zur Seite gestellt. Nun entstand die Firma, die man heute noch mit den Fuggern verbindet; über den Tuchhandel und das rein Kaufmännische hinaus folgte der Einstieg in den internationalen Handel, den Bergbau, der das einträglichste Geschäft dieser Tage darstellte, und später das Bankwesen. Rang 1 auf der Augsburger Steuerliste wurde anvisiert, einkassiert, aber bald als Ziel für allzu klein erachtet. Nun mischte man bei den ganz großen Geschäften mit.

Das war freilich nicht Ulrichs Idee. Doch der brav-solide Geschäftsmann war längst nicht mehr der freundliche Grüßaugust der Firma, denn der verhinderte Kanonikus Jakob hatte das Ruder übernommen. Er verkörperte exakt die oben genannten notwendigen Eigenschaften: Er war gewinnorientiert, extrem zielstrebig, mit allen auch nicht so sauberen Wassern gewaschen und frei von falscher Sentimentalität. Und im Gegensatz zu einem Lukas, der sich von König Maximilian übers Ohr hatte hauen lassen, konnte dies einem Jakob Fugger nicht passieren – eher drehte der den Spieß um. Was der jüngste Spross in den folgenden Jahrzehnten mit und aus der Firma machte, ist bis auf den heutigen Tag der Traum aller Geldvermehrer, und auch in vielen Dingen nicht ohne zeitgenössische Parallelen. Einige berühmte Episoden werfen ein Licht auf den Geschäftssinn des Größten aus der Fuggerfamilie und die Art seines Erfolgs.

Geschäfte mit Krone und Kirche

Geschäftsbasis war das System der Faktoreien. Nach wie vor blieb der Hauptsitz der Firma stets in Augsburg, das ohnehin eine der größten Städte in Europa war; lediglich innerhalb der Stadtmauern wechselte der Sitz von einem großen Bau in den nächst größeren. Das Handelssystem basierte auf den Niederlassungen vor Ort, aber schnell dehnte sich das Netz der Faktoreien im Reich aus, dann in ganz Europa, von Spanien bis ins Baltikum. Von Vorteil war nicht nur die somit verbesserte Kenntnis der lokalen Besonderheiten, sondern auch ein sehr effizientes gesamteuropäisches Nachrichtensystem – oft waren die Fugger schneller und besser informiert als die offiziellen Stellen, schon damals ein unschätzbarer Vorteil. Es entwickelte sich sogar eine Art Depeschensystem, später ein Zeitungswesen, das die Zusammenfassung der wichtigsten Ereignisse lieferte – natürlich nur für die Eingeweihten, denn Wissen ist Macht. Die jeweiligen Faktoren agierten überwiegend selbstständig (auch dies sparte wertvolle Zeit), wurden aber von Jakob Fugger streng kontrolliert und im Zweifelsfall schnurstracks gefeuert.

Jakobs erste Coups gelangen ihm in Tirol, das zu dieser Zeit gleichsam die Goldgrube Europas war, da hier der Bergbau florierte – sehr zur

Freude des in Innsbruck ansässigen Habsburgerherzogs Siegmund, der vor allem eines liebte: Repräsentieren. Das war teuer, aber zum Glück gewährte ihm ein freundlicher Kaufmann aus Augsburg gegen das ein oder andere Bergwerk gerne Kredit. Die Schulden des Tirolers stiegen ins Immense, der Zugriff Fuggers auf die alpenländischen Ressourcen erst recht – irgendwann wurde Herzog Siegmund von seinen eigenen Tirolern abgesetzt. Das Land fiel an die Habsburger Verwandtschaft aus Wien, aber die Bergwerke und ihre Erträge, die gehörten nun den Fuggern. Später kamen weitere große Bergbaugebiete in Sachsen, Ungarn und Spanien hinzu.

Der neue Tiroler Landesherr und deutsche König, der bereits mehrfach in Erscheinung getretene Maximilian I., war nicht viel besser als der gescheiterte Siegmund. Es begann die seltsame Symbiose des Jakob Fugger mit seinem Herrscher, beide im selben Monat desselben Jahres geboren. Eine Symbiose, in der letztlich der Fugger stets die Oberhand behielt – was nicht einfach war. Der ebenfalls sehr aufs Repräsentative ausgerichtete Maximilian, der noch dazu eine insgesamt sprunghafte Politik betrieb und vor keiner bewaffneten Auseinandersetzung davonlief, war zwar auf das Geld des Augsburgers angewiesen, doch war er immer noch der König, später Kaiser, den niemand zur Rechenschaft ziehen konnte. Lukas' desaströses Leuwen-Abenteuer lässt grüßen. Doch Jakob war kein Lukas, er blieb dem Monarchen immer ein Stück voraus; in der Not hielt der seine schützende Hand über den Geldgeber und die andere auf, um sich dafür bezahlen zu lassen.

Die Zusammenarbeit mit den Habsburgern lief also bestens, man war sich insgesamt einig, Konflikte wurden mehr oder weniger galant und im Zweifelsfall lieber auf Kosten anderer gelöst. Und auch mit anderen Herrscherhäusern und dem Papst stand man zumeist auf gutem (geschäftlichem) Fuß; über lange Zeit hinweg war gerade die Faktorei in Rom, die sich immerhin gegen die traditionellen italienischen Bankiers durchsetzen musste, ein Stützpunkt des komplexen Systems. Überhaupt war die Kirche ein sehr guter Geschäftspartner. Während in Italien die Prachtentfaltung der Renaissance allerlei Gelegenheit bot, sehr schnell sehr viel Schulden anzuhäufen, mangelte es den deutschen Kirchenfürsten oft nicht weniger an flüssigen Mitteln. Ihre Einnahmen – eine Kirchensteuer gab es nicht – bestanden aus den sogenannten Pfründen, die ursprünglich einfach nur die Grundlagen für die Versorgung der Geistlichen sichern sollten. Je höher die eigene Position, desto höher die Pfründe und je mehr Posten, desto größer deren Anzahl – dies gab schon lange Anlass für Missbrauch. Auch ein frühes Mitglied der Familie Fugger war ein »begnadeter« Pfründenjäger gewesen, aber das berühmteste und folgenreichste Kapitel des Fugger-schen Mitspielens in der Kirchengeschichte war eng verknüpft mit dem Aufstieg des Albrecht von Brandenburg, einem Hohenzollernspross. Er war bereits Bischof von Magdeburg, also mit Pfründen nicht schlecht versorgt, aber es durfte gern ein bisschen mehr sein – also warum nicht auch noch das ohnehin benachbarte und verwaiste Bistum Halberstadt? Und dann bot sich die Gelegenheit schlechthin: Mainz – nicht nur Sitz eines Erzbischofs (das war Magdeburg auch), auch noch Kurfürsten-tum. Das Ganze hatte aber einen Haken, denn so gern sah der Papst diese offensichtliche Anhäufung von Macht und Pfründenbergen dann doch wieder nicht. Es sei denn ... Albrecht musste seine Ambitionen teuer bezahlen – buchstäblich natürlich. Um das dafür nötige Geld aufzubringen, aktivierte er mit römischer Zustimmung einen regen Ablasshandel, genau den Ablasshandel, der Luther dann so übel auf-stieß – wir schreiben das Jahr 1515! Die finanzielle Seite dieses Handels organisierte selbstverständlich Jakob Fugger, und das mit reichlicher Gewinnbeteiligung, das verstand sich von selbst.

Doch ganz so reibungslos lief das Geschäft mit den Päpsten nicht immer – noch wenige Jahre zuvor schien die Firma plötzlich vor dem Zusammenbruch zu stehen. Schuld war der Tod eines weiteren Bischofs. Melchior von Meckau, Kardinal und Fürstbischof in Salzburg und Süd-tirol, war 1509 in Rom dahingeschieden – für die Fugger eine absolute Katastrophe. Nicht weil von Meckau etwa Schulden gehabt hätte, ganz im Gegenteil; weit davon entfernt, eine arme Kirchenmaus zu sein, hat-te er ein riesiges Vermögen angehäuft und dieses zur Vermehrung sehr klug in den Geschäften der Fugger angelegt – das Geld steckte also in der Firma. Und es war sehr viel Geld. Dummerweise hätte der Kardinal es aber laut Kirchenrecht nicht besitzen dürfen, weshalb über diese Firmenbeteiligung Stillschweigen vereinbart worden war. Nach von Meckaus Tod war dieses kaum mehr aufrechtzuerhalten und es dauerte nicht lange, bis der Papst von dem widerrechtlichen Vermögen erfuhr. Er fühlte sich nur zu berechtigt, dies für sich zu beanspruchen, was für die Fugger vermutlich den Ruin bedeutet hätte, denn einen solch immensen Verlust hätten sie kaum verkraften können in der kurzen Zeit. Da erwies sich die enge Bindung zu Maximilian mal wieder als günstig, der schützend im Sinne der Fugger eingriff. Nicht allzu günstig, denn am Ende schnitt natürlich jeder seinen gehörigen Teil aus dem Meckau-Erbe heraus. Aber nachdem der König für seine Hilfe und der Papst für seine Kooperation abgefunden waren, hatte der schlau manövrierende Jakob seine Firma aus der Misere gerettet. Wie man am nun folgenden gemeinsamen und gut florierenden Ablassgeschäft sieht, war man auch nicht nachtragend, nicht in Rom und nicht in Augsburg.

Seinen wohl größten Coup landete Jakob Fugger schließlich auf staatspolitischer Ebene, auch dieser mit weltgeschichtlichen Folgen, doch mit weniger guten für die Zukunft der Firma – was Jakob, der seinen späteren Beinamen »der Reiche« inzwischen mehr als verdient (!) hatte, wohl noch nicht ahnen konnte. Den älteren zögerlichen Bruder Ulrich hatte er ab 1510 überlebt, den noch unscheinbareren Georg bereits seit 1506, nun war er auch offiziell Chef der Firma. Unter seiner alleinigen Führung steigerten sich die Gewinne pro Jahr um etwa 15 Prozent, das Haus war ein Weltkonzern und zwar die Nummer Eins. Da konnte man sich schon mal getrost Gedanken machen, wer einem als Nachfolger für Maximilian eher genehm war. Denn es gab zwei heiße Kandidaten: den spanischen König Carlos I., ein Verwandter Maximilians aus dem Hause Habsburg, oder Franz I., König der Franzosen. Die traditionelle Verbundenheit mit den Habsburgern sprach für Carlos, doch Franz war kein Schuldenmacher, er konnte eine solide Staatskasse vorweisen. Was aus Sicht der Fugger auch ein bedeutender Nachteil sein musste, denn ein finanziell unabhängiger Monarch war schlecht zu beeinflussen. Doch die deutschen Kurfürsten, zuständig für die Wahl, neigten eher dem Franzosen zu.

Das Interesse des Staates hatte niemand im Sinn: Für Fugger ging wie immer das Wohl des Geschäfts vor, für die Kurfürsten ihr eigenes – ob nun ein Spanier auf dem Thron saß, der kein Deutsch sprach, oder der Monarch eines Staates, mit dem man seit Jahrzehnten ständig im Krieg lag – wer zahlt, gewinnt. Fugger zahlte und zahlte. Natürlich nicht, ohne sich dafür ordentlich Zugeständnisse und Absicherungen einzuholen, in Spanien gab es wichtige Bergbaugebiete und gerade erst begann der Handel mit der neu entdeckten Welt in Amerika. Und so wurde 1519 aus Carlos I. der deutsche König Karl V. Obwohl dies endgültig allen klar machte, wer hier das Sagen hatte, nämlich ein Kaufmann aus Augsburg, war dies zwar ein enormer Coup, aber nicht die Art von Coup, wie sie Jakob Fugger eigentlich bevorzugte. Für das Geschäft erwies sich die Installierung eines vermeintlichen Königs von eigenen Gnaden als Fehlkalkulation – nicht nur wegen der enormen Bestechungssummen.

Innerhalb seines Refugiums, der Ökonomie, konnte Jakob Fugger zu seiner Zeit niemand das Wasser reichen. Was er anpackte, gelang ihm auch, er hatte die nötigen Mittel und war bereit, diese anzuwenden; selbst aus einer Krise wie 1509 kam er so unbeschadet heraus, dass die Gewinne der Firma davon kaum tangiert wurden und bald schon wieder üppig flossen. Was aber auch ein Fugger nicht bestimmen konnte, das waren die sozialen Verhältnisse und der sich im Umbruch vom Mittelalter zur Neuzeit befindliche Zeitgeist. Das Gebaren der Kaufherren stieß auf wenig Gegenliebe bei einer Bevölkerung, die zu großen Teilen um das tägliche Auskommen bangen musste, Unruhen und kleine Aufstände waren seit dem Ende des 15. Jahrhunderts keine seltenen Erscheinungen mehr. Der Kampf gegen Monopole wurde auch von Reichsinstitutionen unterstützt und der Ausdruck »Pfeffersack« sprach nicht für ein hohes Ansehen der Handelsherren. Weitere Munition lieferte das Mitmischen im kirchlichen Ablasshandel und die Behandlung der eigenen Mitarbeiter, vor allem in den Bergbaugebieten. Und da er nun mal an exponierter Stelle stand, war Jakob Fugger das Feindbild schlechthin.

Dagegen musste etwas unternommen werden. Und so entstand die Augsburger Fuggerei, die vielleicht berühmteste, sicher aber populärste

Hinterlassenschaft der Fugger. Ein Projekt sozialen Wohnungsbaus, für damalige Verhältnisse einmalig schöne, saubere Reihenhäuser, die als kleine Stadt in der Stadt bedürftigen Augsburger Familien zur Verfügung gestellt wurden. Diese mussten dafür bestimmte Bedingungen und religiöse Verpflichtungen erfüllen, auch musste es sich um verarmte Handwerker handeln, nicht um Tagelöhner, doch die Miete war – und ist bis auf den heutigen Tag – rein symbolisch. Das Ungerechtigkeitsempfinden der ärmeren Schichten konnte durch solche Symbolpolitik kaum beruhigt werden, doch vorerst war dies leicht zu ignorieren. Schlimmer schon waren die heftigen Angriffe wortstarker Intellektueller, insbesondere des fränkischen Reichsritters Ulrich von Hutten und eines unruhigen Augustinermönches aus dem Thüringischen, eines gewissen Martin Luther. Auch hierfür hatte Jakob Fugger ein Gegenmittel, und zwar den berühmten Augsburger Gelehrten Konrad Peutinger. Dieser verfasste Werke ganz im Sinne der Fugger, in denen er Monopole und eigennütziges Gewinnstreben rechtfertigte – heute würde man sie als frühe Meisterstücke des sogenannten Neoliberalismus bezeichnen. Solche Spitzfindigkeiten kamen bei der Bevölkerung ebenso wenig an wie bei Hutten oder Luther.

Diese beiden Zeitgenossen stehen für den Kontrollverlust, dem sich Jakob Fugger am Ende seines Lebens gegenübersah: Der eine, Hutten, stand für die Bauernaufstände, die die Fugger auch als Landesherren direkt bedrohten (längst war man in den Adel aufgestiegen und hatte reichlich Grundbesitz erworben, unter anderem die gesamte Stadt Weißenhorn bei Ulm – eine zukunftsträchtige Entscheidung); der andere, Luther, stand für das Auseinanderbrechen der alten Kirche. Fugger unterstütze die Niederschlagung der Unruhen und die Position der römischen Kirche, aber er musste wohl in seinen alten Tagen immer mehr das Gefühl haben, das ihm alles zu entgleiten drohte. Schließlich war da noch der undankbare Kaiser Karl V., der ganz anders als der hyperaktive Maximilian nicht in den Griff zu bekommen war. Sicher, Jakob Fugger war der mächtigste Kaufmann der Welt – aber Karl V. war der mächtigste Herrscher der Welt und sich dessen bewusst. Seine Schulden bei den Fuggern wuchsen zwar täglich, aber nicht deren Einfluss;

das symbiotische Verhältnis begann sich eindeutig zu verschieben, denn der Habsburger saß am längeren Hebel.

Nachfolge und Nachlass des mächtigen Kaufmanns

Doch damit sollte sich Jakobs Nachfolger herumärgern. Eigene eheliche Kinder hatte er trotz wesentlich jüngerer Frau keine, darum kamen nun seine Neffen (die Kinder seiner Brüder Georg und Ulrich) zum Zug. Doch wer von diesen war würdig und fähig, das riesige Vermögen und die Firma zu erben? Nur Anton Fugger (ein Sohn Georgs, 1493–1560) schien halbwegs das Format zu haben, die anderen Neffen zeigten eher wenig Interesse am Geschäft – Jakob setzte ihn testamentarisch als starken Nachfolger ein, seine Brüder und Vettern hatten nur mindere Positionen inne. Durch eine Testamentsänderung kam Fuggers Frau Sybille noch immer gut, aber nicht mehr so gut weg wie noch in der ursprünglichen Fassung. 1525 starb Jakob Fugger der Reiche. Noch vor Ablauf der Trauerzeit zog seine Witwe aus und heiratete aufs Neue, wie zum Hohn nicht nur einen Freund des Hauses, sondern auch noch einen Protestanten.

So banal es klingt, so wahr ist es (und so wenig überraschend): Anton Fugger war kein Jakob Fugger. Er hatte bei diesem gelernt, aber dessen Vorgehen nicht immer als vorbildlich erachtet. Zwar war auch er ein schlauer Geschäftsmann, aber die Gerissenheit und auch die kalte Skrupellosigkeit seines Onkels gingen ihm überwiegend ab. Trotzdem sollte man sich nicht täuschen: Erst unter Antons Regie erreichte das Geschäftsvolumen der Firma Fugger seinen Zenit. Doch dies mochte auf den Konzernchef auch beängstigend wirken, der lieber solide wirtschaftete, als ab und zu gewinnbringend, aber risikoreich zu zocken. Doch Anton hatte von Jakob nicht nur Vermögen und Firma geerbt, sondern auch die weit weniger kalkulierbaren Risiken der sozialen Unruhen und der ausbrechenden Konfessionskämpfe, die schon bis in die Familie reichten. Anton war längst nicht mehr ein Bestimmer, sondern ein durch die Umstände Bestimmter.

Sein Wirken lässt sich recht kurz zusammenfassen: Anfangs war er bemüht, das vorhandene Geschäft zusammenzuhalten, aber auch das ein oder andere neue Feld zu erschließen, etwa den lukrativen Handel mit der Neuen Welt. Gerade letzteres – die Fugger erwarben zeitweise ein riesiges Kolonialgebiet in Südamerika – ging schief (übrigens auch für die anderen deutschen Kaufleute, etwa die Welser). Stattdessen wurde man ständig in die Auseinandersetzungen innerhalb und außerhalb des Reiches hineingezogen, da man sich so stark an die Habsburger gebunden hatte. Kriege gegen die Türken und Franzosen, aber vor allem auch gegen die Protestanten waren zu finanzieren, was Anton Fugger als Augsburger (die Stadt hatte sich zur Reformation bekannt) erst recht in Konflikte brachte. Großes Entgegenkommen zeigte der Kaiser für die Kredite kaum noch, denn erstens hatte er nur noch wenig anzubieten, zweitens mussten die Fugger selbst nur zu froh sein, wenn er für Ordnung sorgte. Immer mehr trug sich Anton mit dem Gedanken, die Firma zu liquidieren, doch stets ließ er sich wieder auf neue Unternehmungen ein. Gleichwohl behielt Anton seine Strategie bei, den immer unüberschaubarer gewordenen Riesenkonzern rechtzeitig abzuwickeln – einen geeigneten Nachfolger konnte er in der eigenen Verwandtschaft ohnehin nicht erkennen. Und so folgte er einem Plan, der schon von Jakob in die Wege geleitet war – statt auf Finanzgeschäfte setzte er zunehmend auf den Erwerb von Grundbesitz, womit er tatsächlich das Überleben der Familie Fugger über Jahrhunderte sicherte.

Fortan wurden die Fugger eine ganz normale Familie, eine ganz normale adelige Familie mit ordentlich gefüllter Kasse, versteht sich. Kurioserweise lag das zum Gutteil am Reichtum der Kaufmänner. Dadurch, dass sie ihren Kindern eine großzügige und überdurchschnittliche Ausbildung zukommen lassen konnten, förderten sie deren Interesse an allem Möglichen (Kunst, Literatur, Jagd, Religion, Architektur), nur nicht am harten Geschäftsleben. Die Zeit der großen Handelshäuser war sowieso vorbei – und es ist Antons Verdienst, dies wohl rechtzeitig erkannt zu haben, konnte er doch gewissermaßen jeden Tag einen neuen bankrotten Nachbarn in Augsburg begrüßen. Selbst kam er nicht mehr dazu, doch legte er im Testament seinen Verwandten nahe, die Firma möglichst in den kommenden Jahren zu liquidieren – daran gehalten haben diese sich nach seinem Tod 1560 nicht. Schnell schien auch das Haus Fugger Bankrott zu gehen, was man aber letztendlich doch noch verhindern konnte, sodass der einstige Weltkonzern über Jahre hinweg hinüber in die Bedeutungslosigkeit dämmerte.

Die verschiedenen Zweige der Familie lebten nun als Landadelige von und auf dem rechtzeitig und vorausschauend erworbenen reichlichen Grundbesitz, ein Stand, für den Jakob Fugger eher wenig Achtung gehabt hatte. Die Fugger brachten Fürstbischöfe und Generäle, Kunstliebhaber, Lokalpolitiker und Äbtissinnen hervor, so wie Hunderte andere Adlige auch. Man überstand Revolutionen und Kriege und lebt bis heute vor allem von den Erträgen aus den Ländereien – und von dem Namen, dessen Glanz sich bewahrt hat.

Von Geldkönigen und Ölprinzen

John D. Rockefeller

Im allgemeinen Sprachgebrauch hatte der lydische König Krösus aus dem 6. Jahrhundert v. Chr. bis etwa um 1900 das Monopol inne, als ein solcher, eben als stinkreicher Mann, bezeichnet zu werden – dann bekam er Konkurrenz durch John D. Rockefeller (noch später wurde es mit Dagobert Duck ein Trio). Interessanterweise haben Krösus und Rockefeller außer dem Geld noch drei wichtige Eigenschaften gemeinsam: Sie waren sehr religiös, ihr Bestreben war auf Expansion ausgelegt und sie galten als großzügig mit öffentlichen Spenden (für den Amerikaner galt das nicht unbedingt im Privaten). Der deutlichste Unterschied ist ebenfalls klar: Krösus hatte am Ende rein gar nichts mehr zu vererben, sein Reich war dahin, sein Reichtum damit auch, und von seinen beiden Söhnen war einer tot, einer taubstumm, weshalb er ihn nicht als Sohn (und erst recht nicht als möglichen Nachfolger) anerkannte. Da sah Rockefellers Bilanz am Ende seines sehr langen Lebens bedeutend besser aus.

Der Grieche Herodot, Vater der abendländischen Geschichtsschreibung, berichtet von einem lydischen König, dessen Leben vor allem eines zeigte, nämlich seine Unfähigkeit, Orakel richtig zu interpretieren – dumm nur, dass er solche ständig aufsuchte. Sie waren auch stets zuverlässig, nur verstand der König ihren Sinn jedes Mal falsch. Lydien, in Kleinasien, also der heutigen Türkei gelegen, war ein mittelgroßes Reich zur Zeit dieses Herrschers Mitte des 6. Jahrhunderts v. Chr. Es hatte einige Nachbargebiete unterworfen und Bündnisse mit griechischen Städten geknüpft, zum Beispiel mit Sparta. In direkter Nachbarschaft erwuchs jedoch ein mächtiger Gegner: die Perser. Der lydische König, ohnehin auf Expansion aus, befragte mal wieder ein Orakel – das berühmteste von allen in Delphi – und glaubte, dessen Urteil für günstig halten zu müssen: Wenn er in den Krieg ziehe, werde er ein großes Reich zerstören.

Was mag Rockefeller hier wohl gerade lesen? Bilanzen oder die Bibel?

Er zog in den Krieg, er zerstörte ein großes Reich: sein eigenes. Der Perserkönig Kyros – Bibellesern als Befreier der Israeliten aus der babylonischen Gefangenschaft bekannt – nahm ihn fest und hatte schon einen Scheiterhaufen für ihn errichten lassen. Er wollte testen, ob sein Gegner, der als sehr gläubig galt, von den Göttern gerettet werde – und er wurde, durch Kyros selbst, der Mitleid bekam und es sich anders überlegte angesichts seines reuigen Opfers – doch leider brannte das aufgeschichtete Holz schon lichterloh. Die Götter mussten folglich

John D. Rockefeller

doch noch eingreifen und löschten die Flammen durch einen Regenguss. Glück im Unglück für den gefangenen König. Sein Name: Krösus. Die Anekdote über das ambivalente Orakel, das Krösus prompt falsch interpretierte – was vermutlich die meisten getan hätten –, ist zwar recht bekannt, aber natürlich nicht der Grund, warum man sich noch immer an den König der Lyder erinnert, der sein Reich dem Untergang weihte. Er genoss den Ruf sagenhaften Reichtums, Herodot füllt ganze Seiten, um allein die wertvollen Weihegaben und Geschenke aufzuzählen, die er diesem und jenem Tempel zugedacht hatte. Da also in vielen Gotteshäusern und öffentlichen Bauten in seinem Reich, aber insbesondere auch in Griechenland von ihm gespendete Statuen und ähnliches herumstanden, vergrößerte dies den Eindruck unermesslichen Reichtums. Dazu kam, dass die Lyder bereits eine primitive Geldwirtschaft errichtet hatten und vom Naturalientausch zur Herstellung von Münzen übergegangen waren; lydisches Geld kursierte auch bei den Nachbarn und erregte dort Staunen. Denn an und für sich war Krösus nicht übermäßig reich, es ist davon auszugehen, dass sein späterer Gegner Kyros beispielsweise bestimmt nicht ärmer war und auch der ein oder andere Herrscher mochte gut mithalten können. Krösus' Ruf als der reichste Mann der Antike erhielt sich aber vielleicht gerade durch seine Weihegaben, die noch Jahrhunderte später für die Griechen zu sehen waren und von seinen Wohltaten zeugten.

In der Neuzeit schaffte John D. Rockefeller es bereits zu Lebzeiten, als reichster Mann und als Symbolfigur für Reichtum schlechthin in die Geschichte einzugehen. Rockefellers Vorfahren waren einst im 18. Jahrhundert aus dem Rheinland nach Amerika eingewandert; irgendwann im Laufe der Zeit war den Rockenfellers aber ihr ›n‹ abhanden gekommen. John Davison – schon ohne ›n‹ – wurde 1839 auf dem Land geboren; Tigoa, New York, zählte nicht gerade zu den bemerkenswerten Metropolen der USA und selbst der damalige US-Präsident, Martin van Buren, ist heute wohl nur noch Kennern der amerikanischen Geschichte ein Begriff. Wesentlich amerikanischer waren da schon Johns Eltern, William und Eliza. John hatte bei seiner Geburt bereits eine ältere Schwester, Lucy, und es folgten noch eine jüngere, Mary Ann, und die Brüder Frances (der früh verstarb) und Franklin – John würde sie alle überleben, als Erben spielten sie folglich keine Rolle. Besonders amerikanisch waren seine Eltern dahingehend, dass seine Mutter zwar öffentlich wenig auffällig, im Haushalt aber für die Erziehung der Kinder zuständig war und hier Wert legte auf eine strenge Religiosität, eine Eigenschaft, die sie später an ihrer Schwiegertochter ebenfalls zu schätzen wusste. John D. verinnerlichte diese Erziehung und sie prägte ihn mehr als der kuriose Vater.

Auch der war eine sehr amerikanische Figur – zumindest würden das viele Betrachter vom guten alten Europa aus so sehen. Sein Leben war geprägt von vielen Höhen (Geschäftserfolg) und Tiefen (Vergewaltigungsvorwürfe), Unbeständigkeit war einer seiner Hauptcharakterzüge; er hatte aber auch ein eher joviales und ein bisschen skurriles Wesen – ganz anders als seine Frau und sein später so berühmter Sohn. Seine Berufe wechselten wie seine Wohnorte, falls man von letzteren überhaupt sprechen möchte, da er oft längere Zeiten abwesend war (was zum nächsten spektakulären Vorwurf führte, nämlich dem der Bigamie). Hauptsächlich jedoch verdingte er sich als Quacksalber, was weniger ehrrührig war als es heutzutage klingt. Ganz koscher war dieses Geschäft trotzdem nicht, selbst falls er tatsächlich an die Wirksamkeit seiner Mittelchen geglaubt haben sollte: »Dr. William A. Rockefeller – nur einen Tag in dieser Stadt. Heilung für alle Krebsleiden, falls nicht zu weit fortgeschritten, doch auch schwere Fälle werden wesentlich gebessert.« Geld verdienen ließ sich damit allemal, Hoffnungslosigkeit zahlt gern – die kleinen Rockefellers mussten keineswegs in Armut aufwachsen, wie spätere Legenden gerne kolportierten. Die Erfolgsgeschichte ›vom Tellerwäscher zum Millionär‹ diente zweierlei: Einerseits sollte sie die vielleicht nicht immer vorzeigbaren Einnahmequellen des Vaters verschleiern, andererseits den Kindern als Vorbild dienen. Vom Vater erlernte der kleine John D. hauptsächlich eines: clever zu wirtschaften. Und die Methoden des Vaters waren stilbildend. Er lieh seinem Junior gerne Geld, aber zu sehr hohen Zinsen und mit ständigen Zahlungsrückforderungen genau dann, wenn er sah, dass dies seinem Sohn gerade nicht in den Kram passte. Das nennt man dann harte Schule.

Vom Durchschnittsmenschen zum Ölmagnaten

Es gibt wenig zu berichten über den jungen John D., denn er brillierte nicht mit schulischen Leistungen und war nicht widerspenstig gegenüber den Wünschen der Eltern. Er war Lehrjunge und dann Geschäftsmann, erfolgreich, aber unauffällig, einer unter Tausenden; herausstechend war bestenfalls seine alles andere überschattende Liebe zum Geld. Das klingt wie ein übles Klischee, doch Rockefeller bewies im Laufe der Jahre, dass es die Geldvermehrung war, die ihn interessierte, und nichts anderes, abgesehen von seiner Familie und seinem Glauben. Im Jahr 1864 heiratete er die gebildete und sehr gläubige Celestia Spelman, es folgten die drei Töchter Bessie, Edith, Alta und der ›Thronfolger‹ John D. junior (1874). Was ihm anfangs noch fehlte, war das richtige Geschäftsfeld, doch das sprudelte sozusagen bald vor ihm aus dem Boden: Öl. Obwohl die USA noch heute über immense eigene Ölvorräte verfügen, kommt es uns fast schon seltsam vor, dass es einst das ölreichste Land der Erde war – erst um die Jahrhundertwende trat ein ernstzunehmender Konkurrent auf: Russland (man hatte die Ölfelder von Baku entdeckt). Rockefellers untrüglicher Instinkt witterte den öligen Geruch des Erfolges, der nicht weit entfernt von seiner Haustür lag, in Ohio. Der Ölboom hatte das Land seit den 1860er-Jahren erfasst und war wie der Goldrausch kurze Zeit zuvor noch eine Angelegenheit der Glücksjäger, der wilden Geschäftemacherei und der privaten Bohrturmerrichtung, aber auch der explodierenden Ölraffinerien, der Betrügereien beim Transport und der rasanten Aufstiege und noch rasanteren Pleiten.

Das würde sich mit dem Eingreifen Rockefellers ändern, der von seinen Naturell her alles andere als ein wilder, draufgängerischer und von der Aussicht auf schnelles Geld geblendeter Glücksritter war. Im Gegenteil, sorgfältige Planung im Verbund mit geduldigem Abwarten und der Suche nach den richtigen Partnern zeichneten die Taktiken Rockefellers aus. Er konnte durchaus warten, denn er war sich sicher, dass sich dies buchstäblich auszahlen würde. Der Aufstieg der Standard Oil Company zum Ölmulti, Riesentrust und Monopolisten zieht sich über einige Jahre hin. Um 1900 wird Rockefeller einer der meistgehassten Personen der

USA sein, unendlich reich und unendlich verachtet. Pressekampagnen schmähen ihn, Pulitzer und Hearst, die beiden heute noch berühmten Verleger von Boulevardblättern, haben sich auf ihn eingeschossen, die Standard Oil wird mit Prozessen überzogen – der Name Rockefeller steht für »schmutziges Geld«, ein Ausdruck, der zum geflügelten Wort wird.

Falsch sind viele der Vorwürfe nicht. Drei Beispiele werfen ein Licht auf die Geschäftspraktiken, die nicht außergewöhnlich waren zu dieser Zeit, die Rockefeller aber rücksichtslos einsetzte, sofern sie nur dem Ziel der Geldvermehrung dienten. Punkt eins ist schnell abgehandelt: plumpe Korruption. Die war zu dieser Zeit der Hyperindustrialisierung gang und gäbe, denn viele Politiker, von der Lokalebene bis hinauf in den Kongress, fanden nichts dabei, sich gegen die ein oder andere Gefälligkeit in den Dienst der Konzerne zu stellen – im Gegenteil, sie warteten nicht einmal ab, bis jemand kam, sondern wandten sich selbst an die Firmen. Natürlich war die Standard Oil gut mit dabei. Beispiel zwei ist dagegen eine genuine Rockefeller-Idee aus den frühen Zeiten der Firma: der Plan einer geheimen Abmachung mit den Eisenbahnen. Die Eisenbahnlinien gehörten zu dieser Zeit zahlreichen Privatunternehmen und galten allgemein als das schlimmste Beispiel skrupelloser Geschäftemacherei. Rockefeller drehte den Spieß gewissermaßen um: Er schloss einen Geheimvertrag mit mehreren Unternehmen, die auf das Geschäft mit dem Öltransport nicht verzichten konnten, um besonders günstige Tarife zu erhalten – während die Konkurrenz draufzahlte. Zwar flog das Ganze kurze Zeit später auf und verursachte einen riesigen Skandal, aber Rockefeller saß diesen aus – gelohnt hatte es sich ohnehin, da innerhalb kurzer Zeit bereits zahlreiche Konkurrenten Pleite gegangen waren.

Das Verdrängen anderer Firmen aus dem Ölgeschäft – Beispiel drei – war ab den 1870er-Jahren das wichtigste Ziel der Standard Oil, denn der Wildwuchs der Anfangsjahre des Ölrausches musste ausgedünnt werden. Das war einerseits ökonomische Notwendigkeit, hätte aber andererseits nicht auf ein reines Monopol hinauslaufen müssen. Die gewünschte Monopolisierung gelang durch die positive Strategie der Autarkie: Die Standard Oil verfügte selbst über alle notwendigen Bestandteile für ihr Ölimperium, also Raffinerien, Tankwagen und Tanker, Pipelines, aber etwa auch Banken. Dafür nutzte man die negative Strategie: friss oder stirb. Man baute diese Geschäftszweige nicht extra auf, man übernahm einfach den Laden, den man für den besten hielt. Ähnlich machte man es mit der direkten Konkurrenz: Entweder man ließ sie aufgrund der eigenen mächtigen Stellung – die dadurch naturgemäß noch größer wurde – Pleite gehen (etwa durch einen Preiskrieg) oder man schluckte sie. Bei vielen kleinen privaten Raffineriebesitzern war es ein bisschen wie mit den Politikern: Man wehrte sich gar nicht gegen das Übernahmeangebot oder wartete sogar erfreut darauf, wenn man sich nicht gleich selbst anbot. Einige wenige zeigten sich widerspenstig, doch auf die Dauer waren sie der Standard Oil nicht gewachsen. Der Markt bereinigte sich, besser gesagt der Konzern ließ ihn bereinigen und blieb zuletzt als einziger übrig. Das Monopol war geboren, wurde umgewandelt in einen Trust, also einen riesigen Firmenverbund unter einem Herrscher – John D. – und von der Bevölkerung nicht zu unrecht als Krake beschimpft.

Selbst die missgünstigsten Journalisten, von denen es zu dieser Zeit unzählige gab, noch spätere kritische Biografen mussten anerkennen, dass John D. als Privatmann überhaupt nicht zu dem Bild des gierigen und auf Macht versessenen Plutokraten passte. Zwar besaß er nichts von dem einnehmenden Wesen, welches seinen Vater gekennzeichnet hatte, aber er war doch ein formvollendeter Gentleman durch und durch – und dies war keine aufgesetzte Masche. Der Mensch John D. Rockefeller galt als völlig integer, er hatte nichts Schlitzohriges oder Heimtückisches. Er kämpfte sicher nicht immer mit lauteren Mittel (was er mit seinen Konkurrenten und Gegnern gemein hatte), aber mit offenem Visier. Mit wem er sich anlegte, der konnte sich darauf verlassen, dass es bis zum bitteren Ende ausgefochten wurde; auch dies ein Grund, warum viele Unternehmer von vornherein kapitulierten und lieber mit gutem Gewinn ihre Firma aufgaben. Auch nachtragend war John D. nie: Viele Opponenten, mochten sie ihn in der Öffentlichkeit noch so angegriffen haben, übernahm er später in sein Unternehmen, wenn er von ihren Fähigkeiten überzeugt war. Selbst das Gerücht des Geizes, das meist viele Reiche umweht, traf auf ihn nicht zu; er war sparsam – berühmt wurde der Hinweis an seine Angestellten, abends überflüssiges Licht rechtzeitig auszuschalten – und warf für private Zwecke sicher nicht mit Geld freigiebig um sich, aber er war kein Knauser und kein Protzer, er neigte generell nicht zu Extremen.

Vielleicht waren es Persönlichkeiten und Zeitgenossen wie Rockefeller, die Max Weber zu seiner berühmten These vom Zusammenhang zwischen protestantischer Ethik und Kapitalismus inspirierten. Die Zerschlagung konkurrierender Firmen rechtfertigte er einmal mit der Ansicht, er tue diesen Menschen schließlich nur Gutes, indem er ihnen die Sicherheit seines Großkonzerns bot, das heißt, sie müssten sich dankbar zeigen, dass er sie unter seine behütenden Fittiche nahm. Wen wundert, dass er für diese Aussage nur reichlich Hohn und Spott erntete – doch war sie von solch naivem Zynismus, dass dies nur eines bedeuten konnte: Es war seine ehrliche Meinung, er glaubte dies tatsächlich. Einen weiteren Beleg hierfür lieferte ein anderer PR-Slogan von ihm: »Gott hat mir mein Geld gegeben«. Max Weber hätte diesen Satz, der seine gesamte Theorie so konzis zusammenfasste, nur nickend bestätigen können – alle anderen schüttelten den Kopf. Doch Rockefeller sah in seinem Talent, Geld zu verdienen, etwas Gottgegebenes (wie ein anderer eben Künstler wurde oder Politiker) und er sah dies, wie noch gezeigt wird, auch als Auftrag.

Seine Position auf dem heimischen Markt war bis zum Auftauchen der Russen nach 1900 ungefährdet. In den USA musste man trotz der ständigen Prozesse keine großen Gefahren fürchten und die gelegentlich heftigen Rufe nach Zerstückelung der Trusts waren ungefährlich, solange die politische Oberschicht den Konzernen gewogen war. Und um die Jahrhundertwende besteht daran kein Zweifel, im Gegenteil. Das Kabinett des neuen Präsidenten McKinley galt geradezu als verlängerter Arm der großen Firmenzentralen. Allenfalls der Vizepräsident ging nicht gänzlich konform – eine Taktik des amerikanischen Wahlkampfs, die auch heute noch existiert, um möglichst breite Wählerschichten anzusprechen. Dann passierte, was der amerikanische Unternehmer und Bankier J. P. Morgan für eine Katastrophe der Geschichte hielt; er meinte damit die Geschichte seiner Reichtümer – um persönliche Anteilnahme dürfte es ihm weniger gegangen sein: Bei einem Attentat am 24. September 1901 wurde der Präsident schwer verletzt und starb gut eine Woche später. Der Vizepräsident kam an die Macht: Theodore Roosevelt, ein bekennender Anti-Trust-Kämpfer. Die Trustherren, unter ihnen naturgemäß auch Rockefeller, setzen im nächsten Wahlkampf ihr bewährtes Mittel der Korruption ein. Sie finanzierten Roosevelts Kampagnen, er wurde gewählt und erwies sich als völlig undankbar. 1911 wurde der *Standard-Oil*-Trust tatsächlich nach langen Verhandlungen zerschlagen.

Eine Katastrophe für das Haus Rockefeller? Mitnichten – im Gegenteil. Statt einer Riesengesellschaft gab es nun über 20 kleinere, das war das ganze Ergebnis. Nach außen hin sah das nach einem politischen Erfolg aus, doch grundsätzlich änderte sich nichts; die Firmen arbeiteten einfach weiterhin zusammen, das Personal war sowieso dasselbe und Konkurrenz entstand erst viele, viele Jahre später, und auch das nur bedingt. Wie noch in unseren Tagen arrangierten sich die Ölkonzerne. Rockefellers Geldberg wuchs und wuchs. Die Menschen hatten die Aktien der neuen Teilfirmen aufgekauft, sodass er also auch noch von der Zerstückelung des Trusts profitierte. Kurz vor oder während des Ersten Weltkriegs erreichte der Pensionär John D. die historische Marke: eine Milliarde Dollar (um den heutigen Dollarwert zu errechnen, muss man die Summe etwa mit 15 multiplizieren). Und er erreichte noch etwas: Die Bevölkerung begann, ihn als amerikanische Ikone zu verehren. Nach Zerschlagung des Monopols und nach seinem Rückzug ins Private wurde aus der skrupellosen Spinne, die alles fraß, was ihr ins Netz ging und immer dicker wurde, der Patriot, Wohltäter und das Vorbild John D. Rockefeller.

Das nachhaltige Erbe einer amerikanischen Ikone
Als John D. im Jahr 1937 in biblischem Alter starb, trauerte die ganze Nation. Rockefeller war kein Name mehr, vor dem man ausspuckte wie noch um 1900, sondern ein Symbol für beste amerikanische Leistungskraft, ein Name, den man ehrfurchtsvoll aussprach. Endlich gab es also auch etwas zu erben. Etwas? Es war das vermutlich größte Vermögen, das zu dieser Zeit in andere Hände überging. Auch der

Staat stand schon in den Startlöchern, um sich seinen Anteil zu sichern, denn man hatte vor Kurzem erst die Erbschaftssteuer erhöht. Doch das Erstaunen bei der Testamentseröffnung war groß (vermutlich nicht für die Beteiligten), der Kontostand des alten Herrn lag bei gerade mal 26 Millionen Dollar. Was war geschehen? Dass sich auf den Gesichtern der Kinder, insbesondere des Haupterben John D. junior keine Überraschung oder Entsetzen abzeichnete, lag daran, dass sie längst hatten, was ihnen nach väterlichem Ermessen zustand. Um Steuern zu sparen hatte der gewiefte Geschäftsmann in den 1920er-Jahren peu à peu den Großteil seines Vermögens an John D. junior und die Töchter verteilt. Schon 1923 zahlte der Junior die größte Summe an Einkommensteuer in den USA, der Senior rangierte da nur noch unter ferner liefen. Nicht anders sollte es John D. II. machen. Bereits 1934, also noch zu Lebzeiten seines Vaters, dachte er sich ein ähnliches Verfahren aus und spaltete seinen Besitz in mehrere Trusts auf, die er dann den Kindern übergab. 1960, als er starb, gab es für den Staat, der die Erbschaftssteuer inzwischen noch einmal drastisch erhöht hatte, wieder kaum etwas zu holen.

Der inzwischen sprichwörtliche Reichtum des John D. Rockefeller liefert also in Sachen Erbschaft wenig Spektakuläres. Weder stritten sich die Kinder von John D. I., noch die von John D. II. bei deren Tod, denn was sie bekommen sollten (oder wollten), hatten sie bereits. Und doch hat John D. Rockefeller ein gewaltiges Erbe hinterlassen, das vielleicht von allen in diesem Buch vorgestellten die weitreichendsten Wirkungen entfaltet hat (allenfalls können die geschichtlichen Folgen des Todes Alexanders des Großen oder Mark Aurels hier mithalten). Die Folgen der Hinterlassenschaften Rockefellers spüren wir noch immer – und dieses ›wir‹ gilt ganz konkret für den jeweiligen Leser und die Leserin. Damit ist nicht die Existenz der Öl-Nachfolgekonzerne wie Exxon oder Mobile gemeint, sondern die Tatsache, dass Rockefeller größere Teile seines Vermögens gespendet hat – daher auch sein Imagewechsel vom Plutokraten zum Philanthropen.

Der naheliegende Vorwurf, der natürlich kommen musste, Rockefeller habe eben seine früheren Untaten schönfärben und vergessen machen wollen, trifft nicht zu. Erstens empfand er viele seiner Taten gar nicht als Untaten und zweitens hatte er Zeit seines Lebens immer schon bedeutende Teile seines Einkommens gespendet, schon als Lehrling und völlig unbekannter Geschäftsmann, als an PR noch nicht zu denken war. Und auch später machte er kaum Bohei um seine milden Gaben. Und was für Gaben! Dass er für seine Kirche spendete, darf als völlig normal gelten, aber die Millionen, die er in andere Institution investierte und einige dadurch erst ins Leben rief, die sind es, die seinen Einfluss bis in die Gegenwart gesichert haben – meist zum Guten. Die Liste ist enorm. Natürlich steht an erster Stelle die Rockefeller Foundation, deren Größe das New Yorker Rockefeller Center angemessen repräsentiert. Doch vielleicht wichtiger waren die Gründung (oder Wiederbelebung) der University of Chicago, die Einrichtung des South, später General Education Board, das sich der Schulbildung widmet und vor allem des Rockefeller Institute for Medical Research, einer medizinischen Forschungsstätte, deren vorrangiges Ziel es ist, Seuchen und epidemische Krankheiten auszurotten – oft mit sehr gutem und weltweitem Erfolg. Auch ein Zentrum zur Bekämpfung des Hungers wurde gegründet und noch viele gemeinnützige Gesellschaften und Forschungszentren mehr. Dies ist es, was wir vom Vermächtnis John Rockefellers noch immer spüren – so gesehen sind wir alle ein bisschen Erbe des »schmutzigen Geldes«.

Wenn der Vater mit dem Sohne

Walther Rathenau

Berlin, 24. Juni 1922. Der Außenminister des Deutschen Reiches, Walther Rathenau, beginnt den Tag spät, nachdem er noch bis in die frühen Morgenstunden mit seinem alten Rivalen, dem Großindustriellem Hugo Stinnes, diskutiert hatte. Außerdem gab es noch einen heftigen Angriff im Parlament zu verdauen, wo ihn mal wieder der Führer der Deutschnationalen, Karl Helfferich, aufs teils Widerwärtigste für seine versöhnungsorientierte Politik angegriffen hatte. Doch das war schon fast Alltag für den umstrittenen Rathenau – und nach Alltag sah es auch heute aus. Gegen elf Uhr fuhr man los, in einem offenen Wagen, vom Grunewald Richtung Ministerium. In der Königsallee wurde der Wagen Rathenaus langsam überholt, das andere, größere Fahrzeug reihte sich direkt neben dem des Ministers ein. Plötzlich wird das Feuer eröffnet, wohl mit einer Maschinenpistole – Rathenau hat bei der Schnelligkeit der Aktion keine Möglichkeit, in Deckung zu gehen und wird sofort mehrfach getroffen. Die Attentäter werfen noch eine Handgranate hinterher und fliehen. Rathenaus Fahrer, der unverletzt bleibt, fährt sofort zurück zur Villa seines Chefs, doch es ist zu spät. Walther Rathenau ist tot, ermordet von den Rechtsterroristen der Organisation Consul.

Das die junge Demokratie der Weimarer Republik erschütternde Attentat auf den bekannten Außenminister und der unter seiner Verantwortung unterzeichnete Vertrag von Rapallo mit den Sowjetrussen, der die Deutschen vier Jahre nach Kriegsende aus der internationalen Isolation löste, sind die Ereignisse, die sich in Geschichts- und Schulbüchern noch heute mit dem Namen Walther Rathenau verbinden. Das ist zwar nicht falsch, wird aber einer Persönlichkeit nicht gerecht, die weitaus mehr geleistet hat und wesentlich ambivalenter ist, als es diese verkürzte Sicht der Dinge erahnen lässt. Verkürzt ist sie schon deshalb, weil Rathenau gerade einmal fünf Monate Außenminister war, als ihn die tödlichen Schüsse trafen. Politik war nur eines der vielen Felder, in denen er sich engagierte, berühmt war er zu seinen Lebzeiten auch als erfolgreicher Industrieller, viel gelesener Schriftsteller und als Sohn. Ersteres war eine Pflicht, das Zweite eine Neigung, Letzteres aber eine Bürde.

Er war der Älteste, 1867 geboren, der designierte Stammhalter, und Walther, sobald er fähig war, dies zu erkennen, verstand sich wohl auch selbst als solcher. Bruder Erich ist vier Jahre jünger (1871), das Nesthäkchen Edith ganze 16 Jahre (geboren 1883), auch gegenüber den beiden Geschwistern nimmt Walther die Rolle des älteren Bruders sehr ernst. Zum Zeitpunkt der Geburt des ersten Sohnes war der Vater Besitzer einer Fabrik im Berliner Norden, auf deren Gelände man auch wohnte. Emil Rathenau ist ein innovativer Geschäftsmann, seine Frau Mathilde die Tochter eines Frankfurter Bankiers und eher den schöngeistigen Dingen zugeneigt. Diese Eigenschaften beider Eltern vereinten sich in Walther, allerdings teilweise widerstreitend, was sich wiederum auf das Verhältnis zu Vater und Mutter auswirkte.

Von den Geschäften des Vaters bekam das Kleinkind natürlich wenig mit. Sie liefen eher holprig, denn einerseits existierten in diesen Boomjahren der Industrialisierung viele Konkurrenzunternehmen, andererseits machten die Banken ständig Druck. Aktien waren en vogue und wer konnte, wandelte seine Firma in eine AG um. Emil Rathenau konnte, wollte aber nicht, da er den Spekulationen an der Börse misstraute. Doch die Banken, auf deren Geld er angewiesen war, zwangen ihn dazu. 1873 kam es zum berühmten Gründerkrach: die Spekulationsblasen platzten. Auch Rathenaus Unternehmen war betroffen und wurde liquidiert. Doch der Gründer kam glimpflich davon: Das Misstrauen des nüchternen Fabrikbesitzers hatte ihn dazu veranlasst, seine eigenen Aktien längst abzustoßen, nicht aus Börseninstinkt, sondern weil sie ihm unheimlich waren. Glück gehabt. Walther Rathenau ließ später allerdings stets durchblicken, er habe wegen der unternehmerischen Defizite seines Vaters in recht dürftigen Verhältnissen aufwachsen müssen. Wahr ist dies nicht, es reichte durchaus zu gediegenem Wohlstand; ob diese Aussage nun ein Zeichen für die ständigen Auseinandersetzungen mit dem Vater war oder die übliche Legendenbildung vom Aufstieg des kleinen Mannes, sei dahingestellt.

Walther Rathenau, Schriftsteller, Industrieller und demokratischer Politiker. 1922 wurde er ermordet.

Der Eindruck des Sohnes, der Vater sei ein planlos agierender Frühpensionär, musste sich in den folgenden Jahren noch verstärken. Hinzu kam, dass Emil Rathenau sehr sehr sparsam war. Vielleicht nicht wirklich geizig, aber doch knauserig, so empfand es zumindest der Sohn; was naturgemäß der Geschichte von den prekären Verhältnissen zu Hause widerspricht, denn einem armen Vater könnte man seine Knauserigkeit guten Gewissens kaum vorwerfen. Sohn Walther war jedenfalls nicht klar, was der Vater eigentlich genau machte. Zur Arbeit ging er jedenfalls nicht. Entweder saß er zu Hause oder war auf Reisen, auf Weltreisen. Seine Lieblingsziele waren die zu dieser Zeit enorm populären Weltausstellungen, damals noch viel mehr Technikmessen als heute, auf denen die Länder vor allem die Spitzentechnik und die Erfindungen ihrer Ingenieure präsentierten. Emil Rathenau sah sich dort genauestens um.

Seinen großen Coup landete er bei seinem zweiten Besuch in Paris: 1881 stellte dort ein amerikanischer Erfinder einen Gegenstand vor, in dem Emil Rathenau genau das erkannte, was er gesucht hatte: ein industriell herstellbares Produkt mit großer Zukunft. Der Mann, mit dem er sich auch privat schnell anfreundete, hieß Thomas Alva Edison, seine Erfindung ist die Glühbirne. Viele winken ab, doch Rathenau senior erkennt das Potential dieses unscheinbaren Gegenstandes und sichert sich die Patentrechte. Da war sie also, die Idee, nach der er solange gesucht hatte, zu Hause vor sich hingrübelnd, was der Sohn fälschlich als Müßiggang gedeutet hatte. Nun gründete Emil Rathenau seine neue

Firma, die Deutsche Edison-Gesellschaft. Einige Jahre später benannte er sie um in Allgemeine Elektrizitätsgesellschaft, kurz AEG.

Dass der Sohn den Geniestreich seines Vaters nicht erkannte, er war schließlich erst um die 14 Jahre alt, ist verzeihlich, noch dazu war nicht klar, ob es auch wirklich ein Geniestreich war, denn Skeptiker gab es genug. Vater Rathenau saß jetzt jedenfalls nicht mehr ständig daheim herum, sondern ging völlig im Auf- und Ausbau seiner neuen Firma auf. Walther litt in jedem Fall unter der Situation in der Familie, denn er fand keinen Draht zu seinem Vater. Früher saß man zu oft aufeinander, jetzt war er kaum ansprechbar. Am schlimmsten jedoch war die Zeit, als die Mutter mit Bruder Erich auf Kur gehen musste. Die unvertraute Zweisamkeit mit Emil Rathenau führte Walther erst recht vor Augen, wie schlecht es um seine Position und sein Verhältnis zu seinem Erzeuger bestellt war – von einem Selbstmordversuch war später die Rede, doch nur in kryptischen Andeutungen.

Mühsamer Aufstieg im Schatten des Bruders

Zwar hatte Walther Zeit seines Lebens in seiner Mutter eine enge Verbündete, aber diese war auch eingespannt in die Fürsorge um seinen Hauptkonkurrenten: Erich. Der kleine Bruder benötigte von Beginn an besondere Aufmerksamkeit, denn er war kränklich, hatte einen Herzfehler und litt schon als Kind unter rheumatischen Schmerzen. Dadurch bekam er mehr Aufmerksamkeit als der Ältere, der allerdings den Bruder aus Eifersucht keineswegs schlecht behandelte, sondern dem Vater nur einen weiteren Minuspunkt auf der langen Liste an Vorwürfen hinzufügte. Auch dem unbeteiligten Beobachter konnte nicht entgehen, dass Emil Rathenau den jüngeren Sohn deutlich vorzog. Erich war nicht nur fröhlicher als der verschlossen-grüblerische Walther, er zeigte auch mehr Interesse an technischen und naturwissenschaftlichen Dingen als der Ältere, dessen Spektrum zwar breiter war, aber eher in philosophisch-geistige Richtungen tendierte – womit der Vater wiederum wenig anfangen konnte.

Der große Konkurrent wuchs also direkt neben Walther heran. Es sei noch einmal betont, dass nichts darauf hindeutet, Rathenau habe dies in irgendeiner Form seinem Bruder angekreidet oder ihn dies spüren lassen, allenfalls indirekt, indem er ihn stets leicht herablassend behandelte, was allerdings auch als eine Form der Fürsorglichkeit gegenüber dem Jüngeren angesehen werden kann. Die Konkurrenzsituation, die er gleichzeitig nüchtern anerkannte, lastete er natürlich dem Vater an. Es musste ihm auch schnell deutlich geworden sein, dass er in dieser Auseinandersetzung um die Gunst Emil Rathenaus, in der auch die Frage der Nachfolge bei der AEG früh mitschwang, der Unterlegene war – alles sprach für Erich, die Bevorzugung durch den Vater, aber auch sein offener Charakter und seine technische Begabung. Walther konnte hieraus zweierlei Konsequenzen ziehen – zumindest in der Theorie: Entweder den Vater direkt vom Gegenteil überzeugen, indem er auf dessen ureigenem Gebiet etwas Großartiges leistete, oder einen völlig anderen Weg einschlagen, weg von der Industrie. Es wird sich zeigen, dass Walther Rathenau bis zu seinem Tod zwischen diesen beiden Polen schwankte.

Er ging vorerst den Weg, der sozusagen der gefährlichere war, den Pfad des Vaters. Gefährlich deshalb, weil er damit auf dem Gebiet des Vaters agierte und ein Scheitern den direkten Beweis geliefert hätte, dass er nicht für die Nachfolge taugte. Hinzu kam der kaum vermeidbare Vorwurf von außen, dass der große AEG-Gründer seinen Nachwuchs protegierte, das heißt, selbst kleinere Erfolge schrieb man zunächst der schützenden Hand des Vaters zu. Andererseits war nur dies das angestammte Terrain, um den Vater mit seinen eigenen Waffen zu schlagen. Aus dem Dunstkreis der AEG wird sich Walther nicht entfernen, er blieb seit seinem ersten Engagement in der Industrie mit ihr mal enger, mal weniger eng verbunden. Der Konzern war inzwischen ein wahres Konglomerat mit Geschäftszweigen auf allen möglichen Feldern. Walther ging zunächst als Angestellter nach Neuhausen in der Schweiz, wo er sich anfangs besonders schwertat. Später gelang ihm der Durchbruch bei einem chemischen Verfahren, woraufhin ihm der Vater die Möglichkeit bot, eine eigene Firma (unter dem großen Dach der AEG, versteht sich) aufzubauen. Walther wechselte nach Bitterfeld, also von einer Provinz in die andere. Dort leitete er nun seine eigene Firma und litt an seiner Isolation.

Bruder Erich hingegen war bereits im Zentrum der AEG angelangt, ohne sich zuvor auf irgendwelchen Außenposten beweisen zu müssen – ein nicht unverdienter Karrieresprung, denn der geniale Tüftler begeisterte durch seine Erfindungen. Für Walther wurde die Situation dadurch noch schwieriger: Durch den rapiden und seitens des Vaters sicherlich willkommenen Aufstieg seines Bruders schwanden Walthers Chancen auf eine eigene hohe Position innerhalb der AEG erst recht dahin. Einziger Trost: Er hatte sich ein neues, wiederum völlig unabhängiges Feld erschlossen, die Schriftstellerei. Er veröffentlichte in einer der wichtigsten Zeitschriften der Zeit, in Maximilian Hardens legendärer *Zukunft*, unter Pseudonym, vorerst. Wieder einmal lavierte er also bei seiner Suche nach Anerkennung zwischen Einbindung (in die AEG) und kompletter Abgrenzung.

Das Lavieren gelang ihm allerdings besser als gedacht. Seine heimliche Arbeit für die *Zukunft* schadete keineswegs seiner offiziellen Arbeit an der eigenen Zukunft. Nach anfänglichen Startschwierigkeiten wurde das Bitterfelder Unternehmen ein gewinnbringender Erfolg. Weder musste der Vater Angst haben, der familiären Günstlingswirtschaft gescholten zu werden, noch konnten die anderen Vorstände der AEG ernsthafte Einwände gegen die Berufung des nun erfahrenen Geschäftsführers vorbringen – Walther war vorerst am Ziel und wurde in das Direktorium des Konzerns berufen. Ein Nebeneffekt des Ganzen war allerdings auch, dass nun erst recht dem Aufstieg seines Bruders innerhalb der Firma nichts mehr im Wege stand, denn wenn schon der stets skeptisch beäugte Walther solche Qualitäten aufwies, wie viel Talent musste dann erst der viel wohlwollender betrachtete Erich mitbringen. Unter dem Gesichtspunkt der Sicherung der Nachfolge und Suche nach Anerkennung war der eigene Aufstieg folglich eher ein Pyrrhussieg, der Walther zum Wegbereiter des kleinen Bruders machte.

Nach drei Jahren verließ Walther Rathenau den Vorstand, der mehr oder weniger nur ein, wenn auch enorm wichtiges, Etappenziel gewesen war. 1902 wechselte er zu einer Bank, die natürlich eng mit der AEG verbunden war. Überhaupt war Verbundenheit ein wesentliches Charakteristikum Rathenaus – nicht nur an den Firmen, bei denen er selbst gearbeitet hatte, war er weiterhin beteiligt, sondern er sammelte im Laufe seines Lebens eine fast unüberschaubare Menge an Aufsichtsratsposten und Unternehmensanteilen. Ob es sich hierbei um einen mehr oder weniger bewussten Masterplan handelte oder nicht – mit dem, was ihn tatsächlich an die Spitze der AEG bringen sollte, konnte Walther kaum gerechnet und er wird es mit Sicherheit nicht gewünscht haben.

1903 unternahmen Vater und Sohn eine Reise nach Ägypten; Vater und Sohn, das heißt natürlich Emil und Erich Rathenau. Doch von der Reise kam nur einer zurück: Emil. Der Sohn war im Nahen Osten seinem Herzleiden erlegen; damit war aufgrund seiner Krankheitsgeschichte immer zu rechnen gewesen und doch war es ein Schock. Für die Familie war der Tod eine Katastrophe, die Mutter zog sich noch mehr zurück, der Vater wurde komplett aus der Bahn geworfen und Walther verfiel in tiefe Trauer – doch erholte er sich am schnellsten. Der Grund hierfür hatte nichts mit halbherziger Bruderliebe zu tun, sondern war eine Notwendigkeit, aber auch eine Möglichkeit, nicht so aus der Spur zu geraten wie der Vater. Dieser stürzte in eine so tiefe Depression, dass er völlig handlungsunfähig wurde. Walther übernahm seine Aufgaben und der niedergeschlagene alte Mann erkannte plötzlich, was er an seinem immer leicht verschmähten Sohn hatte. Es ist eine böse Ironie dieser Familiengeschichte, dass Walther nun in doppelter Hinsicht ein »Endlich!« hätte ausrufen können, dieses ihm aber sicher nicht einfiel, weil es zu teuer erkauft war. Plötzlich war er da, wo er immer hin wollte: Er war der Chef der AEG, da er die Funktionen seines Vaters als Stellvertreter erfüllte (und zwar unter allgemeiner Anerkennung) und noch viel wichtiger, das Verhältnis zu diesem bereinigte sich, die Differenzen all der Jahre waren vergessen. Die Familienkatastrophe hatte auf die Familie eine heilende Wirkung – so schien es zumindest.

Walther Rathenau agierte in den folgenden Jahren auf zahlreichen Feldern und in vielerlei Positionen; natürlich blieb er in der Industrie, auch wenn der Vater langsam wieder das Heft bei der AEG in die Hand nahm. Er veröffentlichte, nun unter seinem eigenen Namen, teils sehr erfolgreiche Schriften, unternahm Schritte in Richtung politischer Aktivität, die allerdings im Kaiserreich überwiegend glücklos verliefen, obwohl er zu Wilhelm II., den er andererseits gern kritisierte, ein recht gutes Verhältnis hatte.

Die seltsamste Rolle übernahm er als Chef der eifrig zusammengeschusterten Kriegsrohstoffabteilung zu Beginn des Ersten Weltkriegs: Der Kriegsgegner Rathenau sorgte durch eine fast genial zu nennende Organisationsleistung dafür, dass die Deutschen nicht nach wenigen Monaten kapitulieren mussten, weil ihnen das Material ausging (die Militärs hatten nicht vorgesorgt, da der Feldzug ihrer Meinung nach nur wenige Wochen dauern würde). Nachdem er diese Behörde aufgebaut und ihren Bestand gesichert hatte, trat er zurück – Dank konnte er ohnehin kaum erwarten. Es war egal, wie und was er anstellte: Die Nationalen fühlten sich brüskiert, vom »plutokratischen Juden« Rathenau gerettet worden zu sein, und die Linken werden ihm später vorwerfen, den Krieg um Jahre verlängert zu haben. Es sieht lange Zeit nicht so aus, als würde er einen Weg zurück in die Politik finden – wenn er überhaupt dahin zurück wollte.

Zurück ging er zur AEG. Um die Harmonie nach dem Tod des Bruders und der Aussöhnung mit dem Vater war es nicht mehr ganz so glänzend bestellt. Während die Gegner Rathenaus lautstark mutmaßten, er würde durch die Kriegsrohstoffabteilung die AEG bevorzugen, warf ihm der Vater genau das Gegenteil vor. Es zeigte sich, dass Walther es auch ihm (noch immer) nicht recht machen konnte. Äußerlich dürfte Walther solcherlei Nörgeleien inzwischen an sich abprallen haben lassen, denn er war selbstbewusst genug und brauchte sich nichts mehr zu beweisen. Aber aus dem Waffenstillstand mit dem Vater war nie ein richtiger Friede geworden – am 20. Juni 1915 starb der AEG-Gründer.

Dass er in der Familie nun der Nachfolger wurde, war seit Jahren klar, und auch bei der AEG konnte niemand Zweifel daran haben, dass er das Erbe seines Vaters antreten werde – nur würde man es ihm dort nicht allzu leicht machen, der Vorstand hatte keine Lust auf einen weiteren Patriarchen. Und so beschnitt man die Rechte des Präsidenten, bevor man Walther auf diesen Posten hob. Für Außenstehende sah dies nach einem geordneten Übergang vom Vater auf den Sohn aus, doch im inneren Führungskreis wusste man, dass Walther deutliche Zugeständnisse hatte machen müssen.

Dennoch war er nun endgültig an der Spitze der AEG angelangt. Das private Erbe des Vaters jedoch schlug er aus – ein letzter emanzipatorischer Akt. Nötig hatte er solch ererbtes Vermögen sowieso längst nicht mehr, denn durch die Buchverkäufe und insbesondere dank seiner unzähligen Firmenbeteiligungen war er bereits ein reicher Mann. Von seinen Anteilen musste er sich 1921 trennen, als er sein erstes Ministeramt übernahm – womit er auch die Verbindung zur AEG nach so langer Zeit kappte, was ihm alles andere als leicht gefallen ist. Der Dienst für die unruhige Republik war ein aus Überzeugung getätigtes Opfer, das Walther Rathenau binnen Kürze zum Opfer werden ließ, eine Entwicklung, die er in fatalistischer Resignation vorausgesehen hatte. Sein Tod führte jedoch wenigstens kurzzeitig zu einem schockhaften Aufbäumen der Demokraten, die Weimarer Republik stabilisierte sich in den folgenden Jahren. Die Worte des Reichskanzlers Joseph Wirth vor dem Parlament mit buchstäblichen Fingerzeig, »Da steht der Feind – und darüber ist kein Zweifel: dieser Feind steht rechts!«, wurden ebenso legendär wie kaum zehn Jahre später bittere Wahrheit.

Weide meine Lämmer

Giovanni Agnelli, König der Italiener

In seinem satirischen Roman Die Merowinger *(1962) berichtet der österreichische Schriftsteller Heimito von Doderer (1896-1966) vom Versuch eines abgehalfterten Adeligen die »totale Familie« zu erschaffen. Zu diesem Zweck heiratet er nicht nur mehrmals, auch innerhalb der Familie, sondern nutzt auch das Mittel der Adoption. So gelingt es ihm letztlich, sein eigener Vater, Großvater, Schwiegervater und Schwiegersohn zu werden und die Familienverhältnisse wie gewünscht abzurunden. Der Begründer von Fiat und der Turiner Industriellen-Dynastie Giovanni Agnelli hatte offenkundig eine ähnliche Vorstellung von einer totalen Familie, nur benutzte er dazu andere, wenn auch nicht weniger fragwürdige Mittel. Sein Prinzip war allerdings dem der Hauptfigur Doderers diametral entgegengesetzt. Während dieser gewissermaßen möglichst viele Personen in seine Dynastie integrieren wollte, versuchte Giovanni Agnelli, diejenigen Teile, die nicht in direkter Linie dazugehörten, wieder auszustoßen. Klingt nicht weniger grotesk, ist aber leider alles andere als die amüsante Fantasie eines Romanciers.*

Giovanni Agnelli (1866–1945) hatte zwei Kinder, Sohn Edoardo und Tochter Aniceta. Diese heiratete Carlo Nasi, mit dem sie insgesamt fünf Kinder hatte, darunter, für die Nachfolge nicht irrelevant, zwei Söhne (Giovanni und Emanuele). Doch Aniceta starb früh und ihr Mann, Vater von fünf Enkeln des Patriarchen, existierte fortan für den Rest der Familie und vor allem für Giovanni Agnelli nicht mehr. Auch der nicht gerade kleine Rest dieses Zweigs, von dem noch immer sehr viele Nachfahren leben, führte ein Schattendasein in einer Familie, die absoluten Wert auf ihren Status innerhalb der italienischen Gesellschaft, aber auch auf ihren Einfluss und ihre Abschottung nach außen legte. War man sonst stets darauf bedacht, möglichst viele Bereiche des Firmenkonglomerats Fiat unter familiärer Kontrolle zu halten – also die relevanten

Posten mit Clanmitgliedern zu besetzen –, griff man trotzdem so gut wie nie auf die Kinder Anicetas und deren Enkel zurück.

Der Ausschluss des Schwiegersohnes Carlo Nasi war kein Einzelfall, lag also nicht etwa an Nasi als Person. 1935 verunglückte Giovannis Sohn Edoardo, der Stammhalter, auf eine Weise, die man nicht anders als tragisch bezeichnen kann: Obwohl er seine Heimfahrt mit dem Zug geplant hatte, nutzte Edoardo die plötzlich auftauchende Gelegenheit, mit dem seinerzeit berühmten Piloten Arturo Ferrarin zurückzufliegen, solche Ehre wollte er sich nicht entgehen lassen. Bei der Landung des Flugzeugs kam es allerdings zu Komplikationen – doch Ferrarin wäre nicht Ferrarin, hätte er nicht trotzdem seine Maschine sicher gelandet. Edoardo Agnelli stieg aus, wurde von einem Rotor im Genick getroffen und war sofort tot. Der Trauer über den vermeidbaren Tod ihres Gatten konnte sich Virginia, Mutter von sieben Kindern, nicht ungeteilt hingeben, denn das Schicksal Nasis nur zu gut vor Augen, ahnte sie, was ihr drohte.

Wieder legte Giovanni Agnelli wenig Skrupel an den Tag – und die Justiz schien ihm willfährig zu gehorchen: Nur wenige Tage nach dem Ableben Eduardos flatterte ein richterlicher Beschluss in Virginias Haus. Punkt eins: eben dieses Haus habe sie unverzüglich zu verlassen. Punkt zwei: das Sorgerecht über die Kinder geht an den Großvater, die Mutter dürfe diese jedoch alle 14 Tage besuchen. Giovannis Familienpolitik hatte sich wieder durchgesetzt und das eingeheiratete Mitglied wurde ausgesondert. So leicht wollte es Virginia ihrem Schwiegervater aber nicht machen, sie rief die Kinder zusammen und machte sich mit ihnen auf die Flucht. Ein kurzes Unternehmen, denn Giovanni Agnelli setzte sofort die Behörden in Bewegung; im Zug wurde die kleine Gruppe aufgestöbert und die Kinder von der Mutter getrennt. Deren Begeisterung, nun bei ihrem Opa wohnen zu dürfen, hielt sich in sehr engen Grenzen. Nicht nur war der ein eher steifer, unterkühlter älterer Herr – ganz anders als die lebenslustige Mutter – ihm lag an den Kindern auch nur insofern, als sie Agnellis waren (und nach dem Tod seines einzigen leiblichen Sohnes sich aus diesen Enkeln der neue Nachfolger rekrutieren sollte); aus Liebe oder reiner Fürsorge hatte er sie nicht zu

So liebten ihn nicht nur die Italiener: Gianni Agnelli, Strahlemann und heimlicher König südlich der Alpen.

sich holen lassen. Womit er wohl – neben der mangelnden Zuneigung seiner Enkel – ebenso wenig rechnete, war der Widerstand, den Virginia noch immer zu leisten gewillt war.

Dem Patriarchen und Industriellen Agnelli war schon zu dieser Zeit kaum noch beizukommen, schon gar nicht als einzelne Frau mit zweifelhaftem Ruf (über Jahre hatte Virginia eine kaum verhohlene Affäre mit dem Schriftsteller Curzio Malaparte). Aber – wir befinden uns im Jahre 1935 – einen mächtigeren Mann gab es mindestens im Staat: Benito Mussolini. Der Duce mochte Fiat, machte mit der Firma gerne Geschäfte (und umgekehrt), aber trotzdem ließ er sich auf Virginias Bitten ein – vielleicht, weil er von ihr beeindruckt war, vermutlich aber eher, um Giovanni Agnelli zu zeigen, wer hier in Italien im Zweifelsfall das Sagen hatte. Giovanni wurde aufgefordert, die Kinder an die Mutter zurückzugeben. Es gab noch ein paar Gerichtsverfahren, auch diese endete zugunsten Virginias. Das Erstaunliche geschah: irgendwann gab der bald 70-jährige Patriarch nach. Angeblich weil ihn der Kampf der Mutter und die Liebe der Kinder zu ihr beeindruckt haben, doch darf man annehmen, dass er vor allem das Risiko erkannte, das in einer dauerhaften Entfremdung zwischen ihm und seinen Enkeln lag, hatte er doch Giovanni, genannt Gianni, als neuen Nachfolger auserkoren.

Aufstieg im Fahrtwind des Krieges und des Faschismus

Dass ihm Mussolini in der Angelegenheit mit Virginia so in den Rücken fiel, wird Giovanni Agnelli nicht gefallen haben (und vergessen haben wird er es vermutlich auch nicht). Bislang hatte man gut voneinander profitiert – auch ohne sich zu lieben. Der Aufstieg der Turiner Firma, die einst 1899 unter dem etwas uneleganten Namen »Società per la costruzione e il commercio delle automobili – Torino« gegründet und später in »Fabricca Italiana Automobili Torino«, kurz F.I.A.T, umbenannt worden war, schritt anfangs leidlich voran. Auch hier ging Agnelli übrigens schon nach dem Eliminierungsprinzip vor; der Gründungskader des Unternehmens bestand ursprünglich aus acht gleichberechtigten Personen, von denen einige freiwillig gingen, andere nicht ganz so freiwillig. Übrig blieb Giovanni Agnelli – seither wird Fiat als Familienerbstück gesehen (auch von den Italienern).

Die Geschäfte liefen ganz ordentlich. Der Absatzmarkt war zu dieser Zeit kurz nach der Jahrhundertwende natürlich generell noch recht überschaubar und es gab auch in Italien einiges an gleichwertigen Konkurrenzunternehmen (Fiat wird die meisten davon im Laufe der nächsten Jahrzehnte schlucken, darunter Lancia und Alfa Romeo). Fiat hatte sich zu Beginn eher auf hochklassige Rennwagen kapriziert, die nicht jedermanns Sache waren (und schon gar nicht entsprachen sie jedermanns Budget). 1906 ging man immerhin schon an die Börse – und wurde prompt verdächtigt, dort Manipulationen vorgenommen zu haben. Verfahren wurden eingeleitet, Agnelli musste zurücktreten. Es begann, was sich fortan wie ein roter Faden durch die Geschichte der Familie und der Firma ziehen wird: Aus irgendwelchen Gründen verlaufen die Untersuchungen stillschweigend im Sande und am Ende sind alle fasziniert, wie der jeweilige Agnelli es geschafft hat, unbeschadet aus dem Ganzen herauszukommen. Giovanni kommt nicht nur fein raus, er kommt stärker als je zuvor zurück – bei Fiat ist er nun unangefochten.

Die größte Chance eröffnete sich mit Ausbruch des Ersten Weltkriegs. Für ein Unternehmen wie Fiat, das Fahrzeuge, aber auch sonstiges technisches Gerät herstellt, ist eine Armee natürlich stets ein guter Handelspartner. Umso besser, dass Italien anfangs zögerte, in den Krieg einzusteigen und auf seiner Neutralität beharrte – so hatte man nämlich gleich mehrere verfeindete Armeen als Abnehmer. Trotzdem war der Einstieg Italiens auf Seiten der Alliierten das deutlich bessere Geschäft und Fiat florierte in den nächsten Jahren. Nach dem Krieg gab es eine Untersuchungskommission, der die riesigen Gewinne der italienischen Industriellen allzu spanisch vorkamen, doch, man ahnt es bereits, Agnelli und Co. kamen unbeschadet davon und die Kommission wurde schnurstracks aufgelöst, als ein gewisser Mussolini an die Macht kam. Den hatte Agnelli, der sich ansonsten gern als liberaler Großbürger gab, frühzeitig unterstützt, da er ihm einigermaßen Stabilität zu garantieren schien und ihm die um 1920 sehr revolutionär gestimmten Arbeiter vom Leib halten sollte.

Das Verhältnis Agnellis zu den Faschisten in den nächsten 20 Jahren wird je nach Standpunkt anders gewertet. Giovanni Agnelli ist in Italien – wie die gesamte Familie – eine Legende, die überwiegend ehrerbietig betrachtet wird (was auch damit zu tun hat, dass 25 Prozent der Presse und Verlage den Agnellis gehören). Ein noch höheres Ansehen genießt Agnellis Enkel Gianni, da dieser zusätzlich äußerlichen Glanz und Gewandtheit verkörperte, was dem alten Patriarchen noch abging. Für Giovanni Agnelli stand stets das Wohl der Firma (nicht gleichzusetzen mit dem Wohl der Angestellten) an erster Stelle. Danach kam die Familie, sofern diese nicht ohnehin quasi-identisch mit der Firma war. Die Faschisten, denen er privat womöglich wenig abgewinnen konnte, waren eben schlicht und einfach lange Zeit der beste Partner für die Firma, man profitierte voneinander.

Agnelli war sich auch nicht zu schade, von Mussolini den Senatorentitel anzunehmen, im Schwarzhemd, der faschistischen Uniform, aufzutreten oder mussolinifreundliche Reden zu schwingen. Das diente nur dem Wohl der Firma, wie seine Verteidiger anführen, die stets auch auf Giannis Hauslehrer, einen später verfolgten Intellektuellen, verwiesen. Das ist zwar richtig, nur macht es niemanden sympathischer, wenn er gegen seine eigenen vermeintlichen Überzeugungen eine anbiedernde Fassade aufbaut. Anders ausgedrückt: Giovanni Agnelli war aus Gründen der Firmenraison ein gnadenloser Opportunist. Auch dies eine Familientradition, wenn man so will.

Dieses Hin- und Herlavieren wurde besonders symptomatisch, aber auch gefährlich, als die Verhältnisse gerade in Norditalien undurchschaubar wurden. Im Zweiten Weltkrieg hatte Fiat erneut prächtige Gewinne eingefahren, doch irgendwann kam der Krieg auch nach Italien. Ab 1943 war die Situation völlig verworren. Mussolini wurde gestürzt, Italien stieg aber nicht komplett aus dem Krieg aus, sondern wechselte nach kurzer Zeit die Seiten. Nun kämpfte man gegen die Deutschen, die jedoch noch im Land waren, vor allem im Norden. Dorthin kehrte auch der von den Nazis befreite Mussolini zurück und errichtete eine faschistische Marionettenrepublik von Hitlers Gnaden mit Sitz in Salò am Gardasee. Fiat in Turin lag auf deren Gebiet. Kurzum: Im Süden rückten die Alliierten vor und man musste kein Prophet sein, um zu ahnen, dass sie der zukünftige Sieger sein würden. Vor Ort allerdings waren die Deutschen, mit denen man weiterhin gut Geschäfte machte, und die Faschisten, die zur Panik neigten und deshalb besonders unberechenbar waren, da sie von den erstarkenden italienischen Partisanen bekämpft wurden. Fiat arrangierte sich mit allen, schöntun mit den Deutschen, heimlich verhandeln mit den Alliierten, Kontakte knüpfen mit den Partisanen. Nach dem Krieg gab es eine Kommission, die das Gebaren Fiats und seiner Führer während des Krieges und des Faschismus untersuchte. Es sah zwischenzeitlich extrem schlecht aus für Agnelli, der eben lange Zeit etwas zu eng mit Mussolini und seinen Chargen verkehrte, doch am Ende wurde er freigesprochen. Der Kalte Krieg hatte Italien erfasst, man hatte Angst vor den Kommunisten und einer möglichen Verstaatlichung des enorm wichtigen Konzerns, der schließlich einer der größten in ganz Europa war.

Generationenwechsel unter gleichen Vorzeichen: Opportunismus
Giovanni Agnellis Zeit war trotzdem vorbei, er war knapp 80 Jahre alt
und die ständigen Verteidigungen wohl auch leid. Der Moment war
gekommen, den Enkel Giovanni II., also Gianni, auf den Familien-
thron zu heben (die Agnellis galten allgemein als Königsfamilienersatz,
seit das echte Königshaus abgetreten ist). Der war mit Anfang Zwanzig
allerdings kaum reif für den Job als Großunternehmer, zu dem er auch
keine überschwängliche Lust zeigte. Zum Glück gab es mit Vittorio
Valletta, einem erfahrenen Fiat-Manager und Vertrauten des Vaters,
eine Art Reichsverweser – er übernahm, sehr zur Erleichterung Giannis, die eigentliche Geschäftsführung.

Nach dem Tod des alten Patriarchen und dem vorzeitigen Ende seiner Mutter Virginia durch einen weiteren unglückseligen Unfall war
Gianni ab 1945 das unangefochtene Familienoberhaupt, mit 24 Jahren.
Angeblich hatte ihm der Großvater noch geraten, sein Leben erst mal
zu genießen, was wohl eher der selbstgestrickten Legende zuzuschrei-
ben ist, denn weder hatte der Firmengründer selbst ausschweifende
Vorlieben gehabt, noch jemals etwas anderes als Verachtung für Leute
empfunden, die einen unkonventionellen Lebensstil pflegten (etwa für
seine Schwiegertochter oder deren Teilzeitgeliebten Curzio Malaparte).
Wie auch immer, Gianni wurde in den folgenden Jahren weltberühmt,
nicht als Unternehmer, sondern als stinkreicher Jet-Set-Playboy und
Liebling der Gazetten. *La Dolce Vita* (1960), Fellinis Film über die
Jeunesse dorée während des Wirtschaftswunders in Italien passt per-
fekt zur Beschreibung des Jungunternehmers Agnelli, dem auch eine
Affäre mit der Hauptdarstellerin Anita Ekberg nachgesagt wurde. So
mancher alteingesessene Industrielle oder Leitartikler rümpfte die
Nase, auch aufgrund des Kontrasts zum Übergroßvater, aber die Firma
selbst war bei Valletta in guten Händen, der die Boomjahre der Nachkriegszeit nutzte.

Sei es, weil er sich irgendwann die Hörner abgestoßen hatte, weil er
sich mit Mitte 40 doch nicht mehr ganz so jugendlich fühlen konnte –
seit seiner Heirat, wie viele andere Agnellis zuvor mit einer Adeligen,
galt er ohnehin als ruhiger – oder weil ihm der allein Valletta zugespro-

chene Erfolg allmählich lästig wurde: 1966 entschloss sich Gianni überraschend, die Geschäfte nun doch selbst in die Hand zunehmen. Man kann sich denken, dass Außenstehende, aber auch Betriebsangehörige bei dem bisherigen Ruf des Enkels dem Wechsel skeptisch entgegensahen – aber er war nun einmal ein Agnelli, er hatte somit Besitzanspruch auf die Firma. Doch der Beginn und die folgenden Jahre schienen den Skeptikern Recht zu geben, es lief einfach nicht mehr rund bei Fiat. Daran war Gianni nur bedingt schuld, denn das Konjunkturhoch der Nachkriegszeit war vorbei, die politischen Verhältnisse in Italien wurden immer instabiler und die Ölpolitik der Araber machte naturgemäß gerade den Automobilherstellern Ärger.

Trotzdem agierte Gianni die ersten Jahre unglücklich und verschärfte die Lage in mancherlei Hinsicht. Nach außen hin allerdings erarbeitete er sich schnell den Status eines Sakrosankten innerhalb Italiens, egal, was Fiat angelastet wurde, Gianni, der im ganzen Land als Avvocato bekannt war, ging aus allen Affären unbeschadet hervor, an seiner eleganten und diplomatisch glatten Erscheinung perlte alles ab. Für die groben Angelegenheiten hatte er Cesare Romiti, die Nummer Zwei, der das Raubein gab, wenn es darauf ankam (und sich in dieser Rolle sehr gefiel). Und es war nicht wenig, was Fiat gerade in den 1970er-Jahren an Angriffsmaterial lieferte. 1971 deckte man ein seit Großvater Agnelli bestehendes innerbetriebliches Spitzelsystem auf, mit dem kein Discounter unserer Tage annähernd mithalten könnte. Fiat überwachte seine Arbeiter systematisch und legte fein säuberlich Akten an – erst wiegelte man dies als alte Geschichten ab, dann kam heraus, dass gerade zwischen den Jahren 1967 bis 1971 etwa 150 000 Dossiers angelegt worden waren, von oft professioneller Qualität. Es kam zu einer Untersuchung, aber Gianni Agnelli und sein Bruder wurden nicht einmal angeklagt (im Gegensatz zu einigen anderen Angestellten).

Besser ging es Fiat darum trotzdem nicht. Mitte der 1970er-Jahre brauchte man dringend Geld. Und es fand sich ein illustrer Finanzier, ein Nachbar aus dem Süden: Oberst Gaddafi, im Westen ebenso geächtet wie verachtet, unterstützt zwar gerne auch den europäischen und arabischen Terrorismus, der gerade den Italienern sehr zu schaffen macht, aber warum nicht auch einen Autohersteller und Waffenproduzenten. Richtig große Liebe zu Italien, der ehemaligen Kolonialmacht, hatte er bislang nicht bekundet; im Gegenteil, er hatte sogar die Gräber italienischer Siedler ausheben und ihre Gebeine ausschiffen lassen. Aber die Allianz mit Fiat würde sein Image aufbessern und, wie gesagt, Waffen stellten die Turiner schließlich auch her. Gaddafi zahlte 415 Millionen Dollar für seinen Einstieg und war nun der größte Teilhaber – nach den Agnellis, versteht sich. Die Italiener waren von diesem Bündnis nicht sehr angetan, noch viel weniger die USA. Agnelli rechtfertigte sich mit der Notwendigkeit einer Finanzspritze und sah Libyen außerdem auf dem Weg hin zur Demokratie. Was Opportunismus anging, hatte er offenkundig doch viel von seinem Opa gelernt. Die seltsame Verbindung hielt zehn Jahre und Agnelli war ab der Mitte der 1980er-Jahre, als es wirtschaftlich steil bergauf ging, selbst nicht mehr ganz so glücklich mit der Freundschaft zum Diktator. Der wurde irgendwie doch nicht immer demokratischer und die USA stattdessen immer ungehaltener. 1986 zahlte man den Libyer aus, mit 3,1 Milliarden Dollar; für Gaddafi hatte sich das Geschäft ohne Frage gelohnt.

Der teuer erkaufte Ausstieg des libyschen Terrorpaten wurde schon deshalb kaum publik, weil Fiat im gleichen Jahr noch eine wesentlich spektakulärere Aktion gelang. Alfa Romeo war schon lange kein Konkurrent mehr für die Agnellis, der Konzern krebste seit Jahren in den roten Zahlen herum, von den Turinern unbeachtet. Die italienische Regierung zeigte sich folglich hocherfreut, als es ein Übernahmeangebot für das defizitäre Unternehmen gab, noch dazu von einem potenten Partner: Ford. Das ging nun wiederum nicht aus Sicht Fiats, denn ein ausländisches Unternehmen, welches noch dazu das nötige Potential hatte, stellte eine echte Konkurrenz für den von Fiat beherrschten heimischen Markt dar. Binnen Wochen schlug die Stimmung in Italien und plötzlich auch in Rom um. Ford war bald raus aus den Verhandlungen – trotz der ursprünglichen Garantie der Regierung und des wesentlich besseren Angebots. Agnelli und sein Adlatus fürs Grobe Cesare Romiti hatten einfach das bessere Propagandageschick, es galt nun als Frage der italienischen Ehre, Alfa Romeo nicht den Amerikanern auszuliefern. Ein Coup, den die EU in Brüssel seltsam fand und mit Untersuchungskommissionen durchleuchtete. Ergebnis: nichts.

Fiat war in den 1980er-Jahren wieder der beherrschende Konzern in Italien, nicht nur für Autos, sondern für alles, von Zeitungen über Wintersportvergnügen bis Waffen, die wirtschaftliche Krise war überwunden, Agnelli als Firmenchef unantastbar und sein Image als überforderter Playboy längst vergessen. Nur war er selbst nicht mehr der Jüngste, sodass es Zeit wurde, die Familienangelegenheiten vorausschauend zu regeln. Das war es auch, was die Italiener wirklich interessierte, schließlich ging es um ihr stets so apostrophiertes heimliches Königshaus – und die Hofberichterstatter sollten genug zu schreiben bekommen.

Auch Gianni hatte einen Sohn namens Eduardo (geboren 1952; die Namensgebungen waren nicht so kreativ, entsprachen aber dem dynastischen Prinzip) und dieser schien naheliegenderweise Kandidat Nummer Eins. Doch Eduardo zeigte wenig unternehmerische Neigungen, im Gegenteil. Neben Wirtschaftswissenschaften in den USA studierte er Philosophie und Geschichte, seine eigentlichen Interessen. Fortan reiste er um die Welt, nicht um zu genießen, sondern auf der Suche nach Spiritualität. Gianni schrieb ihn darauf mehr oder weniger unverhohlen als Nachfolger ab, wie auch der Großteil der Öffentlichkeit – nicht aber Eduardo selbst, der in einem Interview unverhohlen seine Position als direkter Nachfolger gewahrt sehen wollte. Als er jedoch im fernen Afrika wegen Drogenbesitzes festgenommen wurde, glaubte niemand mehr an einen Firmenchef Eduardo Agnelli. Es sah also so aus, als würde auch dieses Mal eine ganze Generation übersprungen. Der Plan ging dahin, den 1964 geborenen Sohn von Giannis wesentlich jüngerem Bruder Umberto ans Steuer zu lassen – Gianni mochte diesen Neffen, der, wie könnte es besser sein, Giovanni hieß und zur besseren Unterscheidung Giovannino genannt wurde. Die Sache schien zu allgemeiner Zufriedenheit geregelt, selbst Eduardo schätzte seinen Cousin.

Das Ende einer Dynastie: Erbstreit

1996 wurde Gianni 75 Jahre alt – Zeit für den Abschied von der Firmenleitung. Doch von da an lief alles auf tragische Weise schief. 1997 erliegt der junge Giovannino einem Krebsleiden, Gianni wirkt gebrochen. Trotzdem reagiert man schnell. Wieder wird nicht mehr auf Eduardo zurückgegriffen, der nur noch ein Randdasein führt. John Elkann, erst 22 Jahre alt, soll der neue Chef werden; er ist ein Sohn von Giannis Tochter Margherita aus erster Ehe. Also wieder ein Giovanni, allerdings mit englischem Vornamen (obwohl sein Vater Franzose war). Da er als noch zu jung gilt, soll Umberto, seit Jahrzehnten treu an der Seite seine älteren Bruders Gianni, die Geschäfte übergangsweise verwalten. Umberto galt verglichen mit seinem Bruder stets als minderbegabt, doch als er ans Ruder kommt, widerlegt er dieses Vorurteil. Allerdings bleibt ihm nicht viel Zeit. Nach dem Tod Giannis 2003 überlebt er ihn nur um ein Jahr und Eduardo, der vergessene und übergangene Sohn, hatte im Jahr 2000 Selbstmord begangen.

Der Tod Gianni Agnellis wird tatsächlich wie der Abgang eines Monarchen empfunden und Italien verfällt in eine Art Staatstrauer. Wenigstens scheint die Nachfolge einigermaßen geregelt. Gianni liebte zwar vor allem den Tunichtgut Lapo Elkann, der in den Gazetten durch allerlei Exzentrik und zweifelhaftes Gebaren auf sich aufmerksam macht, die Geschäfte aber liegen bei John Elkann, dem die Leitung Fiats in schwieriger Zeit durchaus zugetraut wird. Bei der Testamentsfrage kommt es allerdings zu ersten Unstimmigkeiten. Als Haupterben sind Giannis betagte Ehegattin Marella und sein einzig überlebendes Kind, Margherita, die Mutter der Elkanns, anzusehen. Margherita hat jedoch noch ein weiteres Mal geheiratet, und dieser Ehe entstammen weitere fünf Kinder, die sie nicht unberücksichtigt sehen will (ganz getreu der Linie seines Großvaters hatte sich Gianni für diese »Zweitkinder« nicht sehr interessiert). 2004 einigt man sich auf einen Deal: Der Großteil des Erbes geht an die als direkt erachteten Nachfahren, sprich die Gattin, die Tochter und deren drei Kinder (neben Lapo und John noch die Tochter Ginevra). Für ihre Kinder aus der zweiten Ehe gelingt Margherita ein Kompromiss: Sie verkauft ihren eigenen Anteil an ihre Mutter und die Kinder erhalten Handfestes, also nicht Beteiligungen und Aktien, sondern Immobilien, Ländereien und Gemälde. Und so ist der erste Erbschaftsstreit beigelegt.

Doch einige Jahre später kommen Margherita Zweifel, ob sie nicht über den Tisch gezogen wurde. Sie vermutet, die Nachlassverwalter Giannis, seit Jahren dessen treue Weggefährten, hätten die Existenz großer Vermögensteile einfach verheimlicht. Sie klagt. Die Familie, gerade ihre Kernfamilie, zerbricht in zwei Teile: Ihre Kinder aus erster Ehe, insbesondere das neue Familienoberhaupt John, distanzieren sich von ihr, unter dem Schutz der Großmutter Marella. Fortan kämpft die Mutter also gegen ihre eigenen Kinder – und mehr oder weniger gegen den gesamten Rest des riesigen Agnelli-Clans. Das war allerdings, sobald sie ihre Vorwürfe öffentlich machte, voraussehbar. Ungeahnte Folge des Konflikts, also ein klassischer Kollateralschaden war, dass die Steuerbehörden sich sozusagen auf die Seite Margheritas schlugen, wenn auch sicher ohne dass sie dies beabsichtigt hatte. Die italienischen und die Schweizer Finanzämter witterten nun allerhand am Fiskus vorbeigeschmuggeltes Vermögen und fingen an zu ermitteln.

Und dies zeitigte Folge Nummer Drei: Gianni Agnelli war, Jahre nach seinem Tod, wieder in den Schlagzeilen. Nur waren diese längst nicht mehr so wohlwollend wie einst zu seinen Lebzeiten – was wohl auch daran lag, dass ein alter Unternehmerkonkurrent, der noch mehr Medien unter seiner Kontrolle hatte als die Agnellis, inzwischen die Regierung führte: Silvio Berlusconi. Genüsslich lenkte die Presse nun die Aufmerksamkeit ab von den drohenden Gerichtsverfahren gegen den Ministerpräsidenten, seine Jungmädchenaffären und der nicht gerade rosigen wirtschaftlichen Lage des Landes. Agnelli der Steuerbetrüger, kein heimlicher König, sondern ein offener Ausbeuter seines Landes, das war der neue Tenor. Der sich lange hinziehende Erbstreit zerstörte in nur wenigen Jahren den Mythos Gianni Agnellis mitsamt der bisher stets als Festung geltenden Familie. Agnelli, Lämmchen, waren sie nie gewesen, doch bisher hatte ihnen die italienische Öffentlichkeit jede noch so große Zwielichtigkeit verziehen. Jetzt sah es so aus, als könnte der Avvocato selbst einen guten Rechtsanwalt brauchen.

Eine Familie von Jägern und Sammlern

Die Dynastie Sachs

Wer den Main entlang von Bamberg flussabwärts Richtung Schwein-
furt fährt, sei es mit dem Auto, mit der Bahn oder gar einem Schiff,
dessen Blick fällt unweigerlich kurz vor der Ankunft auf Schloss Main-
berg am rechten Ufer, dessen Name die Lage treffend charakterisiert.
Aus der Ferne recht trutzig wirkend, verrät ein genauerer Blick, dass
der Bau zwar einen alten Kern, aber doch in jüngeren Tagen die ein
oder andere Modernisierung erfahren hat. Tatsächlich ist die Geschichte
der mittelalterlichen Feste nicht sonderlich ungewöhnlich für diesen
Landstrich, interessant wird es erst, als der Fürstbischof von Würzburg
entthront und das Schloss Privatbesitz wird. Wilhelm Sattler, Erfinder
des in jeder Hinsicht giftigen Schweinfurter Grüns, erwirbt die Gebäu-
de und eröffnet damit die Reihe der industriellen Besitzer. Nach einem
eher esoterischen Intermezzo gelangt das imposante Schloss an einen
weiteren Aufsteiger aus der Nachbarstadt: Ernst Sachs, Mitinhaber von
Fichtel & Sachs, bekannt für seine Kugellager und Fahrradnaben. Und
so wird Jahre später in der Geburtsurkunde des berühmtesten Sachs-
Sohnes, Gunter, als Geburtsort Mainberg eingetragen werden.

Doch bis dahin dauert es noch ein paar Jahre. Ernst Sachs, der Begründer der eher kurzlebigen Familiendynastie, erwarb das Schloss
erstaunlicherweise mitten im Ersten Weltkrieg, 1915. Während andere zu dieser Zeit schon bedenkliche Lücken in ihren Geldbeuteln
erkennen konnten, da der Krieg nicht wie von den Militärs versprochen
an Weihnachten zu Ende war, musste sich der Unternehmer in dieser
Hinsicht keine Sorgen machen (die Ausstattung des Schlosses wurde
dann aufgrund der Materialknappheit schon schwieriger). Seine Pro-
dukte fanden gerade reißenden Absatz, erst recht, nachdem die Armee
das Fahrrad als praktikables Transportmittel im Feld entdeckt hatte.
Wirklich vorwerfen kann man das Sachs nicht, sicher war er ein gewiefter Geschäftsmann, aber die enorme Konjunktur für seine Erzeugnisse

kam sozusagen unverhofft über ihn. Er war zwar ein Kriegsgewinnler, aber nicht in dem Sinn, dass er seine Produktion auf den Krieg ausgerichtet hätte, sondern er hatte einfach etwas, was die Armee dringend benötigte. Dass er sich nun ein ganzes Schloss kaufte, versprühte natürlich trotzdem den Hauch des leicht abgehobenen Neureichtums, wie es Aufsteiger insgesamt kennzeichnet. Ein solcher war Ernst Sachs zweifellos, allerdings unverdient; er schwamm auf der letzten Welle der Industrialisierung mit, die noch einmal eine Handvoll bekannter deutscher Konzernherren hervorbrachte, denen sich nun in den neuesten Industriezweigen (Elektrizität, Transport, Chemie) zahlreiche Entfaltungsmöglichkeiten boten. Dem gebürtigen Konstanzer Handwerkersohn kam hierbei sein Hobby zugute; er war, für die Zeit vor 1900 ungewöhnlich, ein begeisterter Radfahrer. Das Fahrrad war weder ein alltägliches, noch ein besonders attraktives Gefährt, wurde aber in mehrfacher Hinsicht sein Schicksal. Ein Fahrradunfall verschlug den jungen Ernst Sachs, der ein begabter Feinmechaniker mit unauffälliger Karriere in seinem Betrieb war, nach Unterfranken. Ein treuer Kumpane aus dem Verein verschaffte ihm eine Unterkunft im damals recht mondänen Bad Kissingen, wo sich auch die Monarchen aus nah und fern gerne auskurierten. So wird später das nicht weit entfernte Schweinfurt zum Stammsitz der Firma, obwohl es sich um eine eher unspektakuläre Provinzstadt handelte, die allerdings nicht nur durch Sachs zum Zentrum der Kugellagerindustrie werden wird, was im Zweiten Weltkrieg noch böse Folgen zeitigte. Während seiner Rekonvaleszenz tüftelte der umtriebige Sachs an neuen Ideen, vor allem zur Verbesserung des Fahrradantriebs, die dem Gefährt eine breitere Akzeptanz verschaffen sollte. Hiermit begann sein Siegeszug.

Die Firma Fichtel & Sachs – der Kollege Fichtel war eher unauffällig (er beziehungsweise seine Erben, da er früh starb, werden später aus ihren Verpflichtungen herausgekauft) – die Firma also wurde zu einer Schweinfurter und zu einer deutschen Institution. Die neu konstruierten Fahrradnaben, deren zeitgeistiger Name »Torpedo« noch dazu ein gewisses Marketing-Genie Ernst Sachs' bewies, waren ein internationaler Erfolg, und die verbesserten Kugellager nicht weniger, erst recht, da

Ernst Wilhelm Sachs im Jahr 1965, der ältere der beiden stand im Schatten seines Bruders Gunter.

die Mobilisierung immer stärker zunahm. Die freundschaftliche Verbundenheit zwischen Ernst Sachs und Wilhelm Opel war kein Zufall, kurzum: Es lief prächtig. Der Konzernherr träumte von einer Sachs-Dynastie und mit Sohn Willy (geboren 1896) gab es bereits einen Stammhalter, der zwar ein etwas planloses Sorgenkind war, sich aber seine Hörner schon noch abstoßen würde. Außerdem – wir befinden uns kurz nach dem Ersten Weltkrieg – musste der Vater selbst längst noch nicht ans Abtreten denken, sodass der Junior sich noch ausleben konnte, und dies tat er auch, gleichsam als Vorbild für seine späteren eigenen Söhne.

Die Geschicke des Unternehmens lenkte der Vater, aber er lenkte auch die Geschicke des Sohnes. Eine Hochzeit wurde eingefädelt zwischen der Tochter Wilhelm von Opels und Willy Sachs. Dabei war die günstige Allianz mit der aufstrebenden Autofirma allerdings nur der zusätzliche Bonus, ausschlaggebend war wohl eher die Freundschaft der beiden alten Herren, was natürlich kein hinreichender Grund für eine Eheschließung sein konnte. Wirklich kompatibel scheinen der kumpelhaft bodenständige Willy und die kultivierte Braut also nicht gewesen zu sein, sie trennte nicht nur das Alter: Er ist Ende 20, sie gerade 18 Jahre alt. Gleichwohl: 1925 fand die Hochzeit statt, und bald folgte, wie vom Firmenchef gewünscht, der Stammhalter Ernst Wilhelm, schon im Namen als Verbindung der Großväter erkennbar.

Ernst Sachs traf noch eine weitere absichernde Maßnahme für seinen dynastischen Traum, noch dazu eine, die sehr unpopulär war und ihm reichlich Kritik bescherte, gerade von seinen Schweinfurtern. Sei es, weil er ein gewisses Gespür für die Konjunktur besaß, vielleicht aber auch, weil das Vertrauen in die Kompetenzen seines Sohnes zumindest zwiespältig war, verkaufte er Ende der 1920er-Jahre einen wichtigen Teil der Produktion an den europäischen Marktführer in Schweden: die Kugellager. Dafür musste er sich nicht nur als Gefährder des Standorts Schweinfurt schelten, sondern auch von vielen Deutschnationalen als Landesverräter beschimpfen lassen, der deutsches Tafelsilber ins Ausland verscherbelte. Es zeigte sich, dass Ernst Sachs mit dem Verkauf einen echten Coup gelandet hatte – nur wenige Monate später stürzte der New Yorker Börsenkrach die Wirtschaft in jahrelange Rezession; nach dem Schwarzen Freitag hätte er keinen solchen Abschluss mehr tätigen können; nun aber hatte er das Geld sicher in der Tasche, bösartige Kritik hin oder her. Einen schönen privaten Nebeneffekt gab es noch hinzu: Die Schweden besorgten für ihren neuen Geschäftsfreund einen Konsultitel – und fortan waren er und späterhin Willy allgemein nur noch als »der Konsul« bekannt.

Der erste Generationenwechsel

Weiterhin besaß man natürlich den Zuliefererbetrieb, insbesondere für Fahrräder, auch wenn bedingt durch die Weltwirtschaftskrise die Geschäfte in Schweinfurt nicht mehr rosig liefen. Im Hause Sachs gab es jedoch ein anderes gravierendes Problem: Ernst Sachs sollte die Geburt seines zweiten Enkels Gunter im November 1932 nicht mehr erleben, sondern stirbt bereits im Sommer an Krebs, für die Öffentlichkeit durchaus überraschend. Willy Sachs erbte das beträchtliche Vermögen und den Vorsitz in der Firma, was dort so mancher mit leichtem Bangen registrierte. Doch der neue Chef wirkte künftig eher repräsentativ und überließ die eigentliche Leitung kompetenten Angestellten; dafür hatte schon Vater Ernst vorgesorgt. Der junge Konzernherr konnte sich also getrost anderen Dingen widmen (obwohl er an der Firma nicht völlig uninteressiert war): angenehmen Angelegenheiten wie der geliebten Jagd auf dem familieneigenen Gut in Oberbayern, der Rechenau, undurchschaubaren wie der Anbiederung bei den neuen Machthabern, den Nationalsozialisten, und für ihn unangenehmen wie der zunehmend problematischen Ehe mit Elinor von Opel.

Den Vergnügungen konnte er sich unbesorgt hingeben, denn die Nazis hatten ein Konjunkturprogramm aufgelegt, das Fichtel & Sachs reichlich Aufträge bescherte. Aus reiner Dankbarkeit darüber wird Willy Sachs jedoch kaum der NSDAP und der SS beigetreten sein, auch nicht, so die Zeitgenossen, aus wahrer Überzeugung, wohl aber aus Opportunismus. Genau wird man es nicht mehr erfahren, denn die Aussagen aus den Entnazifizierungszeiten, als nahezu jeder sich überzeugt gab, in die Partei hineingezwungen worden zu sein, sind wertlos. Willy Sachs waren die Bekanntschaften, die er als Parteimitglied und erst recht als Mitglied der SS machte, noch von einigem Nutzen, vor allem privat. So gehörten Hermann Göring, Heinrich Himmler und dessen rechte Hand Reinhard Heydrich zu den näheren Bekanntschaften des Schweinfurter Unternehmers. Der spendete eifrig für den »schwarzen Orden«, was ihn nach dem Krieg in Erklärungsnöte brachte.

Vorerst aber war dies von Vorteil. Für die Firma war eine solche »Landschaftspflege« nicht nötig, die lief dank der Aufrüstung ohnehin gut. Privat lief es dagegen nicht so reibungslos. Teil Eins der Erbschaftsgeschiche begann, obwohl es noch lange nichts zu erben gab. Doch Willy Sachs drohte die Gefahr, seine beiden Stammhalter zu verlieren: Natürlich lag das Augenmerk eher auf Ernst Wilhelm, der hierfür auch auserkoren war, aber mit Gunter stand immerhin gleich Ersatz für Notfälle bereit. Doch plötzlich sieht es so aus, als kämen ihm beide Söhne abhanden. Die Ehe mit Elinor von Opel geht in die Brüche (1935), was keine so große Überraschung war, danach begann ein heftiger Scheidungskrieg, mit allem was dazu gehört. Der Streit steigerte sich bisweilen ins Groteske, vor allem bei der Aufteilung der Güter: Was gehörte Elinor, was gehörte Willy? Die unnachgiebige Exgattin beanspruchte sogar Teile des Schlosses, aber auch Kleinigkeiten. Es dauerte ewig, bis Kompromisse gefunden wurden.

Im Materiellen einigte man sich also nach zähen Auseinandersetzungen auf Kompromisse. Auch was die Kinder anging, lief es auf einen solchen hinaus: Willy behielt seinen Thronerben Ernst Wilhelm, Elinor bekam das Sorgerecht für den noch sehr kleinen Gunter. Eine salomonische Lösung, die sie schleunigst auszuhebeln begann: Sie verschwand in die Schweiz, mit beiden Kindern. Jetzt war guter Rat teuer; sicher, die beiden Söhne blieben natürlich die Erben der Sachs-Dynastie, daran änderte auch die Scheidung nichts, doch dem Gedanken der familiären Weitergabe entsprach es nicht unbedingt, wenn Eltern und Kinder zerstritten beziehungsweise durch jahrelanges Nichtsehen völlig entfremdet waren. Willy Sachs musste folglich, auch aus echten Vatergefühlen heraus, die man ihm ruhig unterstellen darf, handeln – und er hatte ja seine neuen Freunde in der Regierung. Der kritische Sachs-Chronist Wilfried Rott berichtet vom ersten Versuch, die Kinder zurückzubekommen, ein so handfester wie illegaler: Vermutlich auf Geheiß Heydrichs reiste ein geheimes Rollkommando in die Schweizer Berge, um die Söhne nach Hause zu holen. Da die vier Männer des Kommandos aber am Vorabend lautstark mit ihrem Vorhaben geprahlt hatten, stand die Polizei am nächsten Tag schon bereit. Rückführungsversuch Nummer eins war gescheitert.

Zwischenzeitlich kehrte zumindest vordergründig Ruhe in dieser Angelegenheit ein. Willy Sachs heiratete ein zweites Mal, eine Ehe, die unter der Bezeichnung »hat stattgefunden« firmiert, mehr nicht. 1938 heiratete er also Ursula Prey, 1949 ließ er sich von ihr scheiden, immerhin ohne Rosenkrieg. Wesentlich spektakulärer war Rückführungsversuch Nummer zwei, gestartet 1939, nun nicht mehr auf verschwiegener Ebene ausgetragen, sondern mit großem Getöse der allerhöchsten Stellen. Statt auf den im Hintergrund agierenden Heydrich setzte Willy Sachs nun auf die weniger zurückhaltenden Herren Göring und Himmler. Die übten Druck auf die Schweizer Politik und Justiz aus, da sich gerade eine sehr günstige Gelegenheit bot. Elinor von Opels neuer Lebensgefährte pflegte einen nicht gerade liebevollen Umgang mit den Kindern, weshalb sie vorübergehend aus Sicherheitsgründen in ein Heim gebracht wurden; er selbst wurde verhaftet.

In der Schweiz tobte schon seit Jahren im Hinblick auf die nördlichen Nachbarn ein Kampf zwischen Abgrenzung oder Anpassung, was die Nazis zu nutzen wussten. Die deutschfreundlichen Stellen wollten die Angelegenheit im Sinne Willy Sachs' schnell über die Bühne bringen, bevor jemand auf die Idee kam, dass die Schweiz eigentlich ein souveräner Staat war, indem die Regierung des nördlichen Nachbarn nichts zu sagen hatte. Es ging nicht schnell genug, Elinors Anwälte hakten ein. Rückführungsversuch Nummer zwei ging ebenfalls schief. Dass die Schweiz aber noch immer ein Rechtsstaat war, kam Willy Sachs dann letztlich doch noch zugute, denn so wurde zumindest sein Sorgerecht für Ernst Wilhelm anerkannt, was ihm persönlich auch wichtiger gewesen sein dürfte, als auf Teufel komm raus beide Kinder zurückzuhaben. 1940 wurde ihm der Stammhalter übergeben. Kurios genug, dass Willy Sachs wenig mit dem Jungen anfangen konnte, um den er mit allen lauteren und unlauteren Mitteln gekämpft hatte. Ernst Wilhelm lebte nur ein Jahr auf Schloss Mainberg, dann kam er auf ein Internat und schließlich zurück in die Schweiz zur Mutter. Dort war es angesichts des Krieges sicherer. Gerade Schweinfurt versank aufgrund seiner kriegswichtigen Industrie im Bombenhagel.

Die Entführungsgeschichte hat letzten Endes dank dieses Ausgangs etwas von einer Farce. Eine Änderung der familiären Verhältnisse konnte somit erst mit der Volljährigkeit der beiden Söhne eintreten. Doch die Firmengeschichte war in den folgenden Jahrzehnten sowieso nicht mehr das, was die Familie in die Schlagzeilen brachte. Willy überstand in üblicher Weise das Entnazifizierungsverfahren: Er sei quasi in die Partei und die SS hineingezwungen worden, immer nur pro forma dabei sowie innerlich dagegen gewesen; er habe bei gefährlichen kleinen Widerstandsaktionen mitgemacht, die naturgemäß so geheim waren, dass sie niemand mitbekam, und die üppigen Spenden waren nur dazu da, um in Ruhe gelassen zu werden – das alles konnte man tausendfach in ähnlicher Form hören. Für die Amerikaner sah es nach dem Krieg so aus, als hätte Hitler ganz allein gegen den inneren Widerstand des Volkes regiert. Es endete mit dem Verdikt »Mitläufer«, 1948 konnte er wieder in die Firma zurück, wo er die Leitung den bewährten, ebenfalls entnazifizierten alten Mitstreitern anvertraute.

Der zweite Generationenwechsel

Dabei blieb es auch bis zu dem überraschenden Selbstmord von Willy Sachs auf dem oberbayerischen Jagdgut im November 1958. Die Gründe für den Suizid blieben im Dunkeln, Gerüchte über anstehende Prozesse mit unschönen Enthüllungen machten die Runde, verebbten aber ebenso wie das Gesamtinteresse an dem Fall. Die Folgen waren dagegen klarer: Ernst Wilhelm musste früher als erwartet in die Fußstapfen seines Vaters treten, was schon deshalb weniger dramatisch war, da er einfach nur die eher repräsentativen Aufgaben zu übernehmen brauchte, denn das Geschäft lief auch so (und dank des deutschen Wirtschaftswunders lief es mal wieder prächtig). Auch das Privaterbe schien vorerst unproblematisch. Zwar hatte Willy Sachs eine Geliebte, Katharina Hirnböck, die aber nicht mit ihm verheiratet war; den illegitimen Sohn Peter (geboren 1950) hatte er anerkannt, sodass aus ihm ein Sachs, gleichwohl aber kein berechtigter Erbe wurde. Im Testament bedacht wurden er und seine Mutter trotzdem: Sohn Peter bekam eine monatliche Rente von 1500 DM, nicht übel für diese Zeit, zumal wenn man erst 8 Jahre alt ist. Das große Geld aber floss in die Hände seiner beiden Halbbrüder Ernst Wilhelm und Gunter, die nun Millionäre waren.

Obwohl auch Ernst Wilhelm durchaus verstand, das Leben zu genießen, konnte er mit seinem jüngeren Bruder nicht mithalten: Gunter sollte als erster (und gleichzeitig letzter) deutscher Playboy eine Weltberühmtheit und Ikone der Bundesrepublik werden. Seine Heimat war nicht Schweinfurt, Schloss Mainberg oder Oberaudorf, sondern St. Moritz, Acapulco und St. Tropez, denn dort feiert die Jeunesse dorée der 1950er-Jahre. Gunter Sachs traf dort auf einen anderen berühmten Fabrikantensohn: Gianni Agnelli – und man verstand sich gut. Die bekannteste Episode ist wohl Gunters Ehe mit Brigitte Bardot, eines der

Deutsch-französische Annäherung. Eines der berühmtesten Paare der 1960er-Jahre: Gunter Sachs und Brigitte Bardot.

Medienereignisse der europäischen Boulevard-Presse der 1960er-Jahre. In den Memoiren der Französin kommt Gunter Sachs allerdings wenig glimpflich davon: »Er hatte den gleichen Rolls wie ich! Gleiche Form, gleiche Farbe, alles gleich«, schreibt sie über die erste Begegnung. Aber diese Art von Gemeinsamkeiten bürgt eher nicht für eine dauerhafte, glückliche Ehe, die recht spontan am 14. Juli 1966 in Las Vegas geschlossen wurde. Dem üblichen Gesäusel, das in dem dicken Schmöker der BB regelmäßig über den neuesten Fang ausgeschüttet wird, folgt nur allzu bald ein ständiges Klagen über die Marotten des seltsamen Deutschen und seine »gutturale, wilde und keinen Widerspruch duldende Sprache, von der ich nie etwas verstanden habe«. Den Eindruck, bei dem Ganzen handle es sich um ein Missverständnis, gewinnen die Bardot und der Leser sehr schnell. Bald trägt ihr auch noch jemand zu, der leidenschaftliche Spieler Gunter habe sie nur aufgrund einer Wette geheiratet. Als er dann ein Kind haben möchte, scheiterte das deutsch-französische Experiment: »Das fehlte mir gerade noch! Ich und brüten – kam gar nicht in Frage!«. Nach drei Jahren, in denen man sich laut Bardot kaum drei Monate gesehen hat, ist die Scheidung durch. Konsequenzen hatte diese Episode keine.

Auch Ernst Wilhelm heiratete ein Model, fortan als Lo Sachs bekannt – alles nicht in dem großen Rahmen wie der extravagante Bruder, aber dafür wehrte sich die Gattin nicht gegen Kinder (drei Töchter werden geboren) und genoss Ansehen bei den Schweinfurtern. In der Firma hielt es den Konzernerben allerdings nicht allzu lange: Bereits 1967 gab er den Vorsitz ab und wurde Privatier. Die Sachs-Enkel hatten immer weniger mit dem Werk ihres Großvaters zu tun. Ein paar Jahre später war es dann auch mit Lo vorbei – Ehen und Scheidungen waren eine Art Markenzeichen der Familie geworden. Schließlich trennte man sich sogar von der Firma; 1975 beschlossen Ernst Wilhelm und Gunter aus dem Familienunternehmen auszusteigen. Damit begann noch einmal ein größerer Erbstreit, denn dies widersprach den dynastischen Ideen des Gründers, die auch dessen Sohn Willy noch vertreten hatte. Und es widersprach den Interessen der frisch geschiedenen Lo Sachs.

Willy Sachs hatte in seinem Testament eine Vorsichtmaßnahme eingebaut, um das Erbe zusammenzuhalten. Die Kinder, also Ernst Wilhelm und Gunter, mussten den Bestand für die Enkel erhalten, sodass auch für diese Generation das Vermögen in Familienhänden gesichert war. Verscherbelten nun die beiden ihre Anteile an der Firma, schmälerten sie im Widerspruch zu dieser Verfügung folglich das Erbe. So das Argument von Lo Sachs, die im Namen ihrer Kinder klagte. Klingt logisch, befand die erste, ist nicht logisch sagte die zweite, höhere Instanz, die von einer dritten bestätigt wurde. Ausstieg und Erbe der Sachs-Brüder waren vorerst ungefährdet. Überraschend folgte allerdings noch ein zweiter Angriff, aus ganz unvermuteter Ecke: Plötzlich tauchte Halbbruder Peter aus der Versenkung auf. Und während die Forderungen der Ex-Gattin zumindest für den Laien durchaus vernünftig klangen, zog man auch als Nichtjurist die Aussichten der neuen Klage doch eher in Zweifel, denn Peter sah sich als Haupterben und Gunter und Ernst Wilhelm sollten nur den Pflichtteil erhalten. Wer dies für wenig erfolgversprechend hielt, sollte Recht behalten. Schweinfurt musste von nun an ohne die Familie Sachs auskommen, auch wenn die Firma unter diesem Namen (aber anderen Eigentümern) fortbesteht. Nicht nur die fränkische Stadt, auch der deutsche Staat und damit der Fiskus mussten verzichten, beide Brüder wurden 1976 Schweizer Staatsbürger.

Ernst Wilhelm konnte sein Millionärsdasein nur noch kurz genießen und starb bereits im April 1977 bei einem Skiunfall. Gunter wurde solider, nicht nur mit der dritten Ehe, die bis an sein Lebensende hielt, sondern auch im Auftreten – er hatte genug Stilbewusstsein, um zu wissen, dass ein alternder Playboy albern wirkt. Auf die Öffentlichkeit wollte er natürlich trotzdem nicht verzichten und inszenierte nun statt seinem Privatleben eben seine Hobbys publikumswirksam: Er fotografierte, sammelte mit durchaus gutem Instinkt zeitgenössische Kunst und widmete sich dem Versuch, die Astrologie wissenschaftlich zu untermauern. Die Meinungen über diese Tätigkeiten gingen auseinander und manches wurde belächelt, aber in Vergessenheit geriet er dadurch jedenfalls nicht (und die Kunstsammlung erwies sich bei einer Auktion nach seinem Tod als sehr ergiebig). Sein Tod, Selbstmord durch Erschießen, so geschehen am 27. November 2011 in seiner neuen Heimat Gstaad, wirkte noch einmal wie ein Fanal, da er für Diskussionen sorgen würde; Gunter Sachs hatte durch Literaturrecherchen bei sich selbst Alzheimer diagnostiziert und daraus die Konsequenz gezogen, nicht als hilfloser alter Mann in Erinnerung bleiben zu wollen. Noch einmal löste er eine heftige Kontroverse in den Medien aus – eine ernste, so gar nicht playboyhafte und von Respekt getragene. Es hätte ihm vermutlich gefallen.

Weil wir es uns wert sind

Die Bettencourts

Im Herbst des Jahres 1972 kam es auf einem Empfang der Herausgeber des Magazins Elle *und der Zeitung* France Soir *zu einer scheinbar folgenlosen Begegnung. Eingeladen waren nicht nur Journalistenkollegen, sondern auch dieser und jene aus der besseren oder gerade angesagten Gesellschaft, zu ersterer zählte sicher das Ehepaar Bettencourt, zu letzterer der aufstrebende Jungkünstler François-Marie Banier, ein Lieblingskind der literarischen Szene jener Tage, dessen großer Durchbruch kurz bevorstand. Wirklich wahrgenommen hatte man sich gegenseitig bei der Feier jedoch nicht – schließlich hatte man auch kaum etwas gemeinsam.*

Die Bettencourts, André ein ehemaliger Minister konservativer Regierungen, Liliane die Besitzerin des Kosmetikgiganten *L'Oréal*, waren Mitte Vierzig und gehörten zu den reichsten Personen Frankreichs. Banier war in seinen Zwanzigern und gewissermaßen ein Geheimtipp der Kunstszene, der Pariser Kunstszene, wohlgemerkt, in der es an Geheimtipps dieser Art nie fehlen dürfte. Folglich erinnerte sich François-Marie Banier zwar später an die Bettencourts, diese sich aber nicht an ihn. Diese einseitige Wahrnehmung sollte sich noch ändern. Gut 15 Jahre später traf man sich wieder – Anlass war die Gründung einer Stiftung des Ehepaars, die sich philanthropischen Zwecken widmete, also Künstler, aber vor allem Wissenschaftler unterstütze.

François-Marie Banier war längst kein aufstrebender mehr, sondern ein allseits anerkannter Künstler, noch dazu auf vielen Gebieten. Hatte er einst als Romancier begonnen, so weitete er seine Schaffensgebiete im Laufe der Jahre aus in Richtung Schauspielerei (nie in ganz großen Rollen, aber in durchaus großen Filmen) und widmete sich vor allem, aber eher zufällig der Fotografie, die bald, neben den Romanen, zu seinem eigentlich Steckenpferd und künstlerischen Standbein wurde. 1987 war es also nicht mehr verwunderlich, dass er auf einem Empfang auftauchte, und es überrascht ebenso wenig, dass er die Erlaubnis erhielt, Liliane Bettencourt zu fotografieren. Ihr war der noch immer recht junge Mann sympathisch, und dieses Mal hatte die Begegnung Folgen, sehr viele Folgen und Folgen ungeahnter Natur. Liliane Bettencourt lud Banier zu einem Essen in das unbescheidene Anwesen des Ehepaars nach Neuilly-sur Seine ein.

Es ist natürlich nicht das einzige Anwesen der Bettencourts – wie später auch das Finanzamt feststellen wird, aber deren Hauptsitz in der Gemeinde nahe Paris, die 19 Jahre lang von einem konservativen Bürgermeister namens Nicolas Sarkozy regiert wurde, der schon aus Gründen der Freundschaftspflege des Öfteren zu Gast war, wie es wohl jedes Stadtoberhaupt tun würde – die beiden reichsten Einwohner des Ortes galten nicht nur als generös, sie waren es auch. Und politisch war man sich auch sympathisch, was angesichts der früheren Karriere André Bettencourts nicht verwundert. *L'Oréal*, das seiner Frau gehörte und in dem er mitarbeitete, war bereits seit Jahrzehnten einer der erfolgreichsten Kosmetikkonzerne der Welt, eines der größten Unternehmen in Frankreich und aktiv in gut 130 Ländern. Liliane Bettencourts Vermögen wurde im Jahr 2009 auf gut 17 Milliarden Euro geschätzt; damit ist sie die reichste Frau des Landes. Wie viele Hyperreiche tritt sie nicht protzig auf (das ist eher das Gebaren Neureicher), im Gegenteil, aber – das wird sich noch zeigen – Geldsorgen sind ihr nicht nur persönlich unbekannt, ihr fehlt auch völlig das Gespür für große Summen.

Liliane ist die Tochter des Konzerngründers Eugène Schueller, der 1881 in Paris noch nicht mit einem goldenen Löffel im Mund auf die Welt gekommen war. Seine Eltern besaßen ein Lebensmittelgeschäft, das sie aufgrund von Fehlspekulationen aufgeben mussten. Vom Glück verfolgt waren sie also nicht, gleichwohl gelang es ihnen, den Grundstein für dasjenige ihres Sohnes zu legen. Sie ermöglichten Eugène trotz allem eine solide Ausbildung und das Studium eines naturwissenschaftlichen Boom-Fachs: Chemie. Dabei bewies er sein erstes großes Talent, Innovation. Nicht erst am Ende des 20. Jahrhunderts konnte man mit einem kleinen Hinterzimmer- oder Garagen-Start-up den Weltmarkt aufmischen – Eugène Schueller mischte dies und das zusammen und kreierte in seiner Küche neuartige Kosmetika, eines davon nannte er

L'Auréale. Mit 28 Jahren gründete er seine eigene Firma, La Sociéte française des teintures inoffensives pour cheveux (in etwa: Die französische Gesellschaft für haarunschädliche Tinkturen) – nicht gerade ein eingängiger Name; aber schon bald zeigte sich das zweite große Talent des Eugène Schueller: Werbung. Kurze Zeit später taufte er das Geschäft um in L'Oréal, das war weitaus griffiger und verwies gleichzeitig auf sein bestes Produkt. Durch ständige Erweiterung der Produktpalette war L'Orèal aus den französischen Badezimmern bald nicht mehr wegzudenken. Schueller verknüpfte Innovation und cleveres Marketing stets gewinnbringend und setzte auf die neuesten Werbetechniken und -medien: Werbeslogans mit Musik, präsentiert in Radio und Kino. Kein Wunder, dass er wenig Zeit fand, eine Familie zu gründen. Erst 1922 kam Liliane zur Welt, doch schon fünf Jahre später starb ihre Mutter und sie blieb das einzige Kind. Der Vater heiratete zwar noch einmal (1932), aber das Verhältnis Lilianes zur Stiefmutter war distanziert. Eugène brachte das Unternehmen durch die Kriegsjahre, aber nicht ohne sich dabei die Hände schmutzig zu machen, indem er eine Nähe zu rechtsextremistischen Verbänden erkennen ließ (auch nach dem Krieg agierte er in dieser Hinsicht recht zweifelhaft), doch als er 1957 starb, erbte sie ein ordentliches Vermögen und einen florierenden Konzern, an dessen Spitze sie seither stand.

Und ihr zur Seite André Bettencourt, geboren 1919, Spross einer traditionsreichen Familie aus der Normandie. Er wurde ebenfalls früh Halbwaise nach dem Tod der Mutter (allerdings gemeinsam mit fünf Geschwistern). André genoss eine standesgemäße Ausbildung – einer seiner Kameraden spielte später eine nicht ganz unwichtige Rolle in Frankreich, auch für ihn, ein gewisser François Mitterand –, vor allem aber drängte es ihn in die Politik, jedoch anders als Mitterrand galten seine Sympathien den Konservativen. Im Laufe der Nachkriegsjahre arbeitete er sich von der lokalen über die regionale zur nationalen Ebene hinauf, zog 1951 ins Parlament ein und wurde 1954 erstmals in ein Regierungsamt berufen. Zu dieser Zeit war er bereits mit Liliane Bettencourt verheiratet. 1953 wurde dann die Tochter Françoise geboren; wie ihre Mutter wird sie ein Einzelkind bleiben.

Die Entwicklung L'Oréals ging derweil ebenfalls prächtig weiter: 1963 geht man an die Börse und André wird Minister unter Georges Pompidou – ›ça marche‹, es läuft. Für Beunruhigung sorgte zwischenzeitlich der alte Kumpane Mitterand, der sich mehrfach anschickte, das Präsidentenamt zu erobern – persönlich war man zwar befreundet, aber die Bettencourts waren nun mal vorwiegend Unternehmer und so teilten sie die Ängste der Arbeitgeber in Bezug auf die Pläne des Sozialisten: Angeblich werde Mitterand, sobald er an die Macht käme, die großen französischen Konzerne verstaatlichen! Um dem zu entgehen, dachten sich die Bettencourts etwas Cleveres aus: Sie verbanden sich mit einem ausländischen Konzern und zwar einem, der sich nicht so leicht verdrängen ließ im Falle eines Falles, dem Schweizer Giganten Nestlé. 1976 bekam der Multi für die Laufzeit von 30 Jahren 49 Prozent von L'Oréal: Dies garantierte nicht nur Schutz vor staatlichen Gelüsten, sondern auch die Macht im eigenen Hause. Und wen kümmerte es damals schon, was anno 2006 sein würde?

Banier betritt die Bühne ...
1984 heiratete Tochter Françoise Jean-Pierre Meyers – ein Ehepaar, das nicht so sehr die Öffentlichkeit sucht. Innerfamiliär war es zu dieser Zeit ruhig und beschaulich, öffentliche Auftritte der Gesamtfamilie waren rar. 1986 und 1988 bekamen die Bettencourts zwei Enkel. Um diese Zeit wurde auch François-Marie Banier eine Art Teil der Familie – was nicht ganz exakt ist. Genau genommen wurde er nur ein enger Freund Lilianes, von André geschätzt, von Françoise gemieden. Wie erwähnt genoss der 1947 als François-Marie Banyai geborene Künstler Ende der 1980er-Jahre bereits Kultstatus in der Szene. Er war befreundet mit den Altgrößen Salvador Dalí und Louis Aragon, verneinte aber lautstark, er habe mit diesen Zelebritäten homosexuelle Affären gehabt – nicht ohne ständig mit diesen Gerüchten zu kokettieren. Sein Aktionsradius war längst nicht mehr auf Frankreich beschränkt. Auch die internationalen Hochglanzgazetten umschmeichelten den smarten Allroundkünstler.

Parallel dazu klang die politische Karriere André Bettencourts langsam aus; die Sozialisten unter Mitterand kamen Anfang der 1980er-Jahre nun doch an die Macht; nach und nach gab der ehemalige Minister seine Ämter und diversen Gremiensitze ab, blieb aber natürlich seinen politischen Freunden treu, unter anderem mit Spenden. Ganz so stillschweigend war der Abschied aber nicht, denn André Bettencourt holte seine Vergangenheit aus den 1940er-Jahren wieder ein. Offiziell stets als Résistance-Kämpfer gehandelt, wurde bekannt, dass er vor seinen Sympathien für den Widerstand nicht weniger Sympathien für die Diskriminierung der Juden und die dazu erforderliche Kollaboration mit der deutschen Besatzungsmacht hatte, die er in bösartigen Artikeln in der Zeitschrift der vichy-freundlichen Agrarier veröffentlichte. André Bettencourt tat dies als Jugendsünden ab – bekannt hatte er sich dazu jedoch erst, nachdem diese an die Öffentlichkeit gekommen waren. Fortan wurde es noch ruhiger um ihn, auf fast unheimliche Weise war er in den späteren Affären nur noch eine kaum wahrzunehmende Figur im Hintergrund.

Im Vordergrund trieb sich dagegen wie gewohnt François-Marie Banier herum, nun auch gerne im Haus der Bettencourts in Neuilly. Er unterhielt sich offenbar prächtig mit der 25 Jahre älteren Konzernchefin – und wurde selbst bestens unterhalten. Im doppelten Sinne des Wortes: L'Oréal übernahm für ihn ganz offiziell ab 1994 eine generöse künstlerische Patenschaft, eine Art Stipendium, wie alles, was von den Bettencourts kommt, in generösestem Ausmaße. Ähnlich großzügig zeigte man sich bei der gemeinsamen Errichtung einer Immobiliengesellschaft, von der wiederum vor allem Banier profitierte, der im Laufe der Jahre (ab 1997) reichlich Gebäude und Wohnungen ansammelte, sonst nicht gerade ein Hobby von Romanschriftstellern und Fotografen.

Eine beruhigende jährliche Apanage, ein paar Häuser und Appartements, das konnte man sich schon mal gefallen lassen – insbesondere, wenn keine großen Gegenleistungen erwartet wurden. Und das Ende der goldenen Fahnenstange war damit noch lange nicht erreicht. Da man schon einmal einen echten Künstler als Freund hatte, wollte man dessen Kunstsinn auch nutzen. Gemeinsam fingen François-Marie und Liliane Bettencourt an, teure Gemälde und Fotografien einzukaufen, die zwar vorerst in der Villa in Neuilly hingen, aber nach dem Ableben

Liliane Bettencourt, L'Oréal-Chefin, im Jahr 2008, als aus dem Familienstreit eine Staatskrise wurde.

der alten Dame Monsieur Banier gehören sollten. Natürlich gaben sich die beiden Kunstliebhaber nicht mit drittklassigen Klecksern ab: Die jedem Museumsdirektor blanken Neid in die Augen treibende Liste liest sich ganz unbescheiden. Mondrian, Braque, Matisse, de Chirico, Léger, Picasso, Man Ray, später kam noch afrikanische Ethno-Kunst hinzu – es läpperte sich auf geschätzte 17 Millionen Euro, was François-Marie Banier im Namen seiner Kunstfreundin und für seine eigene Zukunft zusammensuchte, eine Zukunft, in der er die Gesellschaft seiner Mäzenin vielleicht bald entbehren musste, da sie ja nun nicht mehr die Jüngste war. Ihre Fürsorge dagegen wird ihn in jedem Fall weiter begleiten – Liliane Bettencourt schloss auf ihren Freund François-Marie seit 1990 gleich mehrere Lebensversicherungen ab, gegen die der Wert der Gemäldesammlung wie ein knauseriges Taschengeld wirkt (später gab es allerdings weitere knapp 35 Millionen zum Einkauf neuer Kunstwerke). Die niedrigste war auf 28 Millionen Euro taxiert, die höchste auf 250 Millionen. ›Pas mal‹, wie der Franzose sagt. Es erscheint nur konsequent, dass der Fotograf irgendwann auch als Universalerbe eingesetzt wurde. Einigen Hausangestellte, die von derlei Transaktionen zwangsläufig etwas mitbekamen, wurde bei solchen Summen mulmig – den Bettencourts nicht; wie schon erwähnt, ein direktes Verständnis für die enorme Höhe solcher Beträge scheint vor allem Mme Bettencourt völlig abgegangen zu sein, aber auch ihr Mann hatte offenbar kein Problem mit der erstaunlichen Generosität seiner Gattin (oder schlicht und einfach keinen Einfluss darauf).

Von der Privat- zur Staatsaffäre

Im Mai 2007 kommt der Stein dessen ins Rollen, was als L'Affaire Bettencourt in die französischen Geschichtsbücher eingehen wird. Und es ist eine Angestellte des Hauses, die ihn ins Rollen bringt: die Buchhalterin von Liliane Bettencourt, Claire Thibault. Bei einer Zufallsbegegnung mit der Tochter Françoise schüttete die Angestellte dieser ihr Herz aus, sie habe kein gutes Gefühl bei den ständigen Geschenken für Monsieur Banier. Die Tochter Lilianes fiel aus allen Wolken – obwohl sie in der Nachbarschaft wohnte, waren Besuche bei ihren Eltern eher selten und das Verhältnis trotz der räumlichen Nähe distanziert, nicht zuletzt auch wegen des ständig um ihre Mutter herumstreunenden Künstlers. Kurzum, sie wusste wenig über das, was in der Villa vor sich ging. Im November 2007 stirbt André Bettencourt im Alter von 88 Jahren. Einen Monat später erstattete Françoise Strafanzeige – der Zeitpunkt, so kurz nach dem Tod ihres Vaters, verwundert nur auf den ersten Blick, fürchtete sie doch, dass ihre Mutter nun erst recht unter den Einfluss Baniers geriet. Gerüchteweise tauchte sogar eine mögliche Adoption des Künstlers durch Liliane auf (was später alle Beteiligten strikt von sich wiesen). Die Anzeige lautete auf »abus de faiblesse«, also »Missbrauch von Schwäche«, was bedeutet, dass die Geschenke unter Ausnutzung der verminderten geistigen Fähigkeiten der alten Dame (nun weit über 80) erschlichen worden sein sollen. Der Größenbereich des geflossenen Geldes wurde von den Anwälten Françoises auf etwa 500 Millionen Euro geschätzt – was hoch erscheint, aber trotzdem arg daneben gegriffen war: summa summarum kommen spätere Berechnungen auf fast das Doppelte, 993 Millionen Euro, knapp eine Milliarde.

Wieder einmal trat Liliane Bettencourt den Beweis an, dass sie zu Zahlen kein Verhältnis hatte. Was Banier mit dem ganzen Geld eigentlich genau plante (das ja in Gemälden, Immobilien und Lebensversicherungen etc. steckte), ist auch nicht ganz klar. Dass die Tochter anhand dieser Zahlen erschrak und einzuschreiten versuchte, überrascht jedenfalls nicht. Doch ihre Klage stand auf schwachen Füßen, schließlich konnte ihre Mutter verschenken, was und an wen sie wollte. Françoise musste also nachweisen, dass ihre Mutter gar nicht mehr wusste, was sie tat und unter dem Einfluss falscher Freunde und Berater stand und steht. Um weitere Schenkungen dieser Art (und die befürchtete Adoption?) zu verhindern, musste sie ihre Mutter mindestens für rechtsunfähig erklären lassen (also keine vollständige Entmündigung, sondern eine Art Aufsicht bei amtlichen Geschäften). Klar war auch, dass sie damit das Band zu ihrer Mutter zerschnitt, denn diese verstand die Welt nicht mehr und schon gar nicht ihre Tochter. Mehrfach äußerte sie sich dahingehend, dass diese offenkundig aus Neid auf ihre schöne Freundschaft mit dem Fotografen ihr nur Böses wolle, weil diese Verbindung viel enger sei als die zwischen Mutter und Tochter. Der zuständige Staatsanwalt Philipp Courroye war in einer schwierigen Lage – um das Verfahren einleiten zu können, benötigte er ein medizinisches Gutachten über den psychischen Zustand Liliane Bettencourts. Das Problem: Er konnte diese Untersuchung nur mit Einverständnis der L'Oréal-Chefin anordnen. Und diese verweigerte sich. Im Laufe der nächsten Zeit kam es zu mehreren Gutachten, offiziellen und inoffiziellen, direkten und indirekten, freundlich gestimmten (von Bekannten der Bettencourts) und warnenden (von unabhängigen Gutachtern) – in der Summe ließen sie für Courroye keine endgültigen Schlüsse zu, auf jede Expertise folgte eine Gegenexpertise.

Mme Bettencourt wurde zwischenzeitlich allerdings weich, teils aus Geschäftssinn – der Streit kochte noch unterhalb der öffentlichen Wahrnehmung –, da sie Schaden für L'Oréal befürchtete, teils aus Furcht, ihre einzige Tochter komplett zu verlieren. Als Friedensangebot

bot sie Françoise an, weitere Geschenke zu unterlassen, Banier nicht bei L'Oréal anzustellen und auch kein Adoptionsverfahren einzuleiten; was der Künstler bislang bekommen hatte, sollte er aber behalten dürfen. Keine so gute Idee im Sinne der Versöhnung war es vermutlich, François-Marie Banier zu bitten, sich ebenfalls an Françoise zu wenden: Auf seinen leicht sülzigen Brief bekam er eine kurz gefasste und böse Abfuhr der Tochter. Friedensverhandlungen gescheitert.

Das Verfahren über den medizinischen Zustand und die Zurechnungsfähigkeit Liliane Bettencourts schien aussichtslos – bis ein Beweisstück auftauchte, welches das eigentliche Erdbeben in Frankreich auslösen sollte. Die Stimmung in der Villa war nach dem Tod Andrés nicht mehr sonderlich gut. Claire Thibault war natürlich längst entlassen, andere Angestellte folgten, Spaß bei der Arbeit hatte wohl ohnehin niemand mehr. Der Hausmeister Pascal Bonnefoy kam auf den seltsamen Gedanken, im Empfangszimmer seiner Chefin ein Diktaphon zu platzieren, vermutlich, um sich bei eventuellem Rauswurf später absichern zu können (man sieht, was für eine herrliche Stimmung in Neuilly geherrscht haben muss). Diese heimlichen Mitschnitte gab er an Françoise weiter – und diese übergab sie den Behörden. Was darauf zu hören ist – es sind 21 Stunden Material – lässt Abgründe erahnen. Die aufgezeichneten Gespräche unterstreichen mehrfach die auch von mehreren Zeugen aus der Umgebung Liliane Bettencourts bestätigten Zweifel an der geistigen Fitness der alten Dame. Ein Beispiel: Liliane Bettencourt unterhält sich im März 2010 mit ihrem Notar, Michel Normand. Es geht um Erbfragen, denn François-Marie scheint die Sache inzwischen zu heikel und er möchte nicht mehr als Universalerbe genannt werden.

»Notar: Er möchte nicht mehr erscheinen.

Mme B.: Als was?

Notar: Als Erbe [...].

Mme B.: Aber ist er denn in der Erbfolge?

Notar: Ja, Sie haben ihn eingesetzt.

Mme B.: Aber das ist doch lange her.

Notar: Ja, aber er steht nun mal darin. Sie müssen eine Entscheidung fällen, um einen anderen Universalerben einzusetzen, die Stiftung etwa oder das Institut Pasteur.

Mme B.: [...] Wir nehmen ihn also aus der Erbfolge. Sehr gut. [...] Wieviel habe ich François-Marie Banier überlassen, in welcher Größenordnung?

Notar: Universalerbe.

Mme B.: Und das heißt?

Notar: Alles.

Mme B.: Oh nein ...

Notar: Doch. Das haben Sie mir selbst gesagt.«

Doch der Familienerbstreit gerät bald in den Hintergrund, beendet ist das Verfahren offiziell bis heute nicht. Die heimlichen Mitschnitte enthalten nämlich weit mehr als nur kuriose Gespräche, die an Lilianes Auffassungsvermögen zweifeln lassen. Es sind die »Kollateralschäden«, wie dies die französische Autorin Anouk Vincent nennt, die bald für Furore sorgen. Die Bänder offenbaren ein Geflecht an Verzweigungen und Verschleierungen, wie sie niemand auch nur annähernd vermutet hätte. Im Mittelpunkt steht dabei der Vermögensverwalter Liliane Bettencourts, Patrice de Maistre, ein offenkundig gwiefter und gut vernetzter Strippenzieher. Das Gewirr geschäftlicher Verbindungen aufzudröseln fällt schwer.

Durch die Aufzeichnungen wird klar, dass André und seine Gattin über Jahre hinweg ein recht einfaches System der Parteienfinanzierung entwickelt haben. Eigentlich dürfen Parteien nur 7500 Euro pro Jahr erhalten, einzelne Politiker 4600 Euro. Dieses System wurde sowohl von Seiten der Partei als auch von Seiten der Bettencourts umgangen. Erstere entwickelte komplexe Verfahren, zum Beispiel sogenannte Hosentaschenparteien, das heißt Vereinigungen, die nur einen einzigen Politiker unterstützen; diesen konnte man dann zusätzlich Geld spenden. Die Bettencourts taten dies, ihre bevorzugte Methode war allerdings das persönliche Überreichen von Umschlägen mit Geld bei Hausbesuchen von Politikern. Zu den Gästen zählte neben Lokalpolitikern auch der spätere Minister und gleichzeitige Schatzmeister der konservativen UMP Eric Woerth sowie der ehemalige Bürgermeister von Neuilly – man erinnert sich – ein gewisser Nicolas Sarkozy. Das Verfahren mit den Umschlägen ist mehrfach bezeugt, welche Person allerdings einen mitnahm und wer nicht, blieb letzten Endes offen.

De Maistre drängte Liliane Bettencourt, ihre Konten aus der Schweiz Richtung Singapur zu verlegen, denn offiziell waren diese nicht taxiert und die französische Regierung hatte gerade erst mit der Schweiz ein Abkommen geschlossen, um Steuerflüchtlinge bei den Nachbarn aufzuspüren. Zuständiger Minister in Frankreich: Eric Woerth. Woerths Frau arbeitet auf Bitten de Maistres hin bei – richtig – L'Oréal. De Maistre bekommt den Orden der französischen Ehrenlegion aus den Händen von – richtig – Eric Woerth. Rechtzeitig vor Inkrafttreten des Abkommens löst de Maistre die Konten in der Schweiz auf.

Die französischen Finanzbehörden stoßen durch die Mitschnitte auf ein weiteres Kuriosum, das ihnen nicht bekannt war: Die Bettencourts besitzen eine ganze Seychellen-Insel, Arros, seit Jahren verbringen sie dort auf ihrem aufwendig renovierten Anwesen die Weihnachtstage. Deklariert hatten sie den Kauf bei den Steuerbehörden nie; der genaue Preis ist ohnehin unbekannt, es dürfte sich um 50 bis 60 Millionen handeln, also Bettencourtsche Peanuts. François-Marie Banier sollte wohl nach ursprünglichen Plänen auch Erbe dieser Insel werden.

An die Öffentlichkeit kam der Inhalt der Bänder mit der fragwürdigen Herkunft – deren Echtheit aber unzweifelhaft ist – zunächst durch die Presse und die folgenden Gerichtsverfahren. Die Verwicklung von Politikern auf allerhöchster Ebene bis zum Präsidenten löste eine Staatskrise aus. Hinzu kam, dass Philipp Courroye, der mit dem Verfahren wegen der Unzurechnungsfähigkeit nicht vorankam, sich mit der Vorsitzenden eines zweiten Verfahrens auf einen Kleinkrieg einließ und er zusätzlich unter Verdacht geriet, es sei um seine Unabhängigkeit nicht allzu gut bestellt – er ist ein enger Bekannter des Präsidenten. Konsequenzen hatte all dies erstaunlicherweise aber kaum. Einige Politiker der UMP verstiegen sich zu bösartigen Ausfällen gegen die Presse – von faschistischen Methoden und Verhältnissen der 1930er-Jahre war die Rede – und klagten, doch die Gerichte stellten sich auf Seite der Pressefreiheit. Eric Woerth gab, auf Bitten Nicolas Sarkozys, seine Funktion als Schatzmeister der UMP ab. Der Minister, der die Parteienfinanzierung zu überwachen hatte, war gleichzeitig der eigene Parteienfinanzierer gewesen. Zurücktreten musste er nicht, er schied ganz gewöhnlich bei einer Regierungsumbildung aus dem Amt und war damit aus der Schusslinie. Seine Gattin hatte ihren Job bei L'Oréal aufgegeben.

Und der Familienstreit? Ist zwar nicht beigelegt, doch erweist sich auch hier Blut dicker als Wasser, wie es scheint. Das Verhältnis Liliane Bettencourts zu ihrer Tochter ist zwar nicht gekittet, aber zumindest deutet die Mutter verstärkt Versöhnlichkeit an. In jedem Fall ist ihre Zuneigung zu François-Marie Banier abgekühlt, Adoptivsohn wird er nicht mehr, soviel steht fest; auch als Universalerbe ist er, wie gelesen, nicht mehr vorgesehen und die jährliche Apanage ist gestrichen. Ob er einen Teil der Geschenke und Summen, die er erhalten hat, zurückgeben muss, hängt vom Ausgang des Verfahrens ab – es dürfte sich dabei jedoch ohnehin nur um Gelder handeln, die er ab Mitte der 2000er-Jahre erhalten hat, für die Zeit davor besteht kaum Zweifel an der geistigen Klarheit Liliane Bettencourts. Ein erklecklicher Teil der Bettencourtschen Peanuts wird ihm also auf jeden Fall bleiben.

Ausgewählte Literatur

Dorothy Gies McGuigan: *Familie Habsburg 1273-1918. Aufstieg und Fall einer großen europäischen Dynastie.* Bergisch Gladbach (5. Auflage) 1992.
Ulrike Leonhardt: *Prinz von Baden genannt Kaspar Hauser. Eine Biographie.* Reinbek bei Hamburg 1995.
Wolfgang Zdral: *Die Hitlers. Die unbekannte Familie des Führers.* Bergisch Gladbach 2008.
Ludwig Rosenthal: *Heinrich Heines Erbschaftsstreit. Hintergründe, Verlauf, Folgen.* Bonn 1982.
Günter Ogger: *Kauf Dir einen Kaiser. Die Geschichte der Fugger.* München, Zürich (2. Auflage) 1980.
Detlef Gürtler: *Die Dagoberts. Eine Weltgeschichte des Reichtums – von Krösus bis Bill Gates.* Frankfurt am Main 2004.

Bildnachweis

Archiv Bucher: S. 16, 23, 45, 67, picture-alliance / akg-images: S. 11, 31, 55, 89, 109, 119, 125, 182; picture-alliance / dpa: S. 131, 143, 149, 191, 203, 209, 217; picture alliance / Everett Collection: S. 170, picture-alliance / Imagno: S. 81; Grafische Elemente von shutterstock: Kap. 1: FreeSoulProduction, Kap. 2: ehabeljean, Kap. 3: cardiae, Kap. 4: jörg röse-oberreich.

Impressum

© 2013 Bucher Verlag, München
Alle Rechte vorbehalten

www.bucher-verlag.de

Produktmanagement: Dorothea Teubner
Lektorat: Michael Konze, Köln
Satz: comtex mediendesign, Augsburg
Umschlaggestaltung: coverdesign uhlig, Augsburg
Lithografie: Repro Ludwig, Zell am See
Herstellung: Bettina Schippel
Druck und Bindung: CPI books GmbH, Ulm

Bibliografische Angaben der Deutschen Nationalbibliothek
Die deutsche Nationalbibliothek verzeichnet diese Publikation in der Deutschen Nationalbibliografie; detaillierte bibliografische Daten sind im Internet über http://dnb.d-nb.de abrufbar.

ISBN 978-3-7658-1906-3

Printed in Germany